WESTEND

Heike Holdinghausen

DREIMAL ANZIEHEN, WEG DAMIT

Was ist der wirkliche Preis für T-Shirts, Jeans und Co?

WESTEND

Mehr über unsere Autoren und Bücher:
www.westendverlag.de

Die Deutsche Nationalbibliothek verzeichnet diese Publikation in
der Deutschen Nationalbibliografie; detaillierte bibliografische Daten
sind im Internet über http://dnb.d-nb.de abrufbar.

ISBN 978-3-86489-104-5
© Westend Verlag GmbH, Frankfurt/Main 2015
Satz: Publikations Atelier, Dreieich
Druck und Bindung: CPI – Clausen & Bosse, Leck
Printed in Germany

Inhalt

Vorwort

Einsties Geschichte

Wenn Kleidungsstücke ihre Biographien erzählen könnten, würde sich uns ein unermesslich vielgestaltiges Kaleidoskop der Zivilisations- und Technikgeschichte, aber auch der Sozial- und Kulturgeschichte erschließen. Weil sich diese grandiose Geschichte aufgrund ihres Umfangs nicht umfassend darstellen lässt, ist es ein Glücksfall, dass Heike Holdinghausen in ihrem Buch Stoff- und Textilgeschichten aufgreift und so darauf aufmerksam macht, wie direkt wir alle mit diesen verknüpft und verwoben sind. Geschickt werden besonders informative, fröhliche, traurige und hoffnungsvolle Fäden aus dem Weltstoffgewebe herausgezupft und betrachtet.

So wird in anschaulicher und einprägsamer Art und Weise vermittelt, dass Textilien immer noch aus Weltkulturpflanzen gewonnen werden und so einige entscheidende Kapitel der Geschichte der globalen Landwirtschaft geprägt haben und immer noch prägen: King Cotton in Denim-Jeans als symbolträchtiger Anstifter der Industriellen Revolution, der Sklaverei, der Blues- und Jazz-Musik, des Siegeszugs der Insektizide und Farbstoffe sowie als Auslöser ökologischer Katastrophen. Dass der Baumwollfaser nicht schon der Geduldsfaden gerissen ist, spricht für sie und ihre Strapazierfähigkeit.

Aber auch die Geschichte der Kunstfasern beleuchtet komplizierte wirtschaftliche und technische Wechselwirkungen im Guten wie im Bösen, die vor allem eines verdeutlichen: Textilien, Kleidungsstücke sind nicht einfach mehr oder weniger kunstvolle, funktionale Gewebe aus natürlichen oder synthetischen Fasern. Vielmehr ist jedes Kleidungsstück ein kompliziert zusammengesetztes, symbolbehaftetes Kulturgut, ein Lebensstilindikator, Chemikalienpotpourri, persönliches Statement und der Entwurf eines global vernetzten Wirtschaftszweiges.

Bei all dieser mehrdimensionalen Bedeutung von Textilien für unser Leben nimmt es Wunder, dass wir diese unablässig konsumieren, ohne die alltäglichsten, wiewohl eindrücklichsten Geschichten zu kennen und bei Kaufentscheidungen kritisch wertend zu berücksichtigen. Heike Holdinghausen gewährt uns in ihrem facettenreichen, augenöffnenden Buch wundersame, überraschende und bedenkenswerte Einblicke in die Welt der Textilien. Dabei umwickelt sie uns nicht etwa mit Seemannsgarn, sondern gibt uns den Ariadnefaden in die Hand, mit dessen Hilfe wir den Weg aus dem Labyrinth der unangemessenen Nutzungsweisen in eine ressourcenschonende Zukunft finden können.

Prof. Armin Reller, Lehrstuhl für Ressourcenstrategie an der Universität Augsburg

1
Was soll ich bloß anziehen?

Es ist wohl eine der ganz alten Menschheitsfragen: »Was soll ich bloß anziehen?« Als der Steinzeitmann Ötzi vor 5 300 Jahren in den Südtiroler Alpen starb, trug er einen Patchworkmantel aus Fell. Der war nicht nur warm; kunstvoll waren die Felle von Schafen, Gämsen und Ziegen vernäht, sodass sie ein Streifenmuster ergaben. Vielleicht hatte Ötzi gerade keine anderen Felle zur Hand und hat das Beste aus Second-Hand-Ware gemacht. Oder aber er legte Wert auf eine schicke Erscheinung. Mit seiner Kleidung könnte er seine Zugehörigkeit zu einer bestimmten Gruppe bekundet oder seinen Rang innerhalb dieser betont haben; vielleicht hatte das Muster auch praktische Gründe (Insektenschutz, wie bei einem Zebra) oder war schlicht Ausdruck seines persönlichen Geschmacks.

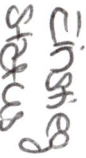

Die Funktionen von Kleidung sind vielfältig: Sie soll den Träger oder die Trägerin umhüllen und bedecken, soll wärmen oder vor Sonne und Regen schützen. Kleidung betont, nach dem Soziologen Pierre Bourdieu, den »kleinen Unterschied« und damit die Zugehörigkeit zu einem bestimmten Milieu. Sie kann Statussymbol sein oder Haltungen ausdrücken – zum Beispiel die, keinen Wert auf Kleidung zu legen. Zudem sollen Kleider schmücken und für Wohlbefinden, Selbstsicherheit und Spaß sorgen. Nach einer anderen Lesart definieren sich Menschen mit ihrer Kleidung als Frau oder Mann, oder, mit Vivienne Westwood gesprochen: »Fashion is always about sex.«

In der Frage »Was soll ich bloß anziehen?« schwingen all diese Funktionen von Bekleidung mit, ob uns das bewusst ist oder nicht;

also ist die Antwort darauf notwendigerweise kompliziert. Auch deshalb hat sich, quasi fast sofort nach Erfindung des Buchdrucks, ein umfangreiches Zeitschriftenwesen entwickelt, um den Fragestellern Antworten zu liefern. Das *Journal des Luxus und der Moden* aus Weimar oder die Londoner *Gallery of Fashion* lieferten den Damen des Adels und des Bürgertums schon vor dreihundert Jahren Informationen darüber, was in dieser und in der nächsten Saison zu tragen sei, beschrieben die Outfits von Prinzessinnen und Königinnen und nahmen sich dabei vor allem das modische Geschehen in London und Paris zum Vorbild. *Vogue*, *Brigitte* und Co. funktionieren noch immer nach diesem alten Muster.

Und noch etwas ist gleich: Die Männer und Frauen, die ihre Leserinnen vor dreihundert Jahren über die Hüte der Saison informierten, waren Zeugen der Industriellen Revolution, in der sich die Struktur der Gesellschaft, Geschwindigkeit, Mobilität, Arbeit, Konsum und Alltag grundlegend änderten. Seinen Ausgang nahm diese epochale Umwälzung in der Herstellung zunächst von Garnen, dann von Stoffen. Die Zeitgenossen nahmen diesen Umbruch selbstverständlich war und diskutierten ihn intensiv – aber nicht in den Journalen, die sich mit Kleidung befassten.

Ebenso heute: Die Herstellung der Kleidung oder gar die Erzeugung ihrer Rohstoffe spielt auch in den aufwändig produzierten Modestrecken kaum eine bis überhaupt keine Rolle, in den regelmäßigen Rezensionen der Modeschauen in Tageszeitungen (endlich mal eine Gelegenheit, Bilder schöner, junger Frauen zu drucken!) kommen diese Themen ebenfalls nicht vor. Auf den Gesellschaftsseiten geht es um Mode als kultureller Faktor, die Produktionsbedingungen finden hinten im Wirtschaftsteil statt, bebildert mit gebückten Näherinnen in Saris. Als vor wenigen Jahren die Globalisierung die gesamte Textilindustrie aus West- und Mitteleuropa fegte, entfachte dies zwar intensive Debatten. Nur nicht in den Zeitschriften, die über Kleidung berichteten. Weder *Elle* noch www.themandarinegirl.com interessiert es, woher das »dunkle Denim«, der »edle Lederblouson« oder die »herbstliche Bluse« stammen, wer sie wo und wie gewebt, gefärbt und genäht hat. Auch darum kann der Regisseur eines Films über die Modeindustrie in einem Interview sagen, er habe bis zu den Recherchen für seine Dokumentation nicht darüber nachgedacht, woher seine Klamotten eigentlich kommen. »Wenn ich ganz ehrlich bin, hatte ich die Vorstellung, diese Kleidung wird von irgendwelchen Maschinen hergestellt oder wächst auf Bäumen«, sagte Andrew Morgan der *Frankfurter Allgemeinen Sonntagszeitung*.[1] Damit ist er ganz sicher nicht alleine.

Zwar geben Verbraucher bei Umfragen regelmäßig an, dass ihnen die Herstellungsbedingungen ihrer Kleidung wichtig seien. In einer Umfrage im Sommer 2014 sagte sogar ein Drittel der Befragten, keinesfalls würden sie ein Kleidungsstück kaufen, das unter unmenschlichen Produktionsbedingungen hergestellt worden sei.[2]

Aber für Konsumenten ist es schwer, einigermaßen verantwortungsbewusste Firmen von den ganz schwarzen Schafen zu unterscheiden. Preis und Herkunft eines Kleidungsstücks geben keine Auskunft darüber, wie es produziert wurde. Dutzende von verschiedenen Labeln über eine (angeblich) nachhaltige Herstellung verwirren die Kunden eher, als ihnen den Weg zu guten Sachen zu weisen. Der Siegelwirrwarr im Klamottenladen ist seit zwanzig Jahren umstritten, aufgelöst hat ihn noch niemand. Langsam beginnen sich einige wenige Siegel durchzusetzen; im Bereich der sozialen Lage der Arbeiterinnen etwa die »Fair Wear Foundation«, die konstruktiv zusammen mit Unternehmen an einer fairen Lieferkette arbeitet, und auf dem Feld der Ökologie der GOTS, der »Global Organic Textile Standard«. Zum Teil ist es überraschend, welche Marken sich auf den Weg gemacht haben. Neben bekannten Öko-Versandhändlern wie Hess Natur oder Waschbär arbeitet auch der Billiganbieter Takko mit der »Fair Wear Foundation« zusammen. Es lohnt sich für die Verbraucher also, genau hinzuschauen – auch in ihrer Umgebung. In vielen Städten finden sich Schneiderinnen oder Designer, die kleine Kollektionen mit nachvollziehbarer Lieferkette anbieten. Zwar sind deren Kleider meist nicht ganz billig, aber weniger ist bekanntlich mehr.

Über eine Milliarde noch tragbarer Kleidungsstücke werfen die Deutschen Jahr für Jahr aus ihren Schränken, um Platz für neue zu schaffen. Die ausgemusterten Stücke landen im Altkleidercontainer – und irgendwann auf einem Markt in Osteuropa oder Afrika. Noch immer gehen die Meinungen darüber auseinander, ob gute Gebrauchtkleidung in armen Ländern ein wichtiges Angebot für die dortigen Konsumenten darstellt, mit einer eigenen Wertschöpfung aus Reparatur und Handel – oder ob die Altkleiderschwemme aus dem reichen Norden die örtliche Textilindustrie zerstört und die Entwicklung behindert. Auf jeden Fall beruhigt sie das Gewissen der Verbraucher in den Industrienationen; sie können weitershoppen – ihre alten Kleider tun ja Gutes, fasst es eine Entwicklungsorganisation zusammen.

Die Sache hat nur einen Haken: Der Ressourcenverbrauch der »Fast Fashion« ist zu hoch. Zwischen zwei und drei Milliarden Jeanshosen werden weltweit jedes Jahr verkauft, und damit Unmengen von Baumwolle. Sie wächst auf um die zwei Prozent der weltweiten Ackerfläche, verbraucht aber ein Viertel aller in der Landwirtschaft eingesetzten Insektengifte. Die durstige Pflanze lässt Flüsse und Seen vertrocknen, Ackerboden wird versalzen und unfruchtbar. Für beinahe jedes T-Shirt aus »reiner Baumwolle« wurde ein bisschen wertvoller Boden vernichtet und eine Frau, womöglich sogar ein Kind ausgebeutet. Das gute Gefühl auf der Haut schwindet bei dem Verbraucher, der um den Giftcocktail darauf weiß. Damit ein Kleidungsstück aus Pflanzenfasern seine Form behält, sich problemlos waschen und bügeln lässt und kunterbunt oder gar schwarz gefärbt werden kann, sind Dutzende teils hochgiftiger Chemikalien notwendig. Einst hat die Kleiderproduktion die Flüsse in Europa orange gefärbt und ihr Wasser ungenießbar gemacht, heute schillern die Flüsse in China in den Farben der Saison.

Obwohl das einer breiten Öffentlichkeit bekannt ist, haben die traditionellen Faserpflanzen wie Flachs und Hanf gegen die billige und leicht zu verarbeitende Baumwolle keine Chance. In den Faserstatistiken sind sie kaum sichtbar, so gering sind ihre Produktionsmengen. Chemiefasern aus Erdöl aber haben der Baumwolle inzwischen den Rang abgelaufen, jährlich steigen ihre Produktionsraten. Sogar Ökodesigner interessieren sich für Kunstfasern, allerdings aus Recyclingmaterial. Die Ökobilanz von Recyclingpolyester ist gar nicht schlecht, trotzdem ist ihr massenhafter Einsatz in Kleidung ein zweischneidiges Schwert. Wolle hingegen ist einer der ältesten Bekleidungsrohstoffe der Welt, lange Zeit war sie der bedeutendste. Heute spielt auch sie nur noch eine kleine Rolle; das ist einerseits schade, besitzt das Fell der Schafe doch wunderbare Eigenschaften. Doch massenhaft gehalten, geht es ihnen wie allen Tieren, die für einen auf schnelles Wachstum gepolten Markt gehalten werden: schlecht. Überweidete und überdüngte Gebiete, in denen zu viele Herden gehalten werden, gehören auch zur Bilanz von »reiner Schurwolle«.

»Was soll ich bloß anziehen?« Diese Frage bekommt einen ganz neuen Klang, wenn der Alltag der Arbeiter in den Textilfabriken in die Antwort mit einfließt, die Masse der Chemikalien, die für die billigen und bunten Kleider nötig sind, die unglaubliche Menge an Wasser und Boden, die für »noch mal eben schnell was shoppen gehen« verbraucht werden.

Die Bilanz unseres massenhaften Kleiderkonsums kennen die meisten Verbraucher relativ genau – doch sie handeln nicht danach. Jugendliche wissen laut einer Umfrage von Greenpeace gut darüber Bescheid, dass viele der begehrenswerten Kleidungsstücke im Laden oder Onlineshop mit hochgiftigen Chemikalien behandelt wurden. Mit 96 Prozent ist eigentlich auch allen Befragten klar, dass die Arbeiter in der Modeindustrie zum Teil unter miesen Bedingungen schuften. Doch anders shoppen sie deshalb nicht; ökologische oder faire Mode bewegt sich noch immer in einer winzigen Marktnische. Anders als bei ökologischen Lebensmitteln ist der Begriff »Bio« in Bezug auf Kleidung nicht geschützt, es gibt jede Menge Definitionen. Darum ist auch eine exakte Statistik darüber nicht erhältlich, doch dürfte der Anteil von fair und ökologisch hergestellter Kleidung am Gesamtmarkt etwa ein Prozent betragen – wenn überhaupt. Den Jugendlichen, die Greenpeace befragt hatte, sind Ökoklamotten zu teuer, sie finden sie schwer erhältlich oder halten sie für hässlich – der Jutesack der Ökogründergeneration wirkt nach. Das Image einer Marke ist für ihren Erfolg ungemein wichtig, nicht umsonst geben große Hersteller und Ketten zum Teil die Hälfte ihres Umsatzes für Marketing aus. Geld, das kleinen Bio-Brands fehlt.

Im Spiel mit Mode ist Image ein wichtiger Aspekt; ein weiterer ist die Trägerin, der Träger selbst. Ein vernähtes Stück Stoff entfaltet sich eben erst dann zum Kleid, zur Hose oder zur Bluse, wenn der Kunde oder die Käuferin es angezogen hat, wenn es sich an ihm bewegt und sich nach seinem Körper formt oder ihn formt. Kleidung wird erst interessant, wenn sie getragen wird, wenn Haltung, Figur und Erscheinung der Person hinzukommen. In Kleidung gehüllt (so spärlich sie auch sein mag) treten wir der Welt gegenüber; diese soziale Funktion wirkt schwer.

Allerdings, es ist etwas in Bewegung gekommen. Dutzende von Designern entwerfen Kleidung aller Stilrichtungen, für Skater und Surferinnen, für Geschäftsfrauen und Modefreaks, für Sportreporter und Lateinlehrer (die es erfahrungsgemäß bequem mögen) – und achten auf nachhaltige Produktion. Sie arbeiten mit der »Fair Wear Foundation« zusammen oder führen das GOTS-Siegel. Auch wenn sich die Bewegung der Branche (noch?) nicht in Marktanteilen zeigt: Just in dem Augenblick, in dem die Käufer die Übersicht über die Herstellung von Kleidung vollkommen verloren haben, beginnen sie, sich für sie zu interessieren. Das zeigen nicht nur die erwähnten Umfragen, sondern auch die großen Handelsketten und Hersteller selbst, die ihre Kunden und deren Wünsche genau im Blick haben. Zumindest oberflächlich geben sie sich auf einmal »nachhaltig«; sie arbeiten vordergründig an politischen Initiativen mit, um die Situation in der Lieferkette zu verbessern, und verwenden ökologische Rohstoffe wie Biobaumwolle. Outdoorhersteller arbeiten mit runden Tischen, um den Einsatz giftiger Chemikalien in ihren Jacken zu reduzieren; und ein großer Konzern nach dem anderen knickt vor der »Detox-Kampagne« von

Greenpeace ein, mit der die Umweltorganisation die Kleiderschränke entgiften will.

Veränderungen beginnen zum Teil auch in Bereichen, die nur wenig öffentliche Aufmerksamkeit erfahren (und auch in diesem Buch sträflich vernachlässigt werden). Da ist zum Beispiel der milliardenschwere Markt der öffentlichen Beschaffung. Die öffentliche Hand ist einer der wichtigsten Kunden für Textilien; die gesetzlichen Grundlagen für staatliche Käufe werden derzeit überarbeitet. Umwelt- und Entwicklungsverbände lobbyieren intensiv dafür, dass Kommunen, Länder und der Bund ihr Geld für sozial und ökologisch hergestellte Krankenhausbettwäsche, Uniformen oder Sitzpolster ausgeben. Auch das interessante Thema »technische Textilien« wird nur angerissen. Kleidung mit besonderen Funktionen, etwa extrem hitzebeständige Uniformen für Feuerwehrmänner oder Gewebe, die allen möglichen Zwecken dienen (als Sitzbezug, als Unterlage für Skihänge oder kommunizierender Teppich), bilden einen Markt, auf dem die europäischen Anbieter international noch wettbewerbsfähig sind. Webereien und Spinnereien arbeiten für Branchen wie die Automobilindustrie; hier findet Forschung und Entwicklung statt und es entstehen Arbeitsplätze, hier haben sich die Reste der heimischen Textilindustrie erhalten.

Seit Kleidung industriell hergestellt wird, klagen Näherinnen über die erbärmlichen Zustände an ihren Arbeitsplätzen. Die Textilindustrie war eine der ersten, die exzessiv giftige Chemikalien einsetzte, um Stoffe zu färben oder ihnen bestimmte Eigenschaften zu verleihen. Doch scheint die Branche inzwischen selbst zu erkennen, dass sie in dieser Tradition nicht weitermachen kann. Will sie das Vertrauen der Kunden erhalten, muss sie nachhaltiger produzieren, langsamer, weniger. Und auch die Kunden können entschleunigen, weniger, seltener, dafür Besseres kaufen. Denn egal, ob der Kleiderschrank aus allen Nähten platzt oder nur ein einziger Mantel aus Ziegenfell darin hängt: Die uralte Menschheitsfrage »Was soll ich bloß anziehen?«, die bleibt.

P.S.: Im Anhang finden Sie eine Liste mit Links; Tauschbörsen und Second-Hand-Läden im Internet, faire Shoppingführer für verschiedene Städte, Anbieter grüner oder fairer Mode sowie eine kleine Übersicht empfehlenswerter Siegel. Es liegt in der Natur des Netzes, dass diese Liste nicht vollständig ist, sondern eher einen Einstieg bietet zu eigener Recherche ... Viel Vergnügen!

2
»Danke, ich schau' mich nur um!« Warum es immer mehr Kleidung gibt, die niemand braucht

»Schnell! 20 Prozent Rabatt nur noch bis Mitternacht!«, heißt es in der Mail der Modemarke Boden am Donnerstag. »Shoppen Sie mit 10 Prozent Rabatt für ihren Traumurlaub!«, wirbt der Katalogshop aus Großbritannien am Dienstag, und am Freitag noch mal: »Jetzt shoppen mit 10 Prozent Rabatt!« Karstadt Online lockt Ende März auf seiner Website: »Jetzt die reduzierten Styles shoppen«, und H&M bietet »20 Prozent auf ausgewählte Jacken und Mäntel«. Der Outdoorspezialist Globetrotter reduziert zur selben Zeit nicht nur seine Waren im Onlineshop um 45 Prozent, sondern legt sogar noch einen 15-Euro-Gutschein für seine Kunden oben drauf. Die irische Kette Primark kann kaum noch etwas reduzieren, sie befindet sich preislich in der Dauerreduktion: Damen können im Frühjahr 2015 eine Kreppbluse in Blutorange für 11 Euro kaufen, einen Parka im Aztekenmuster für 10 Euro und Herren eine lila Badeshorts für 4 Euro. Die Läden bekommen ihre Klamotten nicht los.

Für die Händler liegt der Grund dafür auf der Hand: Das Frühjahr ist zu verregnet, der Sommer zu kühl, im Herbst nieselt es und im Winter ist es zu warm. Logisch, dass die Kunden keine Lust haben, einzukaufen. Einige Anbieter merken selbstkritisch an, vielleicht müsse man die Jahreszeiten wieder mehr achten und Wintermäntel im Winter und Bikinis im Sommer verkaufen. Die Branchenzeitschrift *Textilwirtschaft* hält von dem Jahreszeitengejammer allerdings wenig und stellt Ende 2014 nüchtern fest, »es sei zu viel Ware auf dem Markt«[1]. Ein halbes Jahr später beobachtet sie das Phänomen der Rabattschlachten erneut und schimpft, anstatt die Attraktivität neuer Produkte herauszustellen, würden Industrie und Handel neue Waren mit aggressivem Preismarketing auf den Markt drücken.[2] Seit Jahren werden Blusen, Röcke, T-Shirts und Hosen hierzulande immer billiger, einen immer geringeren Anteil ihres Einkommens wenden die Deutschen für Kleidung und Schuhe auf. 1970 waren es noch 9,7 Prozent, 1998 schon nur noch 5,7 Prozent und 2012 schließlich 4,6 Prozent. Statt ihr Geld in neue Kleidung zu investieren, kaufen sich die Konsumenten lieber neue Smartphones, Fernseher, gehen in Restaurants oder machen eine Reise.

Der Markt für Bekleidung stagniert und pendelt in Deutschland seit Jahren bei einem Gesamtvolumen von etwa 60 Milliarden Euro, mit leicht fallender Tendenz. In Österreich und der Schweiz zeigt sich ein ähnliches Bild: Hier stagnieren die Ausgaben für Bekleidung bei rund 4,5 Milliarden Euro beziehungsweise 10,8 Milliarden Franken. Wen wundert's? Die Kleiderschränke sind voll, in den meisten hängen mehr Klamotten, als ihre Besitzer anziehen können. Es kursieren die unterschiedlichsten Zahlen darüber, wie viele Shirts und Hosen niemals getragen werden, bevor sie im Altkleidersack oder in der Mülltonne landen: mal sind es 40 Prozent, mal 28 Prozent. Offizielle Zahlen über Besitz oder Verwendung von Kleidung, etwa von der Gesellschaft für Konsumforschung oder vom Statistischen Bundesamt (das immerhin sehr genau über die Versorgung der Verbraucher mit Flachbildschirmen informiert: 76,4 Prozent der Haushalte haben einen) gibt es nicht.

Aber auch ohne genaue Zahlen gilt der »Markt für Bekleidung als gesättigt«, wie Unternehmensberater und Banken es ausdrücken. Eigentlich haben die Menschen genug Kleidung und brauchen keine neue. Darum rufen Hersteller und Händler alle paar Monate einen ganz neuen Trend aus, mit den jeweiligen »Musthaves« der Saison. Neben »Basics«, die sich immer verkaufen, hängen in den Läden »modische« und »hochmodische« Kleidungsstücke mit einer sehr kurzen Halbwertszeit. Betriebswirte und Betriebswirtinnen halten Mode für eine »Angebotsstrategie, die Sättigungstendenzen bei bestimmten Textil- und Bekleidungsprodukten überwinden will«, sie bewirke eine »künstliche Veralterung von Produkten und soll neue Nachfrage stimulieren«[3]. Zwar sind die Sachen vom letzten Winter noch ganz, tragen will sie ihr Besitzer aber trotzdem nicht mehr: falsche Farbe, zu lang, zu kurz, also ab in die Altkleider- oder gleich in die Mülltonne. Trotzdem die Deutschen keine Kleider brauchen, ist Deutschland (noch immer) der fünftgrößte Bekleidungsmarkt der Welt, nach China, den USA, Japan und Italien. Österreich belegt bei diesem Ranking den neunten Platz. Und die Schweiz importiert immerhin 1,3 Prozent aller weltweit erzeugten Textilien und Kleidungsstücke und liegt damit in etwa gleichauf mit Australien und Südkorea.

Verzweifelt versuchen Markenfirmen, Boutiquen, Handelsketten, Kaufhäuser und Onlineshops, ihre Anteile an diesem Markt zu halten. Entwarfen Designer und große Markenfirmen früher zwei Kollektionen im Jahr, eine für Frühjahr/Sommer, eine für Herbst/Winter, erstellen sie inzwischen vier. In den Filialen der großen Händler werden zum Teil alle zwei Wochen die Kollektionen ausgetauscht, monatlich neue Ware ist schon Standard. »Fast Fashion«, Mode zum Wegwerfen, ist angesagt. Trendscouts sind immer auf der Suche nach neuen Styles, klicken sich durch die Fotos von Modeschauen oder Fashionblogs und geben den Designern lohnenswerte Vorbilder zur Kopie weiter. Das erfolgreiche spanische Unternehmen Inditex, zu dem Marken wie Zara oder Massimo Dutti gehören, braucht nur zwei bis drei Wochen von der ersten Idee auf dem Zeichenbrett bis zum fertigen Teil im Laden. Die immer schnelleren Umdrehungen der Modeindustrie werden in der Branche selbst schon diskutiert und kritisiert. Hubert de Givenchy, Gründer der gleichnamigen französischen Luxusmarke, überlegte vor einiger Zeit, zu den heutigen Bedingungen hätte er seine berühmten Kleider (Audrey Hepburn in »Frühstück bei Tiffany«!) nicht entwerfen können. Er könne nicht an etwas glauben, das innerhalb von sechs Monaten seine Gültigkeit verliere.

Auch Teile der Kundschaft geben sich von dem Zirkus gelangweilt. 2014 wurde in Zeitungen und Blogs der Trend des »Normcore« gefeiert – Normalität, und zwar Hardcore. Die Protagonisten kleideten sich in Jeans, Turnschuhe und Hoodies, also Kapuzenpullis, und gaben damit ganz offiziell jeden Versuch auf, modisch irgendwie mitzuhalten. Die New Yorker Agentur K-Hole hatte den Begriff erfunden und erklärt, junge Amerikaner hätten die Nase voll davon, ständig äußerlich ihre Individualität zu beweisen, und gingen lieber in einer Masse der Normalen unter. Aufgeregt diskutierten die Modeblogger und Stiljournalisten, was von diesem Trend zu halten sei, wie lange er dauere und welche Marken am besten zu tragen seien, um ihn zu zelebrieren. Nachdenkliche Stimmen wie die des Schweizer Modejournalisten Jeroen van Rooijen mischten sich darunter, der in der *Neuen Zürcher Zeitung* warnte, Normcore sei »sicher auch ein Warnsignal an die Modebranche, die mit ihrem überdrehten Tempo und immer kurzfristigeren Trends den Draht zu den Leuten verloren hat«. Und die Branchenzeitschrift *TM Textilmitteilungen* gab im Editorial ihrer Januarausgabe für 2015 zu bedenken: »Die Mode ist über ihre eigentliche Bestimmung hinausgewachsen und hat sich dann selbst überholt. Keine Frage: Das System steht kurz vor dem Kollaps.« Starke Worte, aber zu leise im großen Fashion-Rauschen. Kurz nachdem der Begriff des Normcore in der Welt war, gab die amerikanische *Vogue* schon Entwarnung: Auf diversen Veranstaltungen hatten ihre Reporterinnen einen »Anti-Normcore-Effekt« festgestellt und gut frisierte Frauen mit »glänzend kirschfarbenen Lippen« beobachtet. Marktforscher stellten beschwichtigend fest, die Normcore-Vertreter seien nur oberflächlich nicht an Individualität interessiert, eigentlich sei ihr Schlabberzeug modisch sehr differenziert und der feine Unterschied durchaus feststellbar. Modisch sei von diesen Trendsettern noch einiges zu erwarten. Das irre System war wieder stabilisiert.

Um ihre ständig neue Ware unter die Leute zu bringen, versuchen die Hersteller, sich möglichst viele Vertriebskanäle zu sichern. Sie verkaufen ihre Klamotten an klassische Modegeschäfte, die viele unterschiedliche Marken anbieten. Sie eröffnen aber immer öfter auch selbst Läden, bieten Onlineshops an und tummeln

sich auf der realen grünen Wiese in Outlet-Centern und der virtu-
ellen in sozialen Netzwerken. An dem einen »Point of Sale« – so
werden die Orte genannt, an dem die Kundinnen und Kunden ihr
Portemonnaie zücken müssen – kann man billiger kaufen als am
nächsten. Trickreich versuchen die Geschäfte daher, die Kunden
in ihre Läden zu locken – etwa mit sogenannten Beacons. Ein Bea-
con bezeichnet im Englischen ein Leuchtfeuer oder Leuchtsignal,
im Handel meint es Sender; mit Beacons auf Basis von Bluetooth,
also einer speziellen Datenübertragung per Funk, werden Kunden
in den Innenstädten über ihre Smartphones in die Geschäfte ge-
lotst. So können die Läden vorbeischlendernde Passanten zum
Beispiel auf die neuesten Sonderangebote hinweisen, auf aktuell
eingetroffene Waren oder darauf, dass es heute zum Shoppen ein
Gläschen Prosecco gratis gibt.

Angestrengt versuchen Handel und Industrie, die Wünsche po-
tentieller Kunden zu erahnen und ihre Entscheidungen zu verstehen. Wird eine Bluse vielleicht ständig von der Stange genommen
und betrachtet, aber niemals anprobiert? Ist sie zu teuer? Wird sie
zwar anprobiert, aber trotzdem nicht gekauft? Hat sie eine
schlechte Passform? Informationen zu diesen Fragen liefern ihnen
in den Läden und Fußgängerzonen der Städte immer häufiger
RFID-Etiketten. »RFID« steht für Radiofrequenz-Identifikation und
wird seit etwa 2003 von den Unternehmen eingesetzt. In den Kleidungsstücken oder Schuhen (und nicht nur dort) sind winzige
Computerchips mit einer klitzekleinen Antenne eingenäht oder
angebracht, mit denen sich jedes Teil eindeutig identifizieren lässt.
Es trägt also quasi einen elektronischen Ausweis mit sich. Dieser
sendet ständig Signale aus, die nur wenige Meter reichen. Mit einem Empfangsgerät kann der Chip in diesem Umkreis geortet und
so beispielsweise ein Bewegungsprofil erstellt werden. Offiziell benutzen die Firmen RFID, um die Lieferkette zu überwachen, die
Lagerhaltung effizienter zu gestalten und zum Beispiel dafür zu
sorgen, dass immer ausreichend Teile einer Größe und Farbe im
Laden oder im Lager liegen. Gerry Weber benutzt die Technik seit
2009. Die Marke ist eine der ersten Firmen, die die Technologie

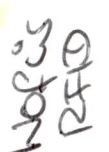

flächendeckend anwendete, sie verspricht sich so schnellere Inventuren und eine höhere Warenverfügbarkeit, s.Oliver eine »hohe Transparenz in der Supply-Chain ab Wareneingang im Lager bis zum Verkauf im Store«. Interessant, wie viel Energie die Unternehmen hier in die Transparenz der Lieferkette investieren, die doch angeblich in Bezug auf die Herstellung und die Zulieferbetriebe unmöglich herzustellen ist.

Doch mit RFID kann ein Händler eben auch genau verfolgen, was Kunden mit der angebotenen Ware im Laden machen, welche Teile Beachtung finden, welche nicht. Die Kunden merken von den Schnüffelchips in ihrer Kleidung nichts, sie können unsichtbar angebracht sein und überstehen sogar einige Waschgänge. Weil RFID-Technik inzwischen nicht nur Kleidung, sondern auch bei Lebensmittelverpackungen, Kreditkarten, Geldscheinen oder Personalausweisen angewendet wird, warnen Datenschützer vor der Möglichkeit, ohne Wissen der Betroffenen Verhaltens-, Nutzungs- und Bewegungsprofile zu erstellen, und fordern mindestens eine Kennzeichnungspflicht. Der Verein Digitalcourage wollte für Interessenten Möglichkeiten entwickeln, die Chips zu zerstören, musste aber »die Segel streichen«, wie er auf seiner Website mitteilt. War die Wanze zerstört, war das Kleidungsstück meist ebenfalls in Flammen aufgegangen oder hatte ein Loch. So rät Digitalcourage: »Wenn Ihnen ein Produkt mit einem Schnüffelchip untergejubelt wird: Reklamieren Sie es, geben Sie es zurück und bestehen Sie auf die Erstattung des Kaufpreises.«

Die Unternehmen werden von RFID nicht lassen, denn sie halten es für lebenswichtig, so viel wie möglich über das Kaufverhalten ihrer Kunden zu wissen. Sie stehen in einem unerbittlichen Verdrängungskampf. Laut einer Studie der Commerzbank machen die einhundert größten Unternehmen etwa 90 Prozent des Umsatzes. In Österreich sieht es ähnlich aus, hier entfällt auf die 48 Händler mit mehr als fünf Filialen mehr als 70 Prozent des Umsatzes. Zwar verweist die Branche gerne auf ihren Mittelstandscharakter sowie auf die vielen sehr kleinen Unternehmen, die Kleidung produzieren und verkaufen – nur sind diese ökonomisch nicht bedeutsam. Die Konzentration wird sich fortsetzen: Nach Auskunft des Branchenverbandes Germanfashion ging die Zahl der Betriebsstätten 2014 um 3 Prozent zurück, die der Beschäftigten um 2,4 Prozent. Wer nicht global in riesigen Stückzahlen beschaffen und verkaufen kann, dem wird von Banken langfristig keine Überlebensperspektive erteilt.

Auch die traditionellen »Multi-Label-Fachhändler«, also Modegeschäfte in den Städten, die unterschiedliche Marken einkaufen und weiterverkaufen, befinden sich in einer ernsten Krise. 1993 haben noch 55 000 Einzelhändler Kleidung, aber auch Tischdecken oder Bettwäsche verkauft, 2012 waren es nur noch 35 000. Und es werden immer weniger, was unter anderem durch die immer gleichen Schriftzüge in den Fußgängerzonen sichtbar wird. Die großen Handelsketten wie H&M, Zara und Mango können durch die riesigen Mengen, die sie herstellen (lassen) und weltweit anbieten, enorm günstige Preise bieten und besitzen eine große Marktmacht, die sie gegen ihre kleinen Wettbewerber einsetzen. Diese geraten seit einiger Zeit aber auch von eher unerwarteter Seite unter Druck: Durch die »Multi-Channel-Strategie« der Industrie, die ihre Waren auf allen möglichen Wegen verkauft, wird sie vom Lieferanten zum Konkurrenten der Boutiquen. Die Fachhändler haben lernen und damit klarkommen müssen, dass ihre Kunden eine Marke nicht nur in ihren Läden, sondern auch fünfzig Kilometer weiter im Outlet-Center, im Flagshipstore der nächsten Großstadt oder 24 Stunden am Tag online kaufen können. Zusätzlich leiden die Einzelhändler unter immer noch sehr hohen Mieten in den Innenstädten und schrumpfendem Gewinn durch die ständigen Rabattschlachten.

Besser als den Fachhändlern ergeht es den Discountern, bei denen sich Männer, Frauen und Kinder inzwischen nahezu vollständig einkleiden können. Sie konnten den alteingesessenen Läden in den letzten Jahren vor allem durch ihre preisgünstigen Angebote Marktanteile abjagen.

Die größte Bedrohung für die Fachhändler ist allerdings nach wie vor das Internet, in das die Kunden ihre Einkäufe verlagern.

Kleidung ist eine der beliebtesten Warengruppen beim Online-shopping; Hosen, Mäntel und Bikinis für über acht Milliarden Euro haben die Deutschen 2014 im Netz eingekauft, vor allem bei On-line-Marktplätzen wie Amazon oder eBay, die ihre Websites gegen Provision Händlern und Herstellern zur Verfügung stellen; danach folgten sogenannte Multi-Channel-Versender, die also sowohl ein traditionelles Ladengeschäft als auch einen Onlinestore haben, und an dritter Stelle reine Onlinehändler wie Zalando. Zalando kauft Kleidung ein und verkauft sie wie ein klassischer Händler, nur im Internet. Inzwischen lassen die Berliner auch eigene Kollektionen herstellen.

Schrei vor Schreck

Rabatte, Dauerbilligpreise bei Discountern und die ständige Vergleichbarkeit von Preisen im Internet lassen nicht nur Kleinstädte veröden, sondern setzen die Mode noch mehr unter Preisdruck. Die Unternehmen hüten das Geheimnis, aus welchen Kosten sie die Preise für ihre Waren errechnen, meist sehr gut. Manchmal dringt trotzdem etwas an die Öffentlichkeit. Zum Beispiel berichtet ein Reporter der Nachrichtenagentur dpa im November 2014 von einem Fabrikbesuch in Hanoi, wo ein Herrenhemd des Modeherstellers van Laack aus Mönchengladbach genäht wird. Der Kunde in Deutschland zahlt im Laden 139 Euro für das Hemd. Laut Hersteller bleiben 7,50 Euro an Lohn- und Produktionskosten in Vietnam, 18 Euro kostet der Stoff, der aus Italien kommt, 10,50 Euro gehen für Transport, Zoll und Abgaben bis nach Deutschland drauf, wo der Staat noch 22,20 Euro Mehrwertsteuer kassiert. Für den Einzelhändler – Kaufhaus oder edle Modeboutique – beträgt die Marge 64,80 Euro. Hersteller van Laack bleiben also 16 Euro für Kosten und Ergebnis. Wie hoch der Gewinn bei jedem Hemd, für das eine vietnamesische Näherin hundert Minuten braucht, am Ende ist, hat van Laack nicht verraten. Fixkosten zu reduzieren, also etwa Ladenmieten, Gehälter von Angestellten oder Steuern und Abgaben, ist für Handel und Markenlabel anstrengend bis unmöglich. Wenn also Kosten gesenkt werden sollen, dann passiert das in der Regel an anderen Stellen: Das zweitschwächste Glied in der Kette ist die Fabrik in Vietnam, die den Fertigungsauftrag erhalten möchte; das schwächste Glied die Näherin, die einen Job sucht. Auch geringe Preissenkungen schlagen bei den sowieso nur schmalen Margen, die in Vietnam (oder Bangladesch, Pakistan, Rumänien) bleiben, auf sie voll durch.

Das Problem sind also in diesem Fall weniger Billigklamotten. Der Preis eines Kleidungsstücks sagt gar nichts darüber aus, zu welchen Bedingungen es hergestellt wurde. Schlecht ist aber, wenn die Preiskalkulation eines Herstellers nicht aufgeht und er an irgendeiner Stelle Kosten einsparen muss. Daher war es eher einen Schrei vor Schreck als einen vor Glück wert, als der Internethändler Zalando seine »Preisvergleichs-App« einführte. Damit können Smartphonebesitzer ihr Gerät im Laden an den Barcode eines Kleidungsstücks halten und blitzschnell seinen Preis bei Zalando prüfen. Die Computerzeitschrift *Chip* aus dem Burda-Verlag fabulierte begeistert, vielleicht gebe es ja den hübschen Rock von Vero Moda online ein bisschen günstiger. Wer dabei stattdessen draufzahlt, erwähnt sie nicht.

Nicht nur mit dieser Serviceidee ist das Berliner Unternehmen Zalando zu einem Symbol wie auch Schreckgespenst der ganzen Branche aufgestiegen und lockt Aktienkäufer mit hohen Umsatzsteigerungen. 26 Prozent mehr in 2014, das bedeutet insgesamt einen Jahresumsatz von 2,2 Milliarden Euro und deutlich mehr Wachstum als die 7 Prozent des gesamten Onlinehandels in diesem Jahr. Laut Umfragen kennen 95 Prozent der Deutschen das Unternehmen, das mit hohen Marketingausgaben seine Bekanntheit steigert. Lange Zeit ein gut gehütetes Geheimnis allerdings war die Retourenquote, also die Zahl der Waren, die bestellt, dann aber wieder zurückgeschickt werden. Laut Zalando beträgt sie 50 Prozent, Schätzungen zufolge jedoch deutlich mehr. Für Versandhändler sind Retouren ein ernstes Problem: Die Logistik ist teuer, und oft sind zurückgeschickte Kleider kaputt, verschmutzt oder aufgrund der schnellen Modewechsel schlicht schon zu veraltet, um sie erneut zum vollen Preis verkaufen zu können. Hier findet der Konsum wirklich zu sich selbst – es geht nicht ums Haben-wollen, sondern einfach nur ums Shoppen. Angeblich machte der Onlinehändler 2014 erstmalig Gewinn; überprüfen lässt sich das vorerst nicht.

Die Verkaufstricks von Zalando sind zum Teil recht ausgefeilt. Ein abgebildeter Schuh zum Beispiel muss angeblich nach links zeigen, weil er dann häufiger gekauft wird; zum Teil erkauft sich das Unternehmen aber ganz schlicht seine enorme Präsenz im Internet. Wie alle Webseiten befasst sich Zalando intensiv mit der Suchmaschinenoptimierung (SEO), die dafür sorgt, dass bei einer Suchanfrage nach Schuhen oder Kleidung Zalando ganz oben auftaucht, bei Google am besten gleich hinter den ersten drei Ergebnissen, die als »Anzeige« gekennzeichnet und somit für die Benutzer als bezahlt sichtbar sind. Von den meisten Nutzern zuerst geklickt wird Platz vier, weil sie ihn als »unabhängiges Suchergebnis« wahrnehmen. Diese Wertung gilt es also zu erreichen. Zalando gelingt das unter anderem, weil die Firma Modebloggern Gutscheine schenkt und diese dann als Dank für die Aufmerksamkeit ihre Seite mit der von Zalando verlinken – das bringt Punkte im Ranking. Ebenfalls mit viel Aufwand wird die Analyse von sogenannten Keywords betrieben, Schlüsselwörtern, die eine Website für die Suchmaschinen auffindbar machen.[4]

Der wahre Reichtum von Zalando ist allerdings nicht der geschickte Umgang seiner Mitarbeiter mit den geheimen Algorithmen der Suchmaschinen, sondern das exzessive Sammeln der Daten seiner Nutzer. Wie der unvergleichbar größere Konkurrent Amazon weiß Zalando »alles« über seine Kunden. Cookies merken sich, wer welche Hose in welcher Größe oder Farbe angeklickt und gekauft hat. Zwar müssen die Onlineshops die Datenspur löschen, falls die Kundin nichts kauft, sondern sich nur umsieht. Aber wer kontrolliert das? Die Magie von Zalando sei, wird ein Manager zitiert, dass das Unternehmen dank seiner Kundendaten »Konsum erzeugen« könne. Eine Kundin wohnt im kalten Berlin und hat seit drei Jahren keinen Wintermantel mehr gekauft? Zalando schickt

ihr eine Werbemail mit einem Vorschlag.[5] Zwar können Kunden
verlangen, dass Zalando ihre Daten löscht, doch müssen sie dazu
aktiv werden und der Nutzung per Mail, Fax oder Brief widersprechen. Die meisten werden beim Kauf bei »Ja, ich stimme den Da-
tenschutzbestimmungen zu« wohl ein Häkchen machen, wenn sie
sich zuvor stundenlang durch hundert Varianten eines beigefarbenen Mantels geklickt haben – und öffnen dem Händler damit weit
die Tür. Laut der Onlineplattform iRights, die sich mit Urheber-
recht und Datenschutz in der digitalen Welt befasst, stehen die Behörden den Datensammlungen der großen Onlinehändler »blind«
gegenüber. Zahlreiche Aufsichtsbehörden auf Landes-, Bundes-
und Europaebene sind zuständig, meist überschneiden sich ihre
Kompetenzen, sie sind unterbesetzt und kontrollieren nur selten.
Die Kunden schreckt das nicht, immer mehr verlegen ihre Einkäufe ins Netz. Zwar werden noch immer 90 Prozent der Umsätze
im stationären Handel erzielt, doch gewinnt der E-Commerce
ständig Marktanteile.

Handelsexperten halten reine Onlinehändler wie etwa Zalando
zwar auch nicht für zukunftsträchtig und raten ihnen, sogenannte
Flagshipstores in großen, attraktiven Städten einzurichten. Zalando betont bislang, seine beiden Outlets in Berlin und Frankfurt
seien keine Testobjekte, um den Start in ein Filialnetz zu proben,
sondern nur dazu da, um Ladenhüter aus dem Onlineshop loszu-
werden – doch Branchenbeobachter bezweifeln das. Kunden wollen gerade Kleidung eben auch anfassen und nicht nur als Bild betrachten. Weil sie neue Klamotten ja eigentlich nicht brauchen,
müssen sie »emotional« angesprochen werden – und das geht in
einem schicken, coolen Laden natürlich besonders gut. Erst gu-
cken und testen, dann online kaufen – oder anders herum, alles
soll möglich sein, wie es den Kunden gerade gefällt.

Der Überlebenskampf von Herstellern und Händlern leuchtet
den Wachstumsirrsinn in den reichen Industrienationen besonders scharf aus: Es werden zu miesen Bedingungen und unter hohem Ressourcenaufwand immer mehr Kleider produziert, die niemand braucht – und damit auch noch Geld vernichtet. Vor allem

wegen der Rabattschlachten gehen die Gewinne von Konzernen wie Levi's, aber auch von vielen kleinen Boutiquen nach unten. Gewinner sind bislang die großen Handelsketten, die von der Herstellung bis zum Verkauf alles kontrollieren können, sowie umsatzstarke Onlineshops, die genügend Marktmacht besitzen, um gegenüber den Lieferanten die Preise zu drücken. Der April 2014 bündelte die Entwicklung wie ein Brennglas: Die Berliner Modemarke »Fabrik«, von Kritikern verehrt, gab auf. Sie hatte ihre puristischen Teile in Europa fertigen lassen und in eigenen sowie sechzig anderen Läden verkauft. Doch deren Zahlungsmoral war krisenbedingt mau und die beiden Köpfe hinter Fabrik hatten laut *FAZ* »keine Lust mehr«, sich »schlecht behandeln zu lassen«. Zur gleichen Zeit eröffnete mit großem Getöse auf dem Berliner Tauentzien in bester Lage der japanische Billigkonzern Uniqlo seine erste Deutschlandfiliale. Eine Kette mehr, deren Wachstumsstrategie auf der massenhaften und schnellen Produktion von Schnäppchenware aufbaut. Verlierer sind selbständige Modefachhändler, kleinere Label, die Zeit und einen verlässlichen Preisrahmen für ihre Kollektionen brauchen – und vielerorts die Innenstädte. Nachdem ihre Fußgängerzonen zunächst von den stets gleichen Filialisten uniformiert wurden, droht gerade kleineren und mittleren Städten ohne Tausende kaufkräftiger Passanten pro Stunde der Leerstand.

Nach einer recht lang andauernden Schockstarre fangen viele dieser Städte und ihre Händler jetzt damit an, auf die Bedrohung aus dem Netz zu reagieren. In Wuppertal läuft seit einiger Zeit ein Pilotprojekt des jungen Unternehmens Atalanda aus Bad Reichenhall, das den stationären Handel mit dem Internet vernetzen will. »In welcher Stadt wohnen Sie?«, wird der Besucher der Atalanda-Startseite gefragt. Dann lassen sich die Städte anklicken, bisher Wuppertal, Hamburg und Salzburg; ab Herbst 2015 auch Attendorn, Göppingen und Wolfenbüttel. Für jede dieser Städte gibt es ein Shoppingportal mit verschiedenen Kategorien: »Nahrungsmittel und Getränke« lassen sich anklicken, »Ostern« oder »Fashion und Accessoires« beispielsweise in Wuppertal. Unter gut 3 200 Modeartikeln von Wuppertaler Händlern kann der Kunde auf der Website wählen – verglichen mit den 150 000 Artikeln von Zalando klingt das niedlich. Aber der Onlineriese hat auch mit ein paar Flipflops angefangen. Mit hundert Städten verhandelt Atalanda-Gründer Roman Heimbold nach Selbstauskunft gerade, darunter kleine wie Olpe in Nordrhein-Westfalen, aber auch mit Göttingen, Marburg, Potsdam oder München. Mit zehn Städten will er noch 2015 ins Netz gehen. Dazu müssen mindestens vierzig Händler der Stadt mitmachen und sich für zwei Jahre verpflichten, dabeizubleiben. Die Stadt wiederum muss einen Mitarbeiter in Vollzeit arbeiten lassen, um das »Innenstadt-goes-Online«-Projekt zu koordinieren – das sind die Bedingungen, unter denen es erfolgreich sein kann, glaubt Heimbold. Sein Unternehmen stellt den Händlern für eine Gebühr von monatlich 20 Euro sowie eine geringe Umsatzbeteiligung die Software für den Internetmarktplatz zur Verfügung, betreibt Suchmaschinenoptimierung und schult die Händler in der Verwendung der richtigen Keywords; zudem baut Atalanda die Logistik in der Stadt auf, wenn DHL nicht genutzt werden kann. Daneben gibt es Schulungen im Onlinehandel und »jede Menge Ideen«, so Heimbold.

Die sind bitter nötig, denn in kleinen wie in großen Städten gilt: Wer seine Kunden nicht auch im Internet erreicht, hat eine düstere Zukunft. Also stellen die Wuppertaler Einzelhändler, die sich am Pilotprojekt beteiligen, Fotos und Produktbeschreibungen ihrer Waren ins Netz. Bislang bestellen nur wenige Kunden dort; die Designerin Nadine Sommerauer, die selbstgeschneiderte Kleider und andere schöne Dinge aus ihrem Barmener Laden »Quermalerei« auf der Atalanda-Plattform anbietet, generiert damit bisher kaum Umsatz. Aber sie macht trotzdem weiter mit, in beiden Standbeinen, online und offline, sieht sie die Zukunft und liegt damit auch ganz auf einer Linie mit Handelsexperten. Kunden informieren sich online über ein Kleidungsstück und gehen dann in einen Laden, um es zu kaufen; oder sie probieren etwas an und kaufen es später im Internet. C&A macht die Erfahrung, dass die Onlinekäufe freitags zurückgehen und sonntags steigen, und erklärt sich das damit, dass viele Kunden am Ende der Woche wissen, dass sie am Samstag bummeln gehen werden – und sich am Sonntag anprobierte Teile im Netz kaufen. Die kleinen Innenstadthändler arbeiten also nach dem Prinzip der großen Ketten, um sie mit ihren eigenen Waffen zu schlagen.

Neben dem kommerziellen Anbieter Atalanda gibt es andere Initiativen, um die Innenstädte und ihre Händler zu retten, etwa den Verein »buy local« (der inzwischen mit Atalanda kooperiert). Er versucht – wissenschaftlich begleitet von der Universität Lüneburg –, Konzepte für seine 600 Mitglieder aus ganz Deutschland zu entwickeln, und bietet ihnen ebenfalls eine Internetplattform an, um ihre Waren zu verkaufen. Das ist bislang allerdings weder besonders kundenfreundlich noch wird ein Schwerpunkt auf ökologische Nachhaltigkeit gelegt; ob die Händler konventionelle oder ökologische Produkte anbieten, spielt bei der Präsentation keine Rolle. Aber es ist ein Ansatz, um die Vielfalt an Händlern in den Städten zu bewahren, die Innenstädte lebendig zu halten und einer Konzentration von einigen wenigen Anbietern vorzubeugen.

Welche Art einzukaufen für Umwelt und Klima besser ist, online oder stationär, ist bislang übrigens unklar. Studien dazu sind knifflig. Der Riesenkrake Amazon behauptet auf seiner Internetseite selbstbewusst, der Onlineeinkauf sei »generell umweltfreundlicher« als der Einkauf im stationären Handel. Zwar schneidet der Onlinehandel bei einer Vergleichsrechnung von Moritz Mottschall vom Freiburger Öko-Institut auf den ersten Blick tatsächlich besser ab als der stationäre; bei einem Kauf von einem Paar Turnschuhen setzt der Weg über den E-Commerce weniger Kohlendioxid frei. Doch für eine sinnvolle Bewertung müssen viele Faktoren berücksichtigt werden: Bestellt der Kunde online verschiedene Teile, womöglich nur zur Ansicht, und schickt viele davon wieder zurück? Dann verursacht er viel Verkehr und verbraucht eine Menge Verpackungsmaterial. Andererseits: Läden verbrauchen oft viel Energie, etwa für ihre Beleuchtung oder Klimatisierung. Und Kunden, die für ihre Einkäufe in die Stadt mit dem Auto anrauschen, haben sicher eine schlechte Klimabilanz; aber sie können ja auch mit dem Fahrrad fahren. Im Netz einkaufen geht auf jeden Fall schneller – doch was macht der Kunde mit der gewonnenen Zeit?

Einen Ausflug mit dem Auto? Dann wird die Klimabilanz der Turnschuhe wieder schlechter. Nach bisherigen Forschungsergebnissen scheint weder der stationäre noch der Internethandel per se nachhaltiger zu sein. Viel hängt vom Verhalten der Beteiligten ab: der Kunden, aber auch der Ladeninhaber, die beispielsweise Ökostrom beziehen können, oder der Onlinehändler, die Recyclingpappe für ihre Verpackungen benutzen und ihre Logistik besonders clever organisieren können. Darum findet Umweltingenieur Mottschall die Frage inzwischen auch überflüssig. Besser sei es, den Online- und Offlinehandel jeweils so umweltfreundlich wie möglich zu gestalten.

Verwertung oder Fairwertung?

Auf den ersten Blick ganz ohne Frage: Ökologisch, sozial und letztlich auch ökonomisch nachhaltig ist der Kauf gebrauchter Kleidung. Neben Second-Hand-Läden entwickeln sich auch hier dank des Internets ständig neue Geschäftsmodelle, das Netz quillt über vor interessanten Seiten, auf denen gebrauchte Kleider getauscht, geliehen oder gekauft werden können. Es wird geschätzt, dass ein Kleidungsstück rund 60 Prozent seiner Lebenszeit noch vor sich hat, wenn es in einem Altkleidercontainer landet. In Hamburg verschicken die Unternehmensgründerinnen Thekla Wilkening und Pola Fendel unter dem Motto »Stil hast Du, Kleider leihst Du« Pakete mit Kleidern, die gebraucht sind oder von jungen, noch unbekannten Designern stammen. In ihrer »Kleiderei« können Modebegeisterte sich für einen Monat lang vier Teile leihen und sie dann, bitteschön im selben Karton, wieder zurückschicken. Kostenpunkt: 34 Euro, inklusive Hin- und Rückversand. Die Onlineplattform »Kleiderkreisel« wiederum bietet »überquellenden Kleiderschränken« Entlastung: Die 2,7 Millionen Mitglieder, die sich auf der Seite registriert haben, können gebrauchte Kleidung verkaufen oder tauschen. Erstaunliche dreizehn Millionen Artikel stehen online und warten auf neue Besitzer/innen. Käufer von sündhaft teuren Designerklamotten haben die Gründer von »Rebelle«

überprüfung
2Hand online

im Visier: Sie können getragene, aber noch gute Luxuskleider kaufen und verkaufen. In der Hamburger Firmenzentrale prüft ein eigenes Qualitätsteam Zustand und Echtheit der angebotenen Kleidung.

All diese Seiten sind großartig, genau wie gute Second-Hand-Läden um die Ecke, weil sie Kleidung zu einer längeren Lebensdauer verhelfen (und den Käuferinnen zu einem günstig mit schicken Sachen gefüllten Kleiderschrank). Allerdings macht diese Second-Hand-Kleidung nur einen winzigen Anteil der insgesamt gehandelten Altkleider aus. Genaue Daten darüber, wie viele Klamotten in Sammelcontainern landen, sind schwer zu bekommen. Offiziell wird die Zahl nicht ermittelt, dazu gibt es zu viele Sammler: zum einen legale gewerbliche Altkleidersammler, außerdem Wohltätigkeitsorganisationen wie das Deutsche Rote Kreuz oder Kleiderkammern und zunehmend kommunale Entsorgungsbetriebe. Daneben gibt es auch jede Menge illegale Sammler, die beispielsweise Wäschekörbe vor Haustüren stellen. Unter dem Dachverband FairWertung haben sich über 115 soziale, oft kirchennahe Einrichtungen versammelt. Der Verband geht von etwa 1,3 Milliarden Kleidungsstücken aus, die die Deutschen jedes Jahr aussortieren. Die Uni Aachen hat im Auftrag des Bundesverbandes Sekundärrohstoffe und Entsorgung (bvse) in einer Studie die ungefähre Sammelmenge errechnet: 2007 lag sie bei 750000 Tonnen, inzwischen sind es rund eine Million Tonnen.

Die Sammler unter dem Dachverband FairWertung kommen jährlich auf eine Menge von 40000 Kilogramm gesammelter Kleidung und sind damit nur ein kleiner Spieler auf diesem Markt – aber ihr Anteil wächst, denn immer mehr Sammler wollen fair verwerten. Das heißt: Ihre Gewinne kommen karitativen Zwecken zugute, die Lieferkette ist für die Spender transparent und Kleider, die nicht verkauft werden können, werden umweltgerecht recycelt oder entsorgt.[6] Auch FairWertung kämpft mit dem schlechten Ruf der Branche und dem Vorwurf, die gesammelten Kleider würden die Bedürftigen ja gar nicht erreichen. Allerdings spenden die Deutschen viel zu viel, um alles in örtlichen Kleiderkammern zu verteilen. Auch dieser Markt ist, so zynisch es klingt, übersättigt.

Der Branchenriese SOEX betreibt wie die meisten Wettbewerber nur äußerst ungern Öffentlichkeitsarbeit, lässt aber verlauten, in seinem riesigen Sortierwerk in Wolfen bei Bitterfeld täglich 400 Tonnen Alttextilien zu bearbeiten. C&A gibt jährlich 330 Tonnen unverkaufte Ware an Recyclingunternehmen, die daraus Hutablagen oder Dämmstoffe herstellen, sowie rund 300 000 Teile an Oxfam; die Entwicklungsorganisation verkauft sie in ihren Läden in Irland, dort ist C&A nicht aktiv. Wie viele unverkaufte Pullis und Blusen H&M jährlich entsorgen muss, kommuniziert das Unternehmen nicht, genauso wie sein Konkurrent Primark. Inditex verweist darauf, sein Geschäftsmodell beruhe auf kleinen Produktionsmengen, sodass nur wenig Kleidung unverkauft bleibe. Was nicht durch Rabattaktionen an den Mann oder die Frau gebracht werden könne, werde an verschiedene Projekte weltweit gespendet.

H&M nimmt seit 2013 gebrauchte Klamotten seiner Kunden an und verwertet sie in Kooperation mit I:CO, einem Tochterunternehmen von SOEX. Knapp 14 000 Tonnen gebrauchte Kleidung haben die Kunden von H&M seitdem weltweit in den Läden abgegeben (Stand April 2015, mit 2 320 Tonnen am meisten in Deutschland; die Franzosen lieferten 1 150 Tonnen, die Japaner 966 Tonnen). Auf der Website hm.charitystar.com können Kunden den aktuellen Sammelstand verfolgen – und die Höhe der Spenden, die mit der Aktion verbunden ist. Pro Tonne Altkleidung spendet der Handelskonzern nämlich 20 Cent an eine Wohltätigkeitsorganisation, in jedem Land an eine andere. In Deutschland profitiert Karlheinz Böhms »Menschen für Menschen« von den Spenden, in Frankreich (wie in vielen anderen Ländern) die Landessektion von UNICEF, in Japan die Kinderhilfsorganisation »Save the Children«. Das klingt ehrenwert und entspricht dem Wunsch der Kunden, ihre alten Kleider sinnvoll zu verwenden. Laut Umfragen wollen sie nämlich mehrheitlich, dass sie gemeinnützigen Zwecken zugute kommen. Die Spendenaktion von H&M lässt sich also großartig und öffentlichkeitswirksam darstellen. Eine Tonne alter Kleider wird allerdings derzeit zu 350 bis 400 Euro gehandelt, zu Beginn der H&M-Sammelaktion waren es bis zu 500 Euro. 20 Cent für einen wohltätigen Zweck sind da schon mal drin. Würde H&M sich an die Transparenzregeln der »Fairwertung« halten, würde sie den Kunden mitteilen, dass es nicht nur um Altruismus geht, sondern auch um ein dickes Geschäft.

Der globale Markt für gebrauchte Kleider ist riesig und lukrativ. Um ihn zu bedienen, werden die abgegebenen Kleider zunächst sortiert – überwiegend von Frauen. In Wolfen etwa arbeiten 700 Mitarbeiter, 85 Prozent sind weiblich. Sie wählen aus, welche Stücke noch ganz und in gutem Zustand sind und weiter getragen werden können. Dabei fliegt etwa die Hälfte raus. Kaputte, zerschlissene Ware wird größtenteils recycelt, zu Dachpappe oder Innenverkleidungen von Autos, zu Putzlappen oder Vliesstoffen; ein kleiner Rest von etwa zwei Prozent wird als Abfall verbrannt. Re-Cycling im eigentlichen Sinne ist das nicht, eher ein massenhaftes Down-Cycling: Aus reparierbaren, erhaltenswerten Dingen wird Minderwertiges – nachhaltige Ressourcennutzung sieht anders aus.

Richtig Geld verdient die Entsorgungsbranche mit noch gut erhaltenen Stücken. Sogenannte Cremeware, also sehr schicke, modische und wertvolle Kleidung, wird in Second-Hand-Läden in Westeuropa verkauft. Sie macht vier Prozent aus und bringt das meiste Geld. Darum haben sich die gewerblichen Kleidersammler so geärgert, dass die Stadt München 2013 von ihrem vom Kreislaufwirtschaftsgesetz geschaffenen Recht Gebrauch machte und selbst damit begann, Klamotten zu sammeln. Altkleider aus München und aus Hamburg gelten als besonders hochwertig – wie generell »Stadtware« unter Trödlern angesehener ist als »Landware«.

Die bvse-Studie hat ergeben, dass der Handel mit Altkleidung genauso global organisiert ist wie der mit neuer Ware. Fast die Hälfte der Ware wird in den Mitgliedsländern der EU und den ehemaligen Sowjetstaaten verkauft. Nach Afrika wird etwa ein Drittel der Altkleider geliefert, zehn Prozent gehen nach Indien und Pakistan, der Rest nach Südamerika sowie in den Mittleren und Nahen

Osten. Die Krise in der Ukraine und in Russland hat daher nicht nur die Hersteller von Luxuskleidung hart getroffen, sondern auch die Unternehmen am Ende der Verwertungskette. In Afrika führten die Ebola-Epidemie und andere Krisen zu einem Nachfrageeinbruch. Im Winter 2014 waren die Lager der Sammler daher prall gefüllt, Wehklagen erfüllte die Branche. Es wird spannend sein zu beobachten, ob Kommunen und Unternehmen wie H&M auch dann im Geschäft bleiben, wenn sich damit über längere Zeit weniger Geld verdienen lässt.

Die Einrichtungen, die unter dem Dach des FairWertungsverbandes arbeiten, sammeln seit jeher für den guten Zweck und arbeiten mit geprüften Unternehmen zusammen. Über die Verwendung der Alttextilien haben sie lange kontrovers diskutiert, standen sie doch in dem Ruf, einerseits zwar Entwicklungshilfe zu leisten, andererseits aber auch blühende Textilindustrien in Afrika zu zerstören, indem sie mit ihrer billigen Second-Hand-Ware die lokalen Märkte fluteten. Eine Zeit lang hielten sich das Deutsche Rote Kreuz, der Arbeiter-Samariter-Bund, die Caritas und die anderen Mitgliedsunternehmen von FairWertung deswegen an eine selbst verpasste »Afrikaquote«: Nur weniger als zehn Prozent der Altkleider durften dorthin geliefert werden. Mittlerweile hat FairWertung die Quote aber wieder aufgehoben und begründet dies damit, heute stellten eher fabrikneue Billigtextilien aus Asien eine Konkurrenz für die Hersteller etwa in Ghana oder Südafrika dar. Und in Kenia leben rund 100 000 Menschen davon, gebrauchte Importkleidung für die Kunden um- und aufzuarbeiten, etwa die Größen anzupassen oder aus gebrauchten Schuhen neue herzustellen.

Darin ähnelt die globale Klassengesellschaft der des 19. Jahrhunderts, auch hier war die Kleidung der Armen ganz selbstverständlich gebraucht. Selbst die ersten Kaufhäuser in London, Paris oder Wien boten gebrauchte Kleidung an. Im berühmten Wiener Warenhaus Rothberger zum Beispiel konnten Kunden in der »Kleiderschwemme« ihre gebrauchten Textilien abgeben und verbilligt neue kaufen. Die alten Röcke, Mäntel und Blusen wurden ausgebessert und weiterverkauft. Dieses System hatte sich der Inhaber

Jacob Rothberger während seiner Lehrzeit bei Kaufhäusern in Paris abgeschaut und war seinerzeit keineswegs ungewöhnlich – im Gegenteil. In den seit Ausgang des Mittelalters prosperierenden Städten gab es einen umfangreichen Handel mit gebrauchter Kleidung, mit eigenen Berufen und Regeln. Jedes Stück ging durch zahllose Hände, Flickschneider änderten und reparierten Kleidung, machten aus alter neue, und Trödler verkauften sie. Nicht wenige Männer und Frauen verbrachten ihr Leben in gebrauchter Kleidung – so wie heute in vielen afrikanischen Ländern.[7]

Das Südwind-Institut, das sich für eine gerechtere Weltwirtschaft einsetzt, sieht die Exporte nach Afrika heute etwas weniger kritisch als noch vor einigen Jahren und will die Lieferungen nicht mehr gänzlich verdammen. Es sei offensichtlich, dass die alten Kleider aus dem Norden die existierenden örtlichen Textilindustrien in den achtziger und neunziger Jahren weitgehend zerstört hätten. Natürlich seien dadurch auch neue Arbeitsplätze entstanden. Um den heutigen Status quo zu beurteilen, bittet der Südwind-Referent Friedel Hütz-Adams allerdings zu einem Gedankenexperiment: Autofabriken aus Asien zerstören die deutsche Automobilindustrie. Hunderttausende von Arbeitsplätzen gehen verloren. Es entwickelt sich ein blühender Markt mit asiatischen Gebrauchtautos, viele Menschen finden Arbeit in Autowerkstätten und im Gebrauchtwagenhandel. Wem das absurd vorkomme, der möge die Altkleiderimporte nach Afrika noch einmal überdenken. Die grundlegende Südwind-Kritik am Warenstrom der Kleider über den Globus trifft den Punkt: »Wir konsumieren zwar viel zu viel, tun aber mit den aussortierten Stücken noch Gutes – und können daher weiter konsumieren.« Prima, genauso soll es sein, denken sich die Manager bei H&M, und dazu gibt es für uns noch kostenlose Imagewerbung von UNICEF.

Der irre Warenstrom von Südost nach Nordwest und wieder nach Süden wird immer größer: Laut Zahlen der Vereinten Nationen wurden 1995 weltweit Fasern, Garne, Kleidung und Textilwaren für fast 360 Milliarden Dollar gehandelt. Fünf Jahre später war die Summe auf 398 Milliarden Dollar angestiegen, 2002 auf 403

Milliarden Dollar. Ein stetiges, aber nicht allzu sprunghaftes Wachstum. Dann aber geht der Handel richtig los und liegt 2008 bei 680 Milliarden, 2013 schließlich bei 850 Milliarden Dollar. Den größten Anteil daran haben Baumwolle und Synthetikfasern. Noch eine Zahl beleuchtet den enormen Anstieg: Wurden 1975 noch 23,9 Millionen Tonnen Fasern hergestellt, waren es 2013 stolze 90 Millionen Tonnen. Mit der Zunahme der Weltbevölkerung von vier auf sieben Milliarden Menschen lässt sich das kaum erklären. Dieses Wachstum hat auf Dauer keine Zukunft.

In Baden-Württemberg hat sich eine kleine Gemeinde aufgemacht, eine Alternative zu entwickeln. Sie will sowohl den Leerstand in ihrer Einkaufsstraße füllen als auch die einst lebendige Textilindustrie des Städtchens wiederbeleben – und das besonders nachhaltig. In Dietenheim an der Iller, südlich von Ulm, drehten sich früher zahlreiche Spindeln in der blühenden Textilindustrie, die Bewohner konnten in einer hübschen Innenstadt einkaufen. Heute gibt es beides nicht mehr, doch die Gemeinde will gegensteuern und hat sich darum um den Förderpreis des Landes für ein »Reallabor« beworben – und ihn gewonnen. Nun kann sie für 960 000 Euro den Versuch eines Öko-Outlet-Centers starten. Entwickelt von den Universitäten Ulm und Reutlingen, sollen sich in Dietenheim nach Vorbild bestehender Outlets Unternehmen konzentriert an einem Standort ansiedeln. Das nicht weit entfernte Metzingen ist so etwas wie das »Anti-Vorbild«: Gegründet vom Herrenschneider Hugo Boss haben sich dort inzwischen sechzig meist große Markenhersteller angesiedelt und bieten ganzjährig Rabatte von 30 bis 70 Prozent. 3,5 Millionen Besucher kommen in das Städtchen auf der Schwäbischen Alb, in sieben Sprachen bieten die digitalen Informationscenter Auskünfte an.

In Dietenheim soll es statt Schnäppchen und teuer verkaufter Billigproduktion nachhaltig hergestellte Kleidung geben, vielleicht auch Lebensmittel von der Schwäbischen Alb oder gutes Spielzeug – die Initiative »spiel gut«, die sich für Wert- und Sinnvolles für die Kleinsten einsetzt, sitzt in Ulm um die Ecke. An Modenschauen der Studenten der Universität Reutlingen ist gedacht, an eine gläserne Spinnerei oder Nähkurse. Martin Müller, Professor am Institut für nachhaltige Unternehmensführung an der Universität Ulm, begleitet das Projekt wissenschaftlich, sucht nach möglichen Zielgruppen und Konzepten fürs Marketing, für den zu erwartenden Verkehr in Dietenheim und für die Beteiligung der Anwohner. Einer der geistigen Urheber des Projekts ist der findige Unternehmer Andreas Merkel, der in dritter Generation die Baumwollspinnerei »Gebrüder Otto« leitet. Als einer der letzten seiner Art in Deutschland versucht er, seine Spinnerei mit 160 Angestellten in die Zukunft zu führen, mit innovativen Produkten und einer intensiven Öffentlichkeitsarbeit. Ob es das Unternehmen in zehn Jahren noch gibt? Das wird auch davon abhängen, ob sich genügend Kunden finden, die Wert auf regionale und ökologische Garne legen, denen der Produktionsstandort und seine Arbeitsplätze am Herzen liegen – und die Rabattschlachten, Preisvergleichen und Fast-Fashion den Rücken kehren.

3
»Wo hast du das denn her?«
Warum große Marken oft selbst nicht wissen, wer ihre Sachen näht

Jahrelang war es ein Thema für Menschenrechtsgruppen und Kirchenkreise. Inzwischen sind die Berichte über die skandalösen Arbeitsbedingungen in der Bekleidungsindustrie vor allem in Asien und Osteuropa aber auch in den Mainstreammedien angekommen; sie beschäftigen die Politik und sogar die Unternehmen. Es geht um junge Frauen, die bis zur Erschöpfung vierzehn Stunden am Tag vor ihren Nähmaschinen sitzen. Sonntags- und Nachtarbeit ohne Zuschläge, Überstunden ohne Bezahlung, keine Lohnfortzahlung im Krankheitsfall und das alles zu Löhnen, die nicht zum Leben reichen. Die Arbeitsplätze sind laut, eng, staubig und zum Teil mit giftigen Chemikalien verseucht. Entgegen der Beteuerungen der Unternehmen berichten Näherinnen auch immer wieder von Kinderarbeit, zuletzt in einem Bericht der US-amerikanischen Menschenrechtsorganisation Human Rights Watch aus Kambodscha. Gearbeitet wird oft in heruntergekommen Gebäuden, die ohne Genehmigung an den Behörden vorbei errichtet wurden.

Auf den Websites von Organisationen wie der »Kampagne für Saubere Kleidung« (»Clean Clothes Campaign«, CCC) kommen Näherinnen zu Wort, die von ihrem tristen Alltag ohne Perspektive auf Besserung berichten. Die CCC ist ein europäisches Netzwerk mit Sitz in Amsterdam, das in den fünfzehn Mitgliedsländern wiederum jeweils von einem bunten Mix der Zivilgesellschaft getragen wird.[1] In Deutschland besteht die CCC aus zwanzig Organisationen, darunter die beiden christlichen Kirchen, Frauenorganisationen wie FEMNET und TERRE DES FEMMES, Entwicklungsorganisationen wie Südwind, das Entwicklungspolitische Netzwerk Sachsen sowie verschiedene Gewerkschaften. In der Schweiz koordiniert die Organisation »Erklärung von Bern« die Arbeit der CCC, neunzehn Organisationen und Institutionen unterstützen sie dabei; etwa Brot für alle, Fastenopfer, verschiedene Gewerkschaften, terre des hommes oder die Fédération Romande des Consommateurs (FRC). In Österreich beteiligen sich unter anderem die Arge Weltläden an der CCC, die Frauensolidarität, Global 2000 und Jugend Eine Welt. Koordiniert wird die CCC Österreich von der Südwind-Agentur, einer Menschenrechts- und Entwicklungsorganisation mit Sitz in Wien.

Die global vernetzte CCC vereinigt geballtes Wissen über die globale Kleidungsproduktion und hat wesentlich dazu beigetragen, das Thema in die Öffentlichkeit zu bringen. In die Schlagzeilen und auf die besseren Sendeplätze geraten die Zustände in den Kleiderfabriken immer dann, wenn sie eskalieren: etwa 2013, als das Fabrikgebäude Rana Plaza in Sabhar in Bangladesch einstürzte, über tausend Menschen unter sich begrub und über zweitausend verletzte; oder 2012 bei einem Feuer in einer Textilfabrik in der pakistanischen Stadt Karatschi. Die Rettungswege waren verstellt, 250 Arbeiter und Arbeiterinnen verbrannten.

Gerade in Bangladesch, dem derzeitigen Hotspot der Branche, herrschen miese Zustände. Die Verwaltung ist korrupt und in der Regierung sitzen zahlreiche Textilfabrikanten, die eine Änderung der Gesetzeslage zugunsten der Arbeiterinnen zu verhindern wissen. Schlechte Arbeitsbedingungen finden sich aber nicht nur im fernen Asien, sondern auch in Europa. In Italien gibt es immer wieder Berichte über Arbeiter, die unter sklavenähnlichen Bedingungen achtzehn Stunden am Tag für Stundenlöhne von zum Teil unter einem Euro arbeiten. Im Osten der Türkei, in der Ukraine, in Georgien und Moldawien sowie in den EU-Mitgliedsländern Rumänien und Bulgarien werden teilweise extrem niedrige Mindestlöhne bezahlt, die nicht zum Leben reichen. In Rumänien beispielsweise liegt der Mindestlohn bei 1,30 Euro und damit bei 45 Prozent des Durchschnittslohnes. Löhne, die unter der Hälfte dieses Wertes liegen, gelten als Armutsschwelle.

Wer auch nur oberflächlich das Nachrichtengeschehen verfolgt, weiß ungefähr darüber Bescheid, dass bei der Herstellung von T-Shirts, Anzügen und Röcken etwas im Argen liegt. Spätestens seit dem Einsturz von Rana Plaza ist die europäische Öffentlichkeit sensibilisiert und die Unternehmen sehen sich genötigt, auf den Vorwurf der Ausbeutung zu reagieren. Die Bundesregierung startete politische Initiativen, die Unternehmen beginnen zu reagieren. So entstanden in Bangladesch drei verschiedene Abkommen zwischen Unternehmen, Gewerkschaften und internationalen Organisationen, die die Lage der Arbeiterinnen verbessern wollen.

Dem »Bangladesh Safety Accord« sind vor allem europäische Firmen beigetreten. Es handelt sich um ein rechtlich verbindliches, von Gewerkschaften, Menschenrechtsgruppen, Unternehmen und der Internationalen Arbeitsorganisation (ILO) ausgehandeltes Abkommen zwischen Gewerkschaften und Unternehmen. Es gilt seit 2013 für fünf Jahre und sieht Sicherheitsinspektionen vor sowie frei gewählte Sicherheits- und Gesundheitskommissionen in den Fabriken. Die Beschäftigten haben das Recht, ohne Lohneinbußen die Arbeit zu verweigern, wenn ihre Sicherheit bedroht ist. Ein ähnliches Abkommen gibt es zwischen US-Unternehmen und örtlichen Gewerkschaften, zudem den »National Tripartite Plan of Action on Fire Safety«, eine Initiative unter Leitung der UN-Organisation ILO. Alle drei Abkommen erkennen sich gegenseitig an, sodass eine Fabrik nicht von drei verschiedenen Inspektoren besucht werden muss.

Am zweiten Jahrestag des Rana-Plaza-Unglücks, am 24. April 2015, waren für den Bangladesh Safety Accord von den geschätzten 5 500 Fabriken im Land (die genaue Zahl ist nicht bekannt, viele Betriebe arbeiten ohne Anmeldung bei den Behörden) 1 200 Fabriken inspiziert, einige sind aufgrund unhaltbarer Zustände geschlossen, in anderen Aktionspläne beschlossen worden. Die Lage in den Fabriken habe sich verbessert, urteilte denn auch die Menschenrechtsorganisation FEMNET. Allerdings zahlen die westlichen Unternehmen nur widerwillig in einen Hilfsfonds für die Opfer des Unglücks ein. Er wurde von verschiedenen Gewerkschaften, der CCC, der Regierung Bangladeschs sowie Unternehmensverbänden eingerichtet und wird von der ILO verwaltet. Nach den von der Arbeitsorganisation festgelegten Standards für Arbeitsunfälle erhalten die Opfer Entschädigungszahlungen. Die Beteiligten schätzen, dass rund 29 Millionen Euro nötig sind, um allen Opfern eine angemessene Entschädigung zu zahlen. Primark, C&A, Inditex, H&M und andere haben inzwischen zum Teil mehrere Millionen Dollar an den Fonds überwiesen, nach großem Druck steuerte auch Benetton eine Million Dollar bei.

Zum Jahrestag der Katastrophe fehlten laut ILO aber noch immer sechs Millionen US-Dollar. In den Pressemitteilungen der NGOs wurden darum Firmen wie die Modekette Adler oder der Kindermodenhersteller Kids Fashion Group heftig angegriffen, weil sie die Zahlungen an den Fonds bis zu diesem Zeitpunkt verweigert hatten. Nach und nach zahlten jedoch immer mehr Unternehmen in den Fonds ein, und im Juni 2015 schließlich ging eine anonyme Spende in Höhe der noch fehlenden 2,4 Millionen Dollar ein. Der Fonds ist also gefüllt. Doch nicht alle haben sich beteiligt. Adler rechtfertigt sich damit, man unterstütze einen Verein, der sich unbürokratisch und direkt um die Opfer kümmere; zuerst hatte das Unternehmen kommuniziert, es fühle sich »nicht unmittelbar in der Verantwortung«[2]. Die Kids Fashion Group (»Wir lieben Kinder!«) äußert sich nicht zu dem Thema. Ob das Unternehmen, dass für Marken wie Kanz, Königsmühle, Marc O'Polo Junior und Bellybutton steht, sich diese Haltung auf Dauer leisten kann, ist fraglich. Schließlich haben auch die Verbraucher das Thema registriert. In einer Umfrage für die Nachrichtenagentur dpa im Sommer 2014 gab ein Drittel der Befragten an, sie würden auf keinen Fall ein Textilprodukt kaufen, von dem bekannt sei, dass es unter unmenschlichen Produktionsbedingungen hergestellt worden sei. Immerhin die Hälfte will vor dem Kauf darüber nachdenken.

Teuer bedeutet nicht automatisch gut

Allerdings ist es auch für den bewussten Konsumenten schwierig, sich einen genauen Überblick zu verschaffen und herauszufinden, welche Unternehmen sich einigermaßen anständig verhalten und welche gar kein Unrechtsbewusstsein zeigen. Sofort augenfällige Kriterien wie Preis und Herstellungsort helfen nicht weiter: Auch unterbezahlte Näherinnen in Bulgarien heften an ihre Werkstücke das Label »Made in Europe«. Und wird an ein in Asien geschneidertes Kleidungsstück nur der letzte Knopf in Europa angenäht, darf es das »Made in Europe«-Label ebenfalls tragen. Sowohl sehr teure als auch ganz billige Label lassen in schäbigen Sweatshops in Asien produzieren, und an beiden Enden finden sich wiederum Unternehmen mit Verantwortungsbewusstsein. Insofern war es von dem Autoren des dpa-Berichts über die Verbraucherumfrage auch nicht ganz fair, beinahe süffisant darauf hinzuweisen, dass die Verbraucher in der Umfrage als ebenfalls wichtiges Kaufkriterium den Preis nannten – und damit nahezulegen, ihr soziales Verantwortungsbewusstsein ende am eigenen Portemonnaie. Teuer einkaufen heißt eben nicht, auch gut einzukaufen.

In einem der neuesten Reports der Clean Clothes Campaign kommen gerade die Luxuslabel besonders schlecht weg, die ihre Produktion PR-wirksam aus Asien zurück nach Europa verlegt haben, darunter Armani, Louis Vuitton, Prada und Dior. Niedrige Löhne, prekäre Arbeitsverträge und überlange Arbeitszeiten haben sie dabei aus China, Bangladesch und Kambodscha mitgebracht und in Italien eingeführt.[3] Der teure Herrenanzugschneider Hugo Boss aus dem baden-württembergischen Metzingen soll in seiner eigenen Fabrik im Osten der Türkei besonders schlechte Arbeitsbedingungen dulden, Gewerkschafter erzählen von mieser Bezahlung sowie Schlägen und Drohungen von Vorgesetzten gegen Arbeiterinnen, die sich wehren wollen.[4] Zugleich arbeitet der Discounter Takko Fashion mit der Fair Wear Foundation zusammen. Die Stiftung begleitet Unternehmen dabei, ihre Lieferkette fair zu gestalten, und setzt auf einen »Multi-Stakeholder-Ansatz«;

das heißt, Gewerkschaften und Menschenrechtsorganisationen aus den betroffenen Ländern sind auch dabei.

»Die Lieferkette fair gestalten« – das liest sich einfacher, als es ist. Zum Teil haben die Unternehmen nämlich selbst die Übersicht verloren. Kleidung im Wert von 460 Milliarden Dollar wurde 2013 weltweit gehandelt. Als eine der ersten Branchen hat die Bekleidungsindustrie den Weg in die Globalisierung angetreten. In Deutschland verkaufte Kleidung – rund 30 Milliarden Euro umfasst der Markt für Textilien jährlich – wird heute fast ausschließlich im Ausland produziert. 1970 stellten laut Bundeswirtschaftsministerium in der Bundesrepublik noch 7 704 Betriebe Kleidung her – 2013 waren es in Gesamtdeutschland nur noch 545. Das ist ein Rückgang von 93 Prozent. Dies spiegelt sich wider in den Importzahlen: 2014 importierte Deutschland Kleidung im Wert von 28 Milliarden Euro, darunter im Wert von 8 Milliarden Euro aus China, 3,5 Milliarden Euro aus Bangladesch und 3,2 Milliarden Euro aus der Türkei.

Zwar wird hierzulande im Grunde keine Kleidung mehr genäht, doch ist die Bekleidungsindustrie keineswegs aus den traditionsreichen Textilregionen Europas verschwunden: Die Industriebetriebe von einst haben sich etwa in Deutschland, Österreich und der Schweiz zu Dienstleistungsunternehmen gewandelt, deren Abteilungen für Design, Markenführung und Marketing, Vertrieb, IT und Logistik im Inland sitzen, die Spinnereien, Webereien und Nähfabriken aber im Ausland.

Die Lieferketten erstrecken sich über die ganze Welt. Viele Händler, Markenfirmen oder Discounter kaufen ihre Waren bei großen Handelshäusern mit Sitz in Hongkong oder China ein. Die bieten ihren Kunden zahlreiche Dienstleistungen: Sie gestalten und entwickeln Produkte, suchen und beauftragen weltweit die Fabriken, die sie herstellen, übernehmen die Qualitätskontrolle und die Logistik. Große Unternehmen, etwa H&M, beauftragen Fabriken hingegen selbst. Sie haben eigene Designabteilungen und entwerfen ihre eigenen Kleidungsstücke, sorgen meist auch für den Einkauf der Stoffe. Die Produktion, also der

Zuschnitt, das Nähen und die chemische Behandlung – die sogenannte Veredelung und Ausrüstung – besorgen beauftragte Zulieferer. Den Transport übernimmt wiederum H&M.

Der Handelsriese aus Stockholm listet neunhundert Zulieferbetriebe auf, die in seinem Auftrag in 1 900 Fabriken weltweit Kleidung und Kosmetik herstellen. H&M macht die meisten von ihnen
auf seiner Website unter hm.com/supplierlist öffentlich und versteht dies als Teil einer neuen, transparenten und nachhaltigen Un-
ternehmenspolitik. Der interessierte Besucher der Seite findet dort
Namen und Adresse der Betriebe, nach Ländern geordnet. Für Kunden ist das zwar wenig aufschlussreich, aber trotzdem wichtig, denn
schließlich können Journalisten oder Organisationen, die sich für
fairen Handel oder Entwicklung einsetzen, die Adressen nutzen.
Die Zulieferer müssten den strengen »Code of Conduct« unterzeich-
nen und würden angekündigt und unangekündigt auf die Einhaltung kontrolliert, verspricht H&M. Die Verhaltensregeln fordern
unter anderem sichere Arbeitsplätze und Fabrikgebäude, beleuch-
tete Fluchtwege, eine angemessene Bezahlung, die mindestens dem
gesetzlichen Mindestlohn entspricht, sowie einen umsichtigen Umgang mit Chemikalien.

Das alles klingt erst einmal gut, doch hat die Transparenz Grenzen. In dem Bericht von Human Rights Watch aus Kambodscha
vom März 2015 etwa taucht auch H&M auf: Zwar sei bei dem di-
rekten Vertragspartner des Händlers alles in Ordnung gewesen,
berichten die Menschenrechtsaktivisten, doch seien Arbeiterinnen
dieser Fabrik gezwungen worden, in einem beauftragten Subunternehmen zu weit schlechteren Bedingungen zu arbeiten, damit
dieser Lieferfristen einhalten konnte. Sonntagsarbeit, Nacht-
schichten und Überstunden ohne Bezahlung waren die Folge.[5] Der
Subunternehmer wiederum taucht in der Liste nicht auf, denn er
arbeitet ja offiziell nicht mit H&M zusammen.[6] Der Handelskonzern gibt sich konsterniert und verweist auf seinen »Code of Conduct«, der ein solches Geschäftsgebaren von Subunternehmen
verbiete. Man wisse sehr gut, dass es Arbeitnehmern in vielen Ländern nicht möglich sei, für ihre Rechte einzutreten, deswegen ar-

beite H&M an vielen Projekten mit, um die Situation in solchen Ländern zu verbessern, und stehe in Kontakt zur ILO und der staatlichen schwedischen Entwicklungsorganisation SIDA.[7]

Ein anderes Beispiel: In Georgien arbeiten viele Betriebe als Subunternehmer für Textilfabriken in der benachbarten Türkei. Dort wird für Inditex, Adidas, Nike und Puma hergestellt, doch in deren offiziellen Lieferantenlisten (wenn sie denn welche veröffentlichen) fehlen die georgischen Betriebe. In Ratgebern für Auslandsinvestitionen wird vom dortigen Arbeitsrecht geschwärmt, es sei eines »der liberalsten der Welt« – der Kostenpunkt »Schutz und Rechte von Arbeitnehmern« fällt also in den Augen der Autoren erfreulich niedrig aus.

Immer wieder stöhnen Mitarbeiter von Markenfirmen, man könne ja nie wissen, an welchen Sweatshop eine an sich vorbildliche Fabrik Aufträge vergebe, eine letzte Kontrolle darüber, wie und von wem ein Kleidungsstück wirklich hergestellt worden sei, könne man kaum erlangen. Dass ihnen das letztlich auch egal ist, solange die Qualität zum festgesetzten Preis stimmt, sagen sie in der Regel nicht dazu. Die Bekleidungsindustrie ist, neben der Elektronik- und der Lebensmittelbranche, auch eine der eifrigsten Nutzerinnen von Sonderwirtschaftszonen. Rund 3 500 davon in 130 Ländern zählt die ILO, 66 Millionen Menschen arbeiten in solchen Enklaven. In diesen abgeschotteten Gebieten, meist in der Nähe eines Hafens oder Flughafens, können große Unternehmen für den Export produzieren lassen; es gelten besondere Gesetze, Steuern fallen kaum an, Bestimmungen zu Umwelt- oder Arbeitsschutz gelten selten. Die Staaten, die solche Zonen einrichten, erhoffen sich davon Devisen und Entwicklungsimpulse. Doch weil die dort produzierenden Unternehmen wenig oder überhaupt keine Steuern zahlen und es im Grunde keinen Austausch zwischen den Zonen und der restlichen Wirtschaft des Landes gibt, profitieren vor allem die Konzerne.

Wie es künftig besser gehen könnte, zeigt ein als Billigheimer verschrienes Unternehmen aus dem Münsterland. Takko Fashion ist ein Modefilialist im Besitz eines britischen Finanzinvestors, der sich seit einigen Jahren ernsthaft bemüht, seine Lieferkette in den

Griff zu bekommen. Verkauft wird in über 1 900 Filialen in Mittel- und Osteuropa, die meisten davon noch immer in Deutschland. Häufig leuchtet das leicht trashige Logo mit dem knallroten Takko-Schriftzug auf quietschgelbem Grund in Einkaufszentren auf der grünen Wiese. Das Unternehmen mit Sitz im münsterländischen Telgte verkauft Kleidung im niedrigen Preissegment. Die Damen-Jeans starten bei 9,99 Euro, keine kostet mehr als 29,99 Euro; ein Jungen-T-Shirts kostet 7,99 Euro und ein Herrenhemd gibt es für 14,99 Euro. Die Kleidung kommt aus sechzehn Ländern in Asien, Europa und Nordafrika, aus Ägypten, Bangladesch, Bulgarien, China, Indien, Italien, Polen, Portugal, Tunesien, Türkei, Vietnam, Kambodscha, Myanmar, Pakistan, Serbien und Sri Lanka. Vor Jahren war Takko ins Gerede gekommen: einmal, weil die Firma keine Gewerkschaften zuließ, ein andermal, weil sie Kleidung in chinesischen Gefängnissen produzieren ließ.

Das Unternehmen mit den Billigklamotten und dem Ramschimage ist aber Mitglied in der Fair Wear Foundation (FWF) und findet sich dabei in Gesellschaft von deutlich teureren Ökoanbietern wie Hess Natur oder Waschbär. Die Organisation zertifiziert weder einzelne Firmen oder Hosen und T-Shirts, sondern arbeitet mit Unternehmen langfristig zusammen und versucht, gemeinsam und schrittweise die sozialen Bedingungen in der Lieferkette zu verbessern. Die FWF prüft die Einkaufspraxis der Mitgliedsunternehmen, etwa, ob Zulieferer sich an die Empfehlungen der ILO halten oder existenzsichernde Löhne zahlen. Jährlich werden Fortschrittsberichte veröffentlicht, in denen der Stand der Entwicklung beschrieben und bewertet wird. Verletzt ein Unternehmen die Regeln der Zusammenarbeit oder zeigt längerfristig keine Bemühungen um Fortschritt, wird die Zusammenarbeit aufgekündigt. Im jüngsten Fortschrittsbericht der Fair Wear Foundation wird Takko bescheinigt, gut mit der Arbeit an einer fairen Lieferkette voranzukommen. 73 Prozent der Produktion unterlägen einem Monitoring, Transparenz und Information über die Zusammenarbeit seien gegeben. Es bleibe noch einiges zu tun, aber die Firma sei auf dem Weg.

Wem die Arbeitsbedingungen ein Anliegen sind, unter denen Marken Kleidung herstellen, der findet auf der Website der FWF Firmen, die an ihrer Lieferkette arbeiten, sowie Reports über deren Fortschritte. Zudem lässt sich per Mausklick eine Liste fairer Anbieter in einem bestimmten Land zusammenstellen. Es ist die Macht von Zivilgesellschaft und Verbrauchern, die die angesehene Stiftung mobilisieren will. Zu tun hat sie es dabei mit einer Branche, zu deren tief verinnerlichtem Selbstverständnis es gehört, niedrig qualifizierte Arbeitskräfte zu billigen Löhnen zu beschäftigen. Produziert wird, wo wenig bezahlt und lange gearbeitet wird. Diese eklatante Missachtung der eigenen Arbeiter und Arbeiterinnen hat in den Spinnereien, Webereien und Konfektionsbetrieben (die normierte Kleidung – Konfektion – herstellen) eine lange Geschichte.

Kommt der Wohlstand, geht der Schneider

Schon in der Anfangszeit der Industrialisierung in Europa vor zweihundert Jahren galten die Arbeitsbedingungen in den Textilfabriken als besonders schlecht und armselig, schlimmer als in der Eisenverarbeitung oder im Maschinenbau. In den Spinnereien und schließlich auch Webereien, die in Westfalen, Sachsen oder auf der Schwäbischen Alb überall aus dem Boden schossen, schufteten vor allem Frauen und Kinder – oft, ohne von ihrer Arbeit leben zu können. Sie verdrängten mit ihrer Industriearbeit jahrtausendealte Handwerke und tradierte Heimarbeit: Wie überall auf der Welt wurde auch in Europa bis ins 18. Jahrhundert hinein in fast jedem Haushalt gesponnen, gewebt und genäht. Die Landbevölkerung, die damals noch die ganz überwiegende Mehrheit stellte, fertigte sich die Textilien selbst an, die sie brauchte. Faserpflanzen wie Nessel, Hanf und Flachs waren ganz selbstverständlich in den Garten- und Ackerbau eingebunden. Im Winter verspannen Mägde und Knechte, Bäuerinnen und Bauern sie in Heimarbeit zu Garn und webten daraus Stoffe; das diente nicht nur der Selbstversorgung, sondern war auch ein wichtiger Nebenerwerb.

Je nach Klima und Region bauten die Bauern unterschiedliche Faserpflanzen an: in Europa Flachs, in Südamerika und Indien Baumwolle und in China ebenfalls Baumwolle sowie Ramie, eine Nesselpflanze, die verarbeitet dem Leinen ähnelt. Oder sie hielten Tiere, die ihnen Wolle oder Seide lieferten. Rund um die Produktion von Kleidern entstanden früh Gewerbe: In China arbeiteten schon während der Ming-Dynastie vom 14. bis ins 17. Jahrhundert Weber in städtischen Manufakturen; in Indien woben Handwerker weltweit begehrte, feinste Baumwollstoffe wie Musselin, Chintz und Kattun; Mayas und Azteken trugen hochwertige Baumwollkleidung in leuchtend blauen oder roten Farben. Die Bewohner der Urzeitmetropole Uruk züchteten verschiedene Schafrassen, die ihnen unterschiedliche Wollqualitäten lieferten.

An der stofflichen Grundlage von Kleidern änderte sich über sehr lange Zeiträume genauso wenig wie an der Art ihrer Erzeugung. In Europa hatte im 13. Jahrhundert das Spinnrad die einfache Handspindel abgelöst (in China und Asien kannte man die Technik schon rund zweitausend Jahre früher), mehr Erfindungen gab es aber für eine sehr lange Zeit nicht. Dafür sorgte sicher auch der Geist der mächtigen Zünfte, in denen die Handwerker seit dem Mittelalter organisiert waren und nach dem galt: »Was zwei ernähren kann, das soll nicht einer machen.« Neuen, effizienzsteigernden Techniken war dieser Grundsatz abträglich. Verhindern konnten die Zünfte trotzdem nicht, was während der Industriellen Revolution nicht nur über ihre Mitglieder, sondern über die gesamte Gesellschaft hereinbrach. Zwei Zahlen demonstrieren das anschaulich: 1812 kam in der Grafschaft Bentheim im Nordwesten Deutschlands ein Leinwebstuhl auf zehn Einwohner, fünfzig Jahre später betrug das Verhältnis nur noch eins zu 43 – unaufhaltsam wurde die Arbeit von den Haushalten sowie den selbständigen Werkstätten in die Fabriken verlegt. Zwar hielt sich die Heimarbeit noch das ganze 19. Jahrhundert hindurch, doch wurde die Lage der Spinnerinnen und Weber immer verzweifelter. Im Wettbewerb mit der industriellen Konkurrenz waren sie hoffnungslos unterlegen, immer weniger konnten sie für ihre Garne und Stoffe verlangen, immer schmaler wurde ihr Einkommen.

Mit den Fabriken eroberte auch ein neuer Rohstoff Europa. Der Flachs, Ausgangsstoff für das Leintuch, entzog sich nämlich der maschinellen Bearbeitung lange; es ist aufwändig, die Fasern des Flachses zu gewinnen: Sie reißen schneller als Baumwollfasern, wenn sie in hohem Tempo gesponnen werden sollen, und es ist schwieriger, sie zu färben. Darum wurde er von der Baumwolle verdrängt. Mitte der 1870er Jahre wurde etwa die Hälfte aller Baumwollstoffe, ein Drittel aller Wollstoffe, aber nur 15 Prozent des Leinens in mechanischen Webereien hergestellt. 1875 war der »Rohstoffwettlauf« schon entschieden: In Betrieben mit mehr als fünf Beschäftigten verarbeiteten 148 000 Menschen Baumwolle, 136 000 Arbeiter stellten Tuch aus Wolle her, aber nur 40 000 arbeiteten mit Leinen. Dabei bestand die Arbeiterschaft jeweils etwa zur Hälfte aus Männern und Frauen.

Das Spinnen und Weben konnte leicht in einzelne Arbeitsschritte zerlegt werden, sodass von den Arbeiterinnen nur einfache, sich stets wiederholende Handgriffe gefordert waren, bis die Maschinen ganz den Takt vorgaben. Der Historiker Jürgen Kocka beschreibt die Zustände in einer rheinischen Baumwollspinnerei etwa 1850: »Die rasselnden und kreischenden Maschinen verursachten einen Lärm, der für den Neuling ganz unerträglich scheint. ... Die sanitären und hygienischen Verhältnisse spotteten jeder Beschreibung. ... Die rohen, unverkleideten Maschinen, mit denen die Räume bis in den letzten Winkel ausgefüllt waren, bildeten eine ständige Quelle der Unfallgefahr. Quetschungen, Brüche waren an der Tagesordnung, Verletzungen mit Todesfolge zwar ziemlich selten, aber nicht unbekannt. Schutzvorrichtungen an den Maschinen wurden jahrzehntelang für überflüssig, unrentabel oder nicht ausführbar gehalten. Alleiniges Kriterium der Maschinenkonstruktion war die technische Funktionsfähigkeit.«[8]

Die Menschenrechtsaktivistin Gisela Burckhardt zeichnet in ihrem Buch *Todschick* die Arbeitsbedingungen in Textilfabriken in Bangladesch von heute nach und berichtet über ewig lange Arbeitszeiten, Verletzungsgefahren an den Arbeitsplätzen, seltene

Krankenversicherungen – ihre Recherchen erinnern sehr an die Beschreibungen von Sozialhistorikern aus dem 19. Jahrhundert.[9] Damals wehrten sich viele Menschen heftig gegen die neuen Maschinen. Zum Beispiel diskutierte die Nationalversammlung, die 1848/49 in Frankfurt tagte, auch über volkswirtschaftliche Fragen und in diesem Zusammenhang über die Textilindustrie. Ihr Ausschuss für Volkswirtschaft hatte Berichte aus allen Teilen Deutschlands zusammengestellt, in denen die Maschinenspinnerei und -weberei beklagt wurde. Im Kreis Neustadt an der Neiße im heutigen Polen unterschrieben 10 000 Spinner und Weber eine Petition, in der die Aufhebung der Maschinenspinnerei, Nahrung, Kleidung und lohnende Arbeit gefordert wurden. Die Leinenweber aus dem Fürstentum Lippe beklagten sinkende Löhne und forderten die Beschränkung der Maschinenspinnerei. Und ein Osnabrücker Bürger regt an, Maschinen so hoch zu besteuern, dass die Menschenkraft wieder mit ihnen konkurrieren könne.

Im Gegensatz zum Spinnen und Weben blieb die Weiterverarbeitung von Stoffen zu Kleidern lange Zeit ein Handwerk, das von meist männlichen Schneidern ausgeübt wurde. Nur zögerlich nahmen sie die Erfindung der Nähmaschine an, die in der ersten Hälfte des 19. Jahrhunderts in Europa und Amerika von verschiedenen Tüftlern erdacht worden war. Sie war die Voraussetzung dafür, auch die Herstellung von Kleidung in Industriemaßstäbe zu überführen. Wurden Mäntel, Hosen und Blusen bislang fast ausschließlich nach Maß und auf Bestellung vom Schneidermeister oder -gesellen produziert, ging ihre Fertigung nun in Serie. In Großbritannien und Frankreich war es schon im 18. Jahrhundert üblich, Kleidungsstücke in normierten Größen auf Vorrat zu nähen und dann zu verkaufen, in den deutschen Kleinstaaten aber noch nicht; zu zersplittert war hier der Markt, zu eng schnürten die Zünfte Unternehmungen ein.

Doch mit der Zeit entstanden auch in Deutschland an verschiedenen Orten Konfektionsbetriebe. Früh zum Beispiel in Berlin, in der Tuchmacher zunächst Schals und Umhänge herstellten, um sie nicht mehr aus Paris importieren zu müssen, und als sich die Mode wandelte und die Damen Mäntel nachfragten, wurden diese gefertigt. Die Stadt entwickelte sich zu einem Schwerpunkt für die Produktion von Damenoberbekleidung. 1871 stellten an die zweitausend Konfektionsbetriebe Mäntel, Umhänge oder Kleider her. Genäht wurde von Arbeiterinnen vor allem in Heimarbeit auf engstem Raum; oft war die ganze Familie eingespannt, um die Aufträge ausführen und das Einkommen der Familien sichern zu können.

Im fränkischen Aschaffenburg fertigte der Schneidergeselle Johann Desch Herrenanzüge. Während des Deutschen Krieges 1866 hatte er Uniformen für die preußische Armee geschneidert. Dabei war ihm aufgefallen, dass sich die Körper der Menschen quasi standardisieren lassen, und er entwickelte daraus die Geschäftsidee, auch Herrenanzüge für Zivilisten nach festgelegten Größen, quasi auf Vorrat, zu produzieren. Desch sammelte 20 000 Goldmark für seine neue Idee ein und gründete 1874 eine Fabrik, in der der Stoff zentral zugeschnitten wurde. Die Teile wurden dann an Näherinnen im wirtschaftsschwachen Spessart nach Hause geliefert. Nach ein paar Tagen wurden die fertigen Kleidungsstücke wieder abgeholt. Die Familien waren mangels Alternative auf die Aufträge aus den Kleiderfabriken angewiesen, die Bezahlung war spärlich. Fast einhundert Jahre lang blühte die Konfektionsherstellung in Aschaffenburg und war in der Stadt am Spessart einer der großen Arbeitgeber. Der Niedergang in der zweiten Hälfte des 20. Jahrhunderts vollzog sich stetig, schließlich galoppierend. Die Firma Desch selbst durchlief 2004 ein Insolvenzverfahren und verkauft heute Herrenmode in einem Factory-Outlet-Shop.

Die Idee, Kleidung in Konfektion herzustellen, ging Ende des 19. Jahrhunderts mit der Gründung von Warenhäusern in den rasant wachsenden Städten einher. Die Konsumtempel wurden zu den Symbolen des neu entstehenden Massenmarktes. Konfektionsware, also fertige Kleidung, fand dort reißenden Absatz und beschäftigte Hunderttausende von Menschen. Kleidung in Massen preisgünstig herzustellen war von Anfang an aber nur möglich, indem viele Frauen und auch Kinder sehr viel für sehr wenig Geld arbeiteten. Das letzte Mal, dass die Unternehmen mit diesem Geschäftsmodell in Deutschland noch einmal richtig viel Geld verdienten, war in der Zeit des Nationalsozialismus. Es wurden Unmengen an Uniformen für Zivilisten und das Militär gebraucht, die Wehrmacht bestellte Sportanzüge, Hemden und Unterwäsche. Gegen Ende des Krieges war zwar Schluss mit den Aufträgen, weil die Textilindustrie als nicht kriegswichtig beurteilt und eingestellt wurde. Aber Betriebe wie die Trikotwarenfabrik Gebrüder Mayer (heute Trigema) aus dem baden-württembergischen Burladingen zum Beispiel hatte mit der Produktion von Braunhemden für die SA ordentlich verdient; Boss aus Metzingen, Produzent von Berufskleidung, mit der Herstellung von Uniformen. Mit diesen Gewinnen starteten die Unternehmen in die Nachkriegszeit. Auch diese brachte der Branche noch einmal Aufträge, war der Bedarf der Bevölkerung an Kleidung doch groß.

Doch bald darauf begann ein unaufhaltsames Siechtum. Vom Wirtschaftswunder konnten die Spinnereien, Webereien und Konfektionsbetriebe schon kaum mehr profitieren. Die Nachfrage nach Kleidung sank, lieber gab die Bevölkerung ihr Geld für Fernseher, Reisen oder Autos aus. Zudem traten die Entwicklungsländer als Konkurrenz in Erscheinung. Die Hersteller gerieten von zwei Seiten unter Druck: Auf einem schrumpfenden Markt waren sie mehr Wettbewerb ausgesetzt. (Und dann explodierte auch noch die Nachfrage nach Taschentüchern aus Zellstoff und fegte die Stofftaschentücher vom Markt!)

Die Wochenzeitung *Die Zeit* widmete der Textilindustrie Anfang der sechziger Jahre eine Artikelserie und sah sie »den größten Umstellungsproblemen gegenüber seit den Jahren, als die Kämpfe der Handweber gegen die ›Eiserne Jenny‹, den mechanischen Webstuhl, tobten, und seit den schlesischen Weberaufständen«. Notwendig seien innovative Konzepte, um die Branche zu erhalten, forderte der Autor, schränkte allerdings sogleich ein, effektiver und mit weniger Personal ließe sich wohl kaum produzieren, die technischen Möglichkeiten seien ausgeschöpft. Jährlich ging nun die Zahl der Unternehmen und Arbeitskräfte in der Bundesrepublik zurück, die Zahl der Importe stieg. Schon 1964 wurde sie zum größten Textilimportland der Welt und führte mit den damals 58 Millionen Einwohnern mehr Kleidung ein als die Vereinigten Staaten mit 193 Millionen. Heute belegen die USA Platz eins vor der Bundesrepublik. In der DDR hingegen hielt sich die Bekleidungsindustrie länger, bis 1990 wurde etwa in den traditionsreichen Textilfabriken Sachsens produziert. Nach dem Maschinenbau war die Textilindustrie zweitwichtigste Exportbranche; in riesigen Kombinaten arbeiteten noch 1989 rund 320000 Menschen. Exportiert wurde nicht nur in die Sowjetunion, sondern auch hoch subventioniert nach Westdeutschland. C&A, Karstadt und der Otto-Katalog führten die Mode aus der DDR (ohne sie als solche zu kennzeichnen).[10] Nach der Wende verschwanden Unternehmen und Arbeitsplätze bis auf wenige Reste. Heute sind die Kombinate als Textilmuseen zu besichtigen, unter kundiger Führung ehemaliger Beschäftigter.

Die schon immer schwache Gewerkschaft Textil und Bekleidung (GTB), die 1891 als Verband der Textilarbeiter gegründet worden war, setzte im 20. Jahrhundert in Anlehnung an andere, erfolgreichere Branchen in der Bundesrepublik zwar Lohnsteigerungen durch, musste aber hilflos dabei zusehen, wie ihre Mitglieder ihre Arbeit verloren oder die Bekleidungsindustrie verließen. Die Arbeitgeber verlegten die Produktion nach Südeuropa oder sich selbst auf andere Produkte: aus Webereien wurden Kunststoffverarbeiter oder Zulieferbetriebe für die Elektroindustrie. 1997 schließlich schlüpfte die GTB unter das Dach der IG Metall.

Dieser Prozess vollzog sich so ähnlich in allen früh industrialisierten Regionen Europas: Aus dem ehemaligen »Textilländle« Vorarlberg im Westen Österreichs wurde seit spätestens den siebziger Jahren eine Industrieregion mit einem bunten Branchenmix sowie einem starken Dienstleistungssektor.[11] In der Schweiz ging es mit der traditionsreichen Textilindustrie mit ihren vor allem für die Seidenverarbeitung und Stickerei bekannten Unternehmen schon eher bergab. Hier vollzog sich auch der Strukturwandel entsprechend früher. Heute zählt die Textilbranche in der Schweiz zu den »beschäftigungsarmen, aber wertschöpfenden, innovativen Branchen«[12]. Auch in China lässt sich dieser Strukturwandel derzeit beobachten: Zahlreiche Textilfabriken schließen dort ihre Tore und öffnen sie wieder, um Elektrogeräte zusammenzuschrauben.

Die letzten Reste der Branche verlegten mit der Liberalisierung des Textilmarktes ihre Fabrikation ins Ausland. 2004 lief das internationale »Multifaserabkommen« aus und damit die Vorgabe für bestimmte Importquoten an Länder wie China. Die Folgen waren dramatisch: Im ersten Quartal 2005 stiegen die Importe von T-Shirts um 164 Prozent, von Blusen um 186 Prozent. Zugleich fielen die Preise um jeweils rund ein Viertel. Während Länder wie Italien oder Frankreich mit einer lebendigen Textilindustrie neue Schutzmechanismen oder Übergangsklauseln etablieren wollten, sperrte sich Deutschland dagegen; Exporte von Maschinen und Autos gegen Importe von Konsumgütern wie Textilien, so lautete der Deal zwischen der Exportnation Deutschland und den Schwellenländern wie China, wie ihn sich Politik und Industrie in der Bundesrepublik vorstellten. Als sich 2005 in den europäischen Häfen die Container mit rund achtzig Millionen Hosen, Mänteln und Blusen stapelten, die nicht eingeführt werden durften, brach ein Handelsstreit zwischen der EU und China aus. Er endete mit einem Kompromiss, vereinbarte Quoten für Chinas Kleider wurden nach einem komplizierten System neu berechnet, die Waren durften die Häfen verlassen und die Geschäfte liefen weiter. So wurde China zum »Schneider Deutschlands«, wie eine Nachrichtenagentur titelte.[13]

Während Industriezweige wie Automobilbau, chemische Industrie oder Maschinenbau auf die Lohnsteigerungen und wachsenden Sozial- und Umweltstandards in der Bundesrepublik mit Rationalisierung, Automatisierung und innovativen Produkten geantwortet haben, ist die Bekleidungsindustrie stets ganz einfach in Gegenden mit niedrigeren Standards und Löhnen weitergewandert – erst nach Südeuropa, dann nach Osteuropa und schließlich nach Asien.

Die Textilbranche gilt als Schwellenindustrie: Sie kann ohne großen Kapitaleinsatz entwickelt werden, die Arbeiterinnen brauchen keine lange Ausbildung. Häufig sind Textilfabriken die ersten Industriebetriebe in einem noch agrarisch geprägten Land. Auch im Prozess der Globalisierung war die Textilindustrie besonders schnell, lässt sich die Herstellung von Kleidung doch bequem in örtlich und zeitlich voneinander getrennte Einzelschritte zerlegen: Spinnen, Weben, Färben, Zuschneiden, Nähen. Noch immer gilt es als besonders schwierig bis unmöglich, Kleidung maschinell herzustellen. Anders als Werkstücke aus Metall verzieht sich Stoff in Maschinen oder wirft Falten. Im Zeitalter von Marsmissionen und der Industrie 4.0, in der Autofabriken selbständig mit ihren Kunden kommunizieren und Roboter Menschen an komplizierten Maschinen ersetzen, sind in dieser Branche immer noch Hände nötig, die zugeschnittene Stoffteile durch eine Nähmaschine führen.

Textilindustrie im Land der Ingenieure

Ein schwäbischer Mittelständler zeigt, dass es auch ganz anders geht. Marc Cain hat 2014 mit teurer Mode für Frauen einen Umsatz von 253 Millionen Euro erzielt. Der Unternehmenssitz in Bodelshausen am Fuße der Schwäbischen Alb liegt nur zwanzig Kilometer von Burladingen entfernt, dem Unternehmenssitz von Trigema. Die T-Shirt-Fabrik des fotogenen Wolfgang Grupp kennt jeder, offensiv wirbt der Inhaber mit den 1 200 Arbeitsplätzen, die er nicht selten mehreren Generationen von Näherinnen bietet. Diese Werbestrategie löst bei Marc Cain Schulterzucken aus – wohl zu uncool, das Ganze. Das Firmengebäude erstrahlt in blendendem Weiß, das Foyer beherrscht ein lila Ledertresen, und fast alle Mitarbeiterinnen scheinen freiwillig die trendigen Blazer und Hosen ihres Arbeitgebers zu tragen, wie man in der durchdesignten weißen Kantine sehen kann. Hier wird zwar täglich selbst gekochtes, gesundes Essen angeboten, trotzdem scheinen Ökologie und Eine-Welt-Kampagnen so fern wie Dinkelmüsli. In dem Unternehmen geht es um Coolness, Schick und um Geld.

Darum lässt Marc Cain auch einen Teil seiner Kollektion in europäischen Billiglohnländern zusammennähen. Doch zehn Gehminuten vom Empfangstresen entfernt, im Maschensaal des Unternehmens, rattern in hundert Strickmaschinen metallisch Tausende von Stricknadeln; entfernt erinnern sie entweder an Ufos oder an langgezogene Klaviere – je nachdem, ob die Nadeln im Kreis in einer Rund- oder längs in der Flachstrickmaschine angeordnet sind. Die Maschinen ziehen Dutzende von Garnen ein, mal uni, mal in unterschiedlichen Farben, eingefädelt nach einer undurchschaubaren Technik. Kunststoffröhren ummanteln das feine Garn und schützen es vor Reibung und Staub. In einer Ecke des Saals sitzen hinter Glasfenstern Textilingenieure hinter Bildschirmen und steuern die Maschinen per EDV. Sie sorgen dafür, dass aus den Anlagen entweder Schläuche, Rechtecke oder gleich ganze Pullover herausfallen. Je nach Typ und Ausstattung kostet eine Strickmaschine, die so etwas kann, um die 140 000 Euro. Die Stricknadeln sind feinmechanische Instrumente, präzise wie Schweizer Uhrwerke. Geliefert wurden die Nadeln vom Weltmarktführer nebenan, auch die Maschinen selbst kommen ganz aus der Nähe von der Schwäbischen Alb. Im Textilmaschinenbau ist Deutschland noch stark und liefert in die ganze Welt.

So, wie die Maschinen in der Strickhalle von Marc Cain stehen, sind sie einmalig. Vor ein paar Jahren stand das Management – wie das der Wettbewerber auch – vor der Frage, ob man noch weiter in Deutschland produzieren könne: Die Lohnkosten drückten. Dem schwäbischen Mittelständler Helmut Schlotterer leuchtete es aber nicht ein, die Kleidung seines Unternehmens Tausende von Kilometern entfernt produzieren und dann um die halbe Welt fliegen zu lassen. Zusammengenäht wird sie zwar schon länger nicht mehr in Deutschland, sondern in Bulgarien, Rumänien und Ungarn. Doch einen Teil der Produktion hatten die Schwaben immer im Ländle gehalten, gestrickt und zugeschnitten wurde immer in Bodelshausen. Auch die »Ausrüstung« der Stoffe, also die chemische Behandlung, um für lichtechte Farben, einen weicheren Griff oder eine bessere Waschbarkeit zu sorgen, geschieht am heimischen Standort. Um die Produktion ebenfalls dort halten zu können, fand Marc Cain eine für die Branche ungewöhnliche Lösung: nämlich eine technische Innovation. Die Löhne für Näherinnen sind zu hoch, um aus den einzelnen Strickteilen Pullover zu nähen? Textilingenieure und Meister tüftelten so lange an den Strickmaschinen herum, bis diese fertige Pullover stricken konnten; ohne zu nähen, mit Mustern darauf, die sich üblicherweise nicht stricken, sondern nur drucken lassen: naturgetreue Zebras, Blumenmuster oder Grafiken, die wie fotografiert wirken.

Nur unweit davon entfernt stellt das Label Merz b. Schwanen Ähnliches her, nutzt dafür aber historische Strickmaschinen, die jahrelang brachgelegen hatten. Die Firma mit der langen Geschichte, deren Designer für zeitlose Shirts und Sporthosen in Berlin-Mitte residieren, verkauft die edlen Stücke in rund 150 Läden in fünfzehn Ländern und über spezielle Versandhändler wie Manufactum. Das Geschäftsmodell ist gänzlich anders, die Produktionskapazitäten von Merz b. Schwanen sind beschränkt, und die Marke verkauft ihre Stücke explizit mit dem Hinweis auf die nachhaltige Produktion »Made in Germany« – quasi mit einem Kontrapunkt zur Mode. Marc Cain hingegen richtet sich explizit an den gehobenen Massenmarkt.

Matthias Behr, Geschäftsführer bei Marc Cain für Beschaffung und Fertigung, verrät die Herstellungskosten eines solchen von »Maschinenhand« hergestellten Pullis im Vergleich zu einem herkömmlich erzeugten nicht, nur so viel: »Wir sind noch hier, und wir verdienen hier Geld.« Über achthundert Mitarbeiter, vom Designer, Textilingenieur und Laboranten bis hin zu PR-Strategen, Näherinnen und Vertriebsspezialisten, stellen für Schlotterer in Bodelshausen Kleidung her. Ab und zu bekommt er Ärger mit der IG Metall, weil seine Angestellten zu viele Überstunden machen, einen Betriebsrat gibt es auch nicht. Außerdem erzählt man sich in der Gegend, im Unternehmen herrsche bisweilen ein rustikaler Umgangston. Dennoch arbeiten die Menschen bei Marc Cain trotzdem zu im Branchenvergleich hervorragenden Bedingungen; und der Umgang mit Chemikalien erfolgt nach den hiesigen strengen

Vorschriften und Gesetzen. Marc Cain gilt weder Umweltverbänden noch Entwicklungsorganisationen als positives Beispiel. In der Bewertung des Rankingportals »Rank a Brand« schneidet die Marke genauso schlecht ab wie die meisten Mitbewerber, weil sie nicht transparent darüber berichte, ob Klima-, Umweltschutz- oder Sozialstandards in die Produktion integriert würden. Außerdem ist sie weit davon entfernt, ökologisch erzeugte Stoffe einzusetzen, dem Textilbündnis von Entwicklungsminister Gerd Müller (siehe weiter unten) ist sie auch nicht beigetreten.

Das ist alles richtig, aber mit ihren vollautomatisch hergestellten Strickpullovern zeigen die Schwaben, welcher Weg für die Unternehmen der Bekleidungsindustrie auch möglich gewesen wäre, wenn statt Lohntourismus Kreativität und Erfindergeist geherrscht hätten. 93 Prozent der Branche sind ihn nicht gegangen.

Der Gesetzgeber als Kunden-Coach

Vom Ansatz »Made in Germany« halten Entwicklungsorganisationen oder gar Gewerkschafter aus den betroffenen Ländern nicht viel, Arbeitsplätze würden schließlich auch in Bangladesch, Pakistan oder der Türkei benötigt. Wichtig sei nicht, *wo* die Kleidung genäht werde, sondern *unter welchen Bedingungen*, argumentieren sie. Orientierung beim Kauf sollen Siegel bieten, die umwelt- und/oder sozialverträgliche Produktionsbedingungen garantieren. Um die hundert Vereine, Verbände, Stiftungen und Firmen zertifizieren nach jeweils unterschiedlichen Standards Unternehmen, die dann ein entsprechendes Siegel tragen dürfen. Einige Organisationen nehmen die Rohstoffe ins Visier, wie das Fairtrade-Siegel, das die Arbeitsbedingungen auf dem Baumwollfeld prüft (und nur dort), andere betrachten die ganze Lieferkette, etwa der Global Organic Textile Standard (GOTS). Ursprünglich als Siegel für ökologische Kleidung entwickelt, werden inzwischen auch soziale Kriterien mitgeprüft.

Für die Unternehmen ist die Zertifizierung mit viel Aufwand verbunden. Selbst bei kleinen Mittelständlern ist zum Teil eine

Vollzeitkraft nur mit Dokumentationspflichten und Kommunikation beschäftigt, die sich aus den Anforderungen von »Ethik-Siegeln« ergeben. Auch die Kosten sind erheblich: Für ein Siegel mit dem Fairtrade-Logo zahlen Markeninhaber zum Beispiel zwei Prozent des Preises, zu dem sie ein Kleidungsstück an ein Kaufhaus oder einen Onlineshop verkaufen, und die Zertifizierungskosten für ein GOTS-Siegel betragen bis zu 3000 Euro im Jahr (wovon die GOTS-Organisation, eine gemeinnützige GmbH, allerdings nur den Bruchteil von 120 Euro jährlich erhält. Zu Buche schlagen vor allem der Zertifizierungsprozess, etwa die Besuche der Auditoren). Rund 120 Label und Siegel sind derzeit erhältlich, und ständig entstehen neue (die meisten befassen sich mit Umweltstandards). Jüngst hat die Fairtrade-Organisation damit begonnen, ein neues Siegel zu entwickeln, das nicht mehr nur den Baumwollanbau, sondern die gesamte Lieferkette umfasst.

Damit ist das Siegelwesen im Kleiderschrank noch unübersichtlicher als das im Kühlregal, unter anderem, weil die Herstellungsketten komplexer sind. Bauernhöfe oder Plantagen und verschiedene Fabriken, womöglich auf unterschiedlichen Kontinenten, müssen zertifiziert und kontrolliert werden. Ob dieser Vielfalt bieten viele Organisationen wiederum Hilfestellungen an, um die Siegel deuten und bewerten zu können. Die »Christliche Initiative Romero« (CIR) liefert auf ihrer Website detaillierte Informationen über Aussagekraft und Schwerpunkte verschiedener Textilsiegel, ebenso Greenpeace oder diverse Blogger (und hinten in diesem Buch finden Sie natürlich auch eine Übersicht). Jeder kritisiert nach anderen Standards, und der Verbraucher verliert die Übersicht. Die Zivilgesellschaft will Orientierung bieten, Firmenverhalten transparent machen und aus hilflosen Konsumenten informierte Verbraucher – und stiftet bei aller guten Absicht doch vor allem Verwirrung.

Auch für die Unternehmen, denen eine nachhaltige Produktion tatsächlich ein ehrliches Anliegen ist, ist der Siegelwirrwarr unbefriedigend. Sie verwenden viel Zeit und Geld auf ein Label, mit dem der Verbraucher nichts anfangen kann. Allerdings tragen vor allem die großen Ketten mit ihren CSR-Abteilungen gerne selbst zur großen Unübersichtlichkeit bei und stiften eigene Label, wie etwa WRAP (Worldwide Responsible Accredited Production), gegründet von der US-amerikanischen Handelsorganisation für die Bekleidungs- und Schuhindustrie, oder das Conscious-Label von H&M. Wie bei industrieeigenen Siegeln üblich, fehlt die externe Überprüfung von Kriterien und ihrer Einhaltung, dem Verbraucher bleibt also nur der gute Glaube. Im Zweifel wird er die Label einfach ignorieren – und das schadet allen, auch den »guten« Zertifikaten.

Die entsprechenden Organisationen sehen die Gefahren des Siegelwirrwarrs, seit Jahren diskutieren sie das Problem und seine Folgen. Bislang trösten sie sich aber, dass die verschiedenen Label immerhin das Thema Nachhaltigkeit in der Mode publik halten würden. In der Öffentlichkeit ist es in der Tat omnipräsent. Frühere Nischenexistenzen wie der Greenshowroom auf der Berliner Fashion Week, auf der sich die Ökolabels präsentieren können, werden nun von Branchengrößen wie der Frankfurter Messe veranstaltet, die Bread & Butter, das Modetreffen im Berliner Sommer, bekommt auf einmal einen Nachhaltigkeitsableger. Doch ob das ein Erfolg ist, ist fraglich. Zwar steigt die Zahl von Labeln, die fair und ökologisch produzieren. Im ersten Einkaufsführer für faire Produkte von 2011 führte das Münchener Nord Süd Forum zehn Läden auf, im aktuellen von 2014 sind es schon 23, und die Statistik des Internationalen Verbandes der Naturtextilwirtschaft (IVN) weist seit Jahren geringe, aber stetig steigende Verkaufszahlen aus. Trotzdem verharren fair produzierte und gehandelte Textilien noch immer in einer winzigen Marktnische. Es gibt keine statistische Erhebung über den Marktanteil von fairer Kleidung, für die Standards fehlen und die somit auch schlecht erfasst werden kann (das gilt übrigens ebenso für den Ökosektor).

Einige Zahlen geben aber doch Aufschluss über die Größe des Marktes: 2013 lag der Umsatz mit Textilien, die das Fairtrade-Siegel tragen und somit aus fair gehandelter Baumwolle bestehen, in Deutschland bei 53 Millionen Euro, 3,6 Millionen Textilien mit dem Siegel wurden in diesem Jahr verkauft. Das Marktvolumen für Textilien insgesamt (Kleidung, Bettwäsche, Handtücher, Teppiche) beträgt rund 60 Milliarden Euro. Aus Wettbewerbsgründen verraten die Hersteller nicht, wie viele T-Shirts, Pullover oder Hosen sie genau verkaufen. C&A will allein in der Saison 2014/15 130 Millionen Teile aus Biobaumwolle verkaufen – und die macht den kleineren Teil der Baumwollkollektion aus, Kleider aus Kunstfasern et cetera sind da noch gar nicht mitgerechnet. Diese Zahl macht deutlich, wie winzig im Vergleich dazu die Menge fair produzierter Kleidung ist (denn Achtung: Besteht ein T-Shirt aus Biobaumwolle, heißt das noch lange nicht, dass die Arbeiterinnen fair bezahlt worden sind, die es gefärbt oder genäht haben). Der Marktanteil von Kleidung mit einem Fairtrade-Siegel hat in Deutschland also eine große Null vor dem Komma – und wohl auch eine dahinter.

Ein Blick hinüber zu den Lebensmitteln zeigt zudem, dass Unternehmen sehr kreativ darauf reagieren, wenn ihnen ein Heimatmarkt wegschrumpft. Zwar essen die Deutschen Jahr für Jahr (etwas) weniger Fleisch, die Massentierhaltung hält aber trotzdem immer mehr Kühe, Schweine und Hühner. Das Fleisch der gequälten Viecher wird einfach exportiert, nach Indien oder China. Ohne gesetzliche Regelungen ist der industriellen Landwirtschaft nicht beizukommen. Auch für die deutschen Bekleidungsunternehmen sehen Unternehmensberater und Banken die Zukunft eher in Exportmärkten, denn Wachstum versprechen nicht die heimischen Märkte, sondern Schwellenländer wie China, Brasilien oder, wenn es sich politisch wieder in eine stabilere Richtung entwickelt, Russland.

Organisationen, die sich vor allem mit den Arbeitsbedingungen in den Textilfabriken auseinandersetzen, sehen das »Siegelwesen« allerdings aus ganz anderen Gründen kritisch. »Menschenrechte lassen sich nicht zertifizieren«, sagt Bettina Musiolek vom Entwicklungspolitischen Netzwerk Sachsen. Um ein Siegel zu erhalten, besuche ein Auditor einen Betrieb und prüfe ihn auf bestimmte Kriterien: Sind Gewerkschaften zugelassen? Herrscht

Versammlungsfreiheit? Werden die Arbeitszeiten eingehalten? Feststellen lässt sich das durch Befragungen der Arbeiterinnen – nur dass ihnen gerade in schlecht geführten Betrieben Misshandlung oder Rausschmiss droht, sollten sie ehrlich antworten. Und was passiert im Falle einer negativen Einschätzung? Verliert eine Fabrik ein Siegel, produziert sie eben ohne, so Musiolek. Der Auftraggeber zieht weiter zum nächsten Betrieb. Und für die Arbeiter hat sich die Lage nicht verbessert.

Das klingt einleuchtend, insofern ist es fraglich, ob ein einziges Siegel sinnvoll ist, das sowohl den sozialen als auch den ökologischen Bereich abdeckt. Es sind andere Prozesse und Kenntnisse notwendig, um festzustellen und zu überwachen, ob in einem Betrieb die Menschenrechte eingehalten werden oder ob die Kläranlagen funktionieren. Wer ein Siegel schaffen möchte, das sowohl Umweltauflagen überprüft als auch die soziale Situation der Arbeiterinnen erfasst, nimmt sich wohl zu viel vor. Zwar wäre es für den Erfolg von öko-sozialer Kleidung ungemein wichtig, den Siegelwirrwarr zu entflechten (mehr dazu in Kapitel 9), doch zwei Siegel sollten schließlich übrig bleiben: ein Siegel für den Umweltbereich und eines für das Soziale.

Die Konsumenten – ihr Kaufverhalten soll ja per Siegel gelenkt werden – können allerdings nicht (alleine) die Verantwortung für die Produktion übernehmen. Die Entwicklungsorganisationen verknüpfen ihre Aufrufe an Verbraucher, kritisch und ethisch zu konsumieren, folgerichtig mit politischen Forderungen an den Gesetzgeber. Der sieht sich nun mit den Auswirkungen der Globalisierung konfrontiert, die er einst selbst befördert hat. Langsam erkennt die Bundesregierung an, und dabei federführend das Ministerium für wirtschaftliche Zusammenarbeit und Entwicklung (BMZ), dass es politischen Regelungsbedarf gibt. Bislang beschränkt es sich allerdings darauf, den Verbrauchern dabei zu helfen, die Probleme zu lösen. Auf der Website seines Hauses weist Minister Gerd Müller (CSU) darauf hin, dass »Verbraucherinnen und Verbraucher es selbst in der Hand haben, sich für ein Produkt zu entscheiden, das unter menschenwürdigen Produktionsbedingungen, ökologisch und sozial vertretbar hergestellt wurde«. Dafür hat das BMZ die Seite www.textilklarheit.de sowie eine gleichnamige App eingerichtet, mit der sich Kunden gleich im Laden darüber informieren können, ob ein Produkt fair hergestellt wurde. Diese neue, höchststaatliche Übersicht über die Siegel wird sicherlich in der allgemeinen Kakophonie untergehen und zeigt im Übrigen auch in schöner Schärfe den gewissen Anteil an Irrsinn, den es mit sich bringt, wenn die hiesigen Verbraucher zu Adressaten für sozialen Wandel in Entwicklungsländern werden. Es ist merkwürdig: In Deutschland wuchert ein umfängliches Gesetzes- und Verordnungswesen (zu Recht!), um ökologische und soziale Standards zu garantieren. Sobald eine Branche ihre Produktion aber ins Ausland verlegt, fühlt sich der Gesetzgeber nicht mehr zuständig oder in der Lage, ihr Regeln vorzugeben – und flüchtet sich in die Rolle eines »Kunden-Coaches«. Die Käufer sollen das Problem, gut informiert, an der Ladentheke richten.

Vielversprechender ist da das »Textilbündnis«, das Minister Müller im Herbst 2014 ebenfalls ins Leben gerufen hat. Der Dimension des Problems ist er sich ja durchaus bewusst: Die soziale Frage des 19. Jahrhunderts stelle sich im Zeitalter der Globalisierung bei uns nun neu. Das Textilbündnis versteht er als Netzwerk, mit dem soziale, ökologische und ökonomische Verbesserungen entlang der Textilkette erreicht werden sollen. In einem ambitionierten Aktionsplan sind dringende Handlungsfelder definiert worden, unter anderem die Arbeits- und Gebäudesicherheit, existenzsichernde Löhne, die Arbeitszeiten und sichere Arbeitsverträge. Der Aktionsplan sieht vor, dass lokale Akteure wie Gewerkschaften und Menschenrechtsorganisationen einbezogen und ein transparentes und wirksames Überwachungssystem eingerichtet wird. 43 Gründungsmitglieder konnte das Ministerium gewinnen, zunächst nur die üblichen Verdächtigen: Gewerkschaften, Umwelt- und Entwicklungsorganisationen sowie Unternehmen, die schon zuvor um nachhaltige Produktion bemüht waren, etwa Hess Natur, Hans Natur, Vaude oder Trigema. Interessanteste, weil überraschendste

Mitglieder waren noch der fränkische Textildiscounter NKD und die Bremer Baumwollbörse.

Nach einem halben Jahr zähen Ringens hinter sehr verschlossenen Türen empfahlen die Industrie- und Handelsverbände ihren Mitgliedsunternehmen jedoch, ebenfalls in das Bündnis einzutreten. Im Juli 2015 standen schließlich 133 Unternehmen auf der Mitgliedsliste, von Branchengrößen wie Aldi bis zu kleinen Ökolabeln wie Zwergengrün. Minister Müller war ihnen weit entgegengekommen, indem er straffe Zeitvorgaben aus dem Vertragstext strich und dem Ganzen stattdessen einen Prozesscharakter gab. Jedes Unternehmen solle dort, wo es stehe, mit Verbesserungen beginnen und diese regelmäßig dokumentieren, ähnlich der Methode der Fair Wear Foundation. Außerdem versprach er, auch internationale Modemarken mit ins Boot zu holen, damit die Deutschen keine Wettbewerbsnachteile erleiden. Dieses Entgegenkommen war richtig; schließlich ist es sinnlos, ein Bündnis aus lauter Unternehmen und Institutionen zu schmieden, die sich schon jetzt öko-sozial verhalten. Den großen Rest gilt es zu gewinnen, und ein Anfang ist somit gemacht.

Es ist nicht absehbar, ob die Unternehmen – wenn sie denn beigetreten sind – die Vereinbarung lediglich als Möglichkeit sehen, sich in einer endlosen Quasselrunde Zeit zu verschaffen, um ungestört von Gesetzen weiter billig produzieren zu lassen. Oder ob sie wirklich erkannt haben, dass sie etwas verändern müssen, und das Textilbündnis damit zu einem Anfang eines wahrhaft historischen Prozesses wird.

Mit Recht gegen Unrecht

Neben kritischen Verbrauchern und politischem Druck ist das Recht eine weitere Stellschraube, mit der sich die Arbeitsbedingungen verbessern lassen könnten. In den USA haben Ende April 2015 zwei Opfer des Fabrikeinsturzes von Rana Plaza eine Sammelklage bei Gerichten in Washington und in Kalifornien angestrengt. Sie wenden sich gegen die US-amerikanischen Ketten

Walmart, J.C. Penney und The Children's Place sowie die Regierung von Bangladesch. Die Kläger werfen den Unternehmen vor, sie hätten von den unsicheren Gebäuden gewusst und sich gegenüber den Arbeitern nachlässig und rücksichtslos verhalten. Sie fordern Schadensersatz in ungenannter Höhe sowie eine gerichtliche Verfügung, die die Unternehmen dazu verpflichtet, in ihren Produktionsstätten in Bangladesch internationale Sicherheitsstandards einzuführen. Die Anwälte der Kläger berufen sich auf Verbraucherschutzgesetze in beiden US-Staaten, die solche Klagen ermöglichen. Weitere Kläger werden gesucht.

Vor dem Landgericht Dortmund läuft derzeit ein ähnliches Verfahren: Hinterbliebene von Opfern der Brandkatastrophe von Pakistan 2012 haben dort mit Hilfe eines deutschen Anwalts den Textildiscounter KiK verklagt. Der zur Tengelmann-Unternehmensgruppe gehörende Kleiderhändler aus dem nordrhein-westfälischen Bönen hat 2013 mit 3 200 Filialen in Europa einen Umsatz von 1,57 Milliarden Euro erwirtschaftet. In den letzten Jahren hat er sich durch ruppiges Auftreten gegenüber den eigenen Mitarbeitern und Kleidung im untersten Preissegment ein Ramsch-Image aufgebaut. Seit Anfang 2015 sucht KiK (»Kunde ist König«) Hilfe bei dem ehemaligen *Welt-*, *FAZ-* und *Handelsblatt*-Journalisten Michael Inacker, der inzwischen der illustren Kommunikationsberatung WMP vorsteht. Er soll KiK »öffentlich neu positionieren«. Das ist bitter nötig, denn kaum ein Textilunternehmen wird in der Öffentlichkeit so negativ und direkt mit den schlechten Produktionsbedingungen in Asien in Verbindung gebracht wie KiK. Die abgebrannte Fabrik in Pakistan etwa hatte überwiegend für den Händler produziert; dieser habe die gefährlichen Arbeitsbedingungen der Näherinnen nicht nur gebilligt, sondern sogar vorgeschrieben, argumentieren die Kläger. Damit sei KiK verantwortlich, auch wenn die Fabrik weit weg und rechtlich selbständig gewesen sei.

Mit dem Prozess betreten die Kläger Neuland. Zwar sieht das deutsche Recht vor, dass Ausländer deutsche Unternehmen in Deutschland verklagen dürfen, doch sind die Hürden, dies auch wirklich zu tun, hoch. So kann man das Verhalten eines Zulieferbetriebes nach dem deutschen Gesellschaftsrecht nicht dem Auftraggeber anlasten; zudem ist ein Schadensersatz etwa für Angehörige nicht vorgesehen. Oft ist unklar, welches Gericht eigentlich zuständig ist, ebenso, wer die Kosten des Verfahrens trägt. Das Klagerecht für Opfer von Menschenrechtsverletzungen in Deutschland verkommt so eher zu einer theoretischen Möglichkeit. Die Bundestagsfraktion der Grünen hat im Herbst 2014 einen Gesetzentwurf vorgelegt, um Klagen gegen transnationale Unternehmen an ihren Firmensitzen zu vereinfachen. Die Position der Opfer menschenunwürdiger Behandlung etwa in Bangladesch oder Pakistan würde das stärken, sagt der Anwalt Remo Klinger, der die KiK-Opfer vor dem Dortmunder Landgericht vertritt. Sie könnten auf unabhängige Gerichte und Verfahren in den westlichen Industrieländern hoffen – und die deutschen Auftraggeber hätten einen großen Anreiz, von ihren Zulieferern tatsächlich anständige Arbeit zu fordern und diese auch zu bezahlen.

Anträge der Grünen im Bundestag sind derzeit nicht von großer praktischer Bedeutung, doch die Empfehlungen der Vereinten Nationen zu Wirtschaft und Menschenrechten von 2011[14], auf deren Grundlage der grüne Gesetzentwurf basiert, beschäftigen auch die Bundesregierung. Derzeit erarbeiten verschiedene Ministerien unter Federführung des Auswärtigen Amtes einen Nationalen Aktionsplan, um die UN-Empfehlungen umzusetzen. Themen sind unter anderem auch vereinfachte Klagerechte für Opfer im Ausland. Gewerkschaften, Unternehmen und die Zivilgesellschaft arbeiten an dem Plan mit, bis 2016 soll er fertiggestellt und von der Bundesregierung verabschiedet werden. Großbritannien, die Niederlande, Dänemark und Finnland haben entsprechende Nationale Aktionspläne schon vorgelegt; Frankreich hat sich für einen eigenen Weg entschieden: Dort soll ein Gesetz große Unternehmen zu »Vorsichtsmaßnahmen bei der Auswahl ihrer Lieferanten« zwingen. Etwa hundertfünfzig große Unternehmen fallen unter das Gesetz; Verletzungen ihrer Sorgfaltspflicht sollen mit bis zu 10 Millionen Euro Strafgeld geahndet werden. Im Sommer 2015 verabschiedeten die zuständigen Kammern des französischen Parlaments die Regelungen. Auch die Organisation für wirtschaftliche

Zusammenarbeit und Entwicklung (OECD) hat Leitsätze für einen Verhaltenskodex für global agierende Unternehmen entwickelt. Im deutschen Bundeswirtschaftsministerium ist eine nationale Kontaktstelle angesiedelt, an die sich jede Person und jedes Unternehmen mit einer Beschwerde wenden kann, wenn gegen den Verhaltenskodex verstoßen wird.[15]

Der OECD fehlen Sanktionsmöglichkeiten; und wie konkret der Nationale Aktionsplan letztlich formuliert sein wird, bleibt abzuwarten. Aber das Thema ist auf der politischen Agenda und die Zivilgesellschaft hat mit dem Zugang zum Rechtswesen eine praxiswirksame Forderung aufgestellt.

Auch in der Mode: Small is beautiful

Ein rotes Haus aus Backstein, gleich neben der Bahnlinie von Potsdam nach Nauen. Im wilden Garten picken Hühner unter Holunderbäumen, »Rasenmäher«, sagt ihre Besitzerin. Früher wohnten hier Bahnarbeiter, heute Mirjem Thielecke. In ihrer Wohnung viel altes Holz, in ihrer Werkstatt zwei moderne Industrienähmaschinen. Zusammen mit Anja Pruggmayer entwirft Thielecke hier die Röcke, Kleider, T-Shirts, Pullover und Mäntel für ihren Laden »von Kittel« in der Potsdamer Innenstadt. Die beiden kennen sich von der Uni, eigentlich wollten sie mal zusammen den Kittel designmäßig wiederbeleben. Das hat nicht geklappt, geblieben ist allerdings der gemeinsame Laden mit dem Adelsprädikat. Einen Teil der Kollektion nähen die beiden auf ihren Nähmaschinen, den Rest geben sie für 10 Euro pro Stunde an Lohnnäherinnen in Auftrag. Zweimal im Jahr kaufen sie Stoffe bei Stoffvertretern ein, manchmal auch zwischendurch, »wenn es uns rappelt«. In den hochwertigen Stoffen aus Baumwolle, Wolle oder Viskose steckt das Kapital der beiden Frauen. Sie machen schlichte Mode in ruhigen Farben, Grau, Blau, Beige und Schwarz, gerne dezent gemustert; alles ist lange trag- und gut kombinierbar.

Wo und wie die Faserpflanzen angebaut, die Tiere gehalten und wie die Wolle gefärbt worden ist, aus der die Garne für ihre Stoffe gewebt wurden, können sie nicht zurückverfolgen. Die Ballen in ihrem Lager tragen keine Ökolabel, das sei ein ganz anderer Markt, sagen sie. Nachhaltigkeit ergebe sich aus der Qualität und dem Design: Ihre Kleidung soll lange getragen werden, im wörtlichen und im übertragenen Sinne lange halten. Jedes entworfene Stück gibt es nur dreißig- bis fünfzigmal. Ist ein Modell in einer gewünschten Größe nicht vorhanden, nähen sie es nach. Um die 65 Euro kostet ein Rock im Laden, knapp 100 Euro eine Bluse; ein bisschen teurer als die großen Ketten in der Fußgängerzone dürfen sie sein, aber nicht zu viel, sonst bleiben auch die eigentlich treuen Stammkundinnen weg. Seit vier Jahren hält sich der Laden in der Innenstadtlage und ernährt seine beiden Inhaberinnen. »Wir könnten noch so viel machen«, sagen die beiden im Sommer 2014, »den Onlineshop ausbauen, oder Hosen entwerfen.« Ein knappes Jahr später hängen die ersten Hosen im Schaufenster, der Onlineshop läuft an. Sie wollen sich langsam entwickeln, »ohne Wahnsinnsstress oder finanzielle Wagnisse«. Die beiden könnten ihre Kleider in der Ukraine oder der Türkei nähen lassen, wie es viele und auch kleine Label tun. Aber ihre Produktion ganz aus der Hand geben – dieser Schritt ist ihnen zu groß. »Reich werden wir so nicht«, sagen die beiden, »aber wir können die Kleider machen, die wir wollen.«

Und, was ist das nun? Man könnte den Laden »von Kittel« als einen Anachronismus abtun, so pittoresk wie die barocken Backsteinhäuser im Holländischen Viertel. Man könnte ihn aber auch als das Geschäftsmodell der Zukunft sehen. Letztlich hängt alles davon ab, ob die Textilindustrie ein neues Verhältnis zu ihren Arbeitskräften entwickeln und sich von der zweihundert Jahre lang eingeübten Tradition lösen kann, vor allem Frauen und Kinder so billig wie möglich für sich schuften zu lassen. Die nächsten Jahre werden zeigen, ob es möglich ist, die transnationalen Unternehmen erfolgreich politisch einzuhegen und dazu zu bringen, Arbeitsstandards weltweit anzuerkennen – oder ob die Branche weiterzieht, in die nächste Gegend mit niedrigsten Löhnen und rechtlichen Standards. Das Textilbündnis von Minister Müller, eine sensibilisierte Öffentlichkeit und gut organisierte zivilgesellschaftliche Organisationen geben Hoffnung. Das Bündnis sei ja nicht nur für Bangladesch oder Asien gemacht, sagt die Aktivistin Gisela Burckhardt, sondern gelte weltweit.

Also alles in trockenen Tüchern? Das nun auch wieder nicht. Die staatliche Beratungsagentur Germany Trade and Invest (GTAI), die deutsche Unternehmen auf Auslandsmärkten berät, informierte die Textilbranche Anfang 2015 über ein interessantes neues Beschaffungsland: Äthiopien. Die Löhne dort seien viel niedriger als in China, das Image nicht so schlecht wie in Pakistan, genügend Ackerfläche für den Baumwollanbau sei in dem (bitterarmen) Land auch vorhanden. Im April 2015 veröffentlichte die Unternehmensberatung McKinsey eine Studie mit der gleichen Stoßrichtung. Sie hatte Einkaufschefs der Bekleidungsindustrie befragt, die für einen Umsatz von insgesamt 70 Milliarden Dollar stehen. 40 Prozent der Befragten meinen, die Region Subsahara werde in den kommenden fünf Jahren wichtiger, vor allem Äthiopien und Kenia. Äthiopien, bemerkten die Einkäufer, habe Vorteile auf der Kostenseite, Kenia ein höheres Produktivitätsniveau. GTAI jedenfalls stellt fest, noch fehle in Äthiopien die Infrastruktur, aber die deutschen Unternehmen sollten doch schon mal ein Fähnchen auf die Weltkarte piksen.

Mit den verdächtigen »Vorteilen auf der Kostenseite« sind nicht nur niedrige Löhne gemeint. Auch die Umweltstandards zählen zu den Faktoren, die Textilunternehmen bei der Standortwahl genau unter die Lupe nehmen. Gerade die sogenannte Textilveredelung ist eine Branche, die besonders viele und schmutzige Abwässer produziert. Teure Kläranlagen in Europa sind auch einer der Gründe dafür, dass Garn und Stoff heute vor allem in Asien hergestellt werden – dort leuchten die Flüsse heute oft in den Modefarben der Saison.

4
»Das geht wieder raus?!«
Die Textilindustrie oder der
Schrecken der Flüsse

Im Sommer 2011 verschickte Greenpeace eine unscheinbare Meldung, die in der Flut von Nachrichten weitgehend unterging. Die Umweltorganisation hatte in chinesischen Flüssen nach Chemikalien gesucht und war fündig geworden. Große Markenhersteller wie Puma, Nike und Adidas, beklagte die NGO, verschmutzten bei der Produktion ihrer Kleidung Gewässer in China mit einem Stoff namens Nonylphenol. Diese Chemikalie führe zu Fortpflanzungsstörungen und Erbgutveränderungen bei Wassertieren wie Krebsen und belaste auch das Trinkwasser vieler Chinesen. Eine große öffentliche Resonanz hatte die Meldung, mit der Greenpeace die internationale »Detox-Kampagne« startete, erst mal nicht.

Heute jedoch sitzt die Campaignerin Kirsten Brodde in der Deutschlandzentrale in Hamburg und strotzt vor Selbstbewusstsein. Die Kampagne habe eine wesentliche Trendwende im Umgang mit ökologischen Fragen in der Textilindustrie eingeleitet, erzählt sie am Telefon. H&M, Mango, Esprit, Benetton, Adidas, Puma, Tchibo – fast alles, was Rang und Namen hat in der Modewelt (oder zumindest große Warenmengen umsetzt), sowie einige große Textillieferanten aus Italien haben damit begonnen, Abwasserdaten zu veröffentlichen, oder sie haben sich konkrete Ausstiegsdaten für bestimmte Chemikalien gesetzt. Insgesamt 31 Unternehmen, darunter fast alle großen Marken, hatten im März 2015 die Detox-Erklärung unterschrieben. Sie stehen für 15 Prozent der globalen Textilproduktion. Noch ein paar Unternehmen mehr, und Brodde sieht einen »Tipping Point« erreicht. Dann würden so viele Marken bei ihren Zulieferbetrieben nach sauberer

Produktion fragen, dass die Fabriken die giftigen Chemikalien einfach gänzlich aussortieren würden – auch die restlichen Klamotten würden sauber. Bislang steht die Entgiftung der Branche zwar erst ganz am Anfang, viel mehr als Absichtserklärungen sind nicht zu vermelden. Trotzdem ist die Kampagne, mit der Greenpeace das Wasser in den Ländern sauberer machen will, in denen die westlichen Industriestaaten ihre Konsumgüter produzieren lassen, wahrscheinlich eine der erfolgreichsten Umweltkampagnen überhaupt.

Am Anfang ging aber erst mal gar nichts. Die Lieferkette sei viel zu unübersichtlich, um die Forderungen von Greenpeace zu erfüllen, teilte etwa Adidas 2011 mit.[1] Allein in China gab es zu dem Zeitpunkt über 50 000 Fabriken, die H&M, Zara, Adidas und Co. zulieferten. Unter diesen Umständen die Übersicht über »good practice« zu behalten, schien unzumutbar. Und einige Unternehmen merkten an, sie alleine könnten nichts bewirken, schließlich sei die Branche global vernetzt, viele Fabriken arbeiteten für die verschiedensten Marken auf der ganzen Welt und würden nicht für einzelne Kunden ihre Produktion umstellen.

Ein Dreivierteljahr nach den Wassertests in China verschickte Greenpeace wieder eine Pressemitteilung. Diesmal mit der Warnung, wetterfeste Kleidung und Hosen gäben bei jeder Wäsche Nonylphenol ins deutsche Abwasser ab. Auf einmal war der Stoff mit dem unaussprechlichen Namen im Teich vor der Haustür. Er gehört zu den »endokrinen Disruptoren«, das heißt, er wirkt im Körper wie ein Hormon, mit oft schwerwiegenden und vor allem schwer zu kalkulierenden Folgen. Ärzte geben für hormonähnliche Stoffe keine Grenzwerte an, unter denen sie nicht wirksam wären. In Europa war Nonylphenol schon lange verboten. »Importtextilien verschmutzen Gewässer in Deutschland«, lautete die griffige Formel von Greenpeace. Nun fingen Nachrichtenagenturen und Medien im großen Stil an, über Gifte in Textilien zu berichten. Und Greenpeace legte nach, ließ in Laboren Teeniekleidung der großen Ketten wie H&M und Zara testen, Outdoorklamotten, Sportanzüge und schließlich Luxusfummel, alle paar

Monate gab es neue Nachrichten. Anfangs versuchten die Hersteller die »Öko-Nervensägen«, wie eine Textilzeitschrift die Umweltaktivisten halb anerkennend nannte, noch zu ignorieren. Doch die Marken hätten ein feines Gespür dafür, wann Kunden bestimmte Waren nicht mehr kauften, weiß Brodde. Der öffentliche Druck wurde zu groß.

Wer den Begriff »Detox« in Suchmaschinen eingibt, findet zwar noch immer zuerst obskure Joghurts, Tees oder Gemüsesäfte, die angeblich den Körper »entgiften« (was auch immer das heißen mag). Doch der Link zur »Detox-Kampagne« von Greenpeace wandert unter den Suchergebnissen stetig weiter nach oben. Hier geht es um reales Gift, das Unternehmen aus ihren Produkten und aus der Umwelt entfernen sollen. Inzwischen haben sich die großen Hersteller verpflichtet, bis 2020 auf bestimmte, besonders schädliche Chemikalien im Herstellungsprozess zu verzichten. Mit jeder Firma wurde dazu ein eigener Aktionsplan entwickelt, denn viele wussten überhaupt nicht, wo und wie ihre Produkte hergestellt werden. Die Lieferkette rund um den Globus hat sich verselbständigt. Eine Bluse zum Beispiel hat die halbe Welt gesehen, bis sie in einem europäischen Kleiderschrank landet: Der Rohstoff Baumwolle kommt aus Indien oder Afrika, wird vielleicht in China oder Korea zu Garn gesponnen, in Thailand oder Italien zu Stoff gewebt; der Stoff könnte in Deutschland oder Bulgarien behandelt werden, damit er nicht einläuft oder leicht zu bügeln ist. Dann wird er in der Türkei oder Kambodscha zugeschnitten und schließlich in Bangladesch zusammengenäht. Vielleicht kreuzen sich seine Wege in Schiffen, Zügen oder Lastwagen irgendwo auf der Welt mit denen von Knöpfen, Nähgarn, vielleicht noch Schulterpolstern, Glitzersteinchen oder Etiketten. Bei jedem einzelnen Produktionsschritt und jeder Zutat sind immer Farben, Waschmittel und andere Chemikalien im Spiel.

So hat sich beispielsweise auch Tchibo 2014 verpflichtet, zu entgiften. Im Jahr darauf ist die Konsumgüterfirma mit einer Bestandsaufnahme bei seinen sechzehn Lieferanten in Bangladesch befasst: Wie wird dort gearbeitet? Wo gibt es schon Kläranlagen?

Welche Chemikalien werden eingesetzt? Wie ist die Wasserqualität vor Ort? Ist der Status quo erfasst, können nötige Veränderungen beginnen. Fünf Jahre sind nicht viel für so einen Prozess, gibt ein Unternehmenssprecher zu bedenken. Das weiß auch Kirsten Brodde, sie findet aber für große, globale Marken ambitionierte Ziele angemessen. Regelmäßig veröffentlicht die Umweltorganisation Fortschrittsberichte und benennt Trendsetter (im März 2015 waren das unter anderem H&M, Zara, Puma und Adidas), Greenwasher (Nike, die chinesische Marke Li Ning) sowie Schlusslichter, die gar nichts bewegen, etwa GAP oder Luxusmarken wie Versace und Hermes. Greenwasher sind Unternehmen, die vorgeben, etwas zu ändern, doch außer der Pflege eines neuen, grünen Images nicht viel leisten.

In einigen Unternehmen rollen Mitarbeiter genervt mit den Augen, wenn der Name Greenpeace fällt, und fragen, wieso diese Organisation Unternehmen eigentlich so unter Druck setzen darf. Der Chef der Schweizer Einzelhandelskette Migros sagte es öffentlich: »Wir lassen uns nicht von Greenpeace erpressen«, vermeldete er im Interview mit der Zeitschrift *Blick*. »Wir sind überzeugt, dass unser Weg besser, ehrlicher und schneller ist.«[2] Schon lange versuche Migros, giftige Chemikalien aus der Produktion zu verbannen, und gebe das Versprechen darüber den Kunden, aber nicht irgendeiner Organisation.

Manch Mitarbeiter einer staatlichen Kontrollbehörde hingegen blickt neidisch auf die Organisation in Hamburg. Von Anfang an hat Greenpeace die Sprache – vor allem die Bildsprache – der Modebranche gewählt, um auf das ziemlich weit entfernte Thema »Abwasserverschmutzung in China« hinzuweisen. Die konsonantenreichen Namen der Chemikalien tauchen im Kleingedruckten auf; sofort ins Auge fallen hingegen Models, die im Stil von Modeanzeigen für die Detox-Kampagne werben, und hübsche Fotos bunter Kleider, die auf einmal irgendwie giftig aussehen. Die Konsumenten der großen Marken hätten diese Bildsprache sofort verstanden, sagt Kirsten Brodde, und die Unternehmen selber auch. Sie haben eine Konkurrenzveranstaltung gegründet, um nicht nur

Getriebene, sondern selbst auch Handelnde zu sein: Die Initiative ZDHC (»Zero Discharge of Hazardous Chemicals«) will bis 2020 den Ausstoß giftiger Chemikalien auf null bringen. Ein ambitioniertes Ziel, das sich die großen Marken gesetzt haben.[3]

Der Gesundheit wird's zu bunt

Zwar ist die Textilindustrie nur für etwa ein Zehntel der industriellen Abwässer in China verantwortlich. Aber die haben es in sich. Krankheitserregende oder umweltgefährdende Stoffe begleiten die Herstellung von Kleidung während der gesamten Wertschöpfungskette. Sie werden eingesetzt, um Fasern zu gewinnen, um daraus Garne zu spinnen, um sie zu bleichen oder zu färben und zu weben. Sie verleihen ihnen bestimmte Eigenschaften und schützen sie am Ende der Herstellungskette, während ihrer langen Schiffsreise von Asien nach Europa, vor Schimmel- und Insektenbefall. Von den Substanzen, die in Textilien verwendet werden, sind Farben die gesundheitlich problematischsten.[4]

Am Anfang künstlich hergestellter Farben war das Lila. Genaugenommen: Mauve. Der Brite William Henry Perkin schaffte es 1856, aus Destillaten von Steinkohlenteer eine violette Farbe zu gewinnen. Das war eine glückliche Fügung, denn durch die überall entstehenden Koksfabriken und Gaswerke fielen ungeheure Mengen von dem giftigen Abfall an. In Baden hatte der Goldschmied Friedrich Engelhorn von den Gewinnen gehört, die sich mit Gaswerken in London einfahren ließen, und gründete eines in Mannheim. Auch er hatte das Steinkohlenteerproblem und war hocherfreut, als sich der Abfall zu einem Rohstoff für Farben wandelte. Das erste kommerziell erfolgreiche Produkt seiner 1865 gegründeten »Badischen Anilin- & Soda-Fabrik« war mit künstlichem Alizarin ebenfalls eine Farbe. Das leuchtende Rot aus dem Chemielabor machte die Gewinnung von natürlichem Alizarin aus der Wurzel des Krapps, einer uralten Färberpflanze, überflüssig. Nur wenige Jahre nach der Mannheimer Erfindung war die Pflanze von den Äckern in ihren Hauptanbaugebieten in Südfrankreich, im Elsass und in den Niederlanden verschwunden. Neben Kunststoffen, Weichmachern, Düngern und Dutzenden anderen erdölbasierten Chemikalien vertreibt der Weltkonzern BASF heute noch immer Vorprodukte zu Farben.

Etwa viertausend Farben sind im wichtigsten Nachschlagewerk zu Textilfarben und Pigmenten, dem »Colour Index«, aufgeführt. (Farbstoffe werden übrigens in den Fasern gelöst, Pigmente nicht, sie haften ihnen äußerlich an.) Zum Teil enthalten sie noch immer Schwermetalle wie Blei, Cadmium und Quecksilber, die in der EU schon lange nur noch eingeschränkt oder gar nicht mehr verwendet werden dürfen. Die Schwermetalle verleihen den Farben Intensität und Brillanz. Einige Biosiegel lassen es daher zu, dass von ihnen zertifizierte Betriebe weiterhin Kupfer und Eisen zum Färben verwenden dürfen, um eine ähnliche Leuchtkraft von Grün- und Blautönen zu erreichen wie konventionelle Hersteller. Kupfer und Eisen haben zwar auch negative Umweltwirkungen, sind aber mit Quecksilber und Cadmium nicht vergleichbar.

Etwa die Hälfte der auf dem Colour Index gelisteten Mittel sind Azofarbstoffe, die teilweise auf Basis von krebserregenden Aminen hergestellt werden. Im menschlichen Darm und in der Leber arbeiten Enzyme, die die Farben wieder in ihre schädlichen Einzelteile zerlegen können. Daher verzichtet die Textilindustrie in Europa schon lange auf diese Farbstoffgruppe. Allerdings sind nach Einschätzung des Bundesinstituts für Risikobewertung (BfR) 150 besonders giftige Azofarbstoffe noch immer kommerziell erhältlich, und auch in »einigen importierten« Textilien könnten die Substanzen vorhanden sein. Angesichts der Tatsache, dass hierzulande kaum noch Bekleidung hergestellt und um die 90 Prozent importiert wird, meist aus Nicht-EU-Staaten, ist das sehr vorsichtig formuliert. Einen Hinweis über das mögliche Ausmaß der Verbreitung gibt eine schon etwas ältere Stichprobe: 2002 wurden in Deutschland 155 Textilien auf Azofarbstoffe hin untersucht, bei knapp zehn Prozent wurden die Grenzwerte überschritten. Ein weiteres Problem leuchtend bunter Kleidung tritt bei synthetischen Fasern auf, die mit Dispersionsfarbstoffen gefärbt werden.

Einige von ihnen, etwa bestimmte Blau-, Gelb-, Orange- und Rot-töne, sind bekannt dafür, dass sie Allergien auslösen können.

Vaude, ein Hersteller von Outdoorausrüstung und Sportklei-dung mit Sitz im baden-württembergischen Tettnang, ist – wie seine Wettbewerber auch – vor ein paar Jahren ins Visier der Greenpeace-Kampagne geraten, obwohl die Firma sich schon lange um Nachhaltigkeit in der Produktion bemüht. Aber als rela-tiv kleines Unternehmen war es schwierig, auf die Lieferanten der Chemikalien und Stoffe einzuwirken, berichtet die Nachhaltig-keitsexpertin des Anbieters. Seit die Greenpeace-Kampagne alle Hersteller ins Boot geholt hat, hat die Nachfrage nach umwelt-freundlicheren Alternativen für die Zulieferer eine ganz andere Relevanz bekommen und der Ansporn ist größer, entsprechende Materialien zu entwickeln. Von einem ständigen Spagat zwischen Ökologie und Kundenansprüchen spricht die Umweltexpertin: Die Verbraucher wollten zwar umweltfreundliche Produkte, diese aber bei voller Funktionalität. Die ist jedoch häufig nur mit einer vollen Packung Chemie zu erreichen.

In einigen Fällen sind die Materialien selbst gefährlich, weil sie giftige Stoffe enthalten; so enthalten manche Artikel aus Leder oder Gummi Phthalate. Sie machen sprödes Material geschmeidig und sind eine der am meisten verkauften Chemikaliengruppen überhaupt. Sie können allerdings fortpflanzungsschädigend wir-ken, einige der Mittel sind in der EU durch die EU-Chemikalienver-ordnung verboten.

Mit dem zunehmenden Einsatz von Stoffen aus Recyclingpoly-ester kommen noch Probleme mit Antimon hinzu. Ob das Halbme-tall dem Menschen schadet, ist zwar umstritten. Das BfR vertritt die Auffassung, die Mengen an Antimon, die aus Polyesterklei-dung austreten und so mit dem Menschen in Kontakt kommen können, seien zu gering, um Schaden anzurichten. Das Umwelt-bundesamt (UBA) schließt sich dieser Einschätzung an und lässt in seinen strengen Richtlinien für den blauen Umweltengel im Textil-bereich 260 Milligramm Antimon pro Kilo Polyesterstoff zu. Ande-rerseits hat sich der Stoff in Tierversuchen als krebserregend erwiesen, außerdem haben Wissenschaftler in den vergangenen Jahren einen besorgniserregenden Anstieg von Antimon in der Arktis nachgewiesen. Um den Stoff ganz unbedarft zu verwenden, besteht also erst einmal kein Anlass. Antimon dient zur Herstellung von PET und ist daher in Limo- und Wasserflaschen aus dem Material enthalten, auch in Pullovern oder Rucksäcken aus recycelten Flaschen. Kunststoffe enthalten in der Regel zahlreiche sogenannte Additive, also Zusatzstoffe, die für Flammschutz, Farbe, Geschmeidigkeit, Festigkeit oder Insekten- und Algenschutz sorgen. Einmal hinzugegeben, sind sie aus dem Kunststoff kaum wieder zu entfernen und begleiten ihn auf seinem weiteren Lebensweg von der Flasche in den Fleecepulli oder den Rucksack, und von dort auf die Abfallhalde oder ins Meer.

Ein relativ neues Problem sind Garne aus Nanosilber. Sie sind in Wander- oder Sportsocken eingestrickt und sollen dem Träger Schweißfüße und Fußpilz ersparen. Allerdings ist es Biologen und Ärzten noch ein großes Rätsel, in welchen Körperzellen und in welcher Umgebung die winzig kleinen Silberpartikel wie wirken. Solange darüber nichts bekannt ist, rät etwa das ansonsten gar nicht kleinliche BfR vom Kauf solcher Strümpfe dringend ab.

Fluorcarbone – eine Kette von Problemen

Häufig werden problematische Chemikalien erst im Nachhinein auf eigentlich unverdächtige Stoffe aus Baumwolle oder Kunstfasern aufgebracht. Beispiel Outdoorkleidung: Sie lässt nicht nur Wasser, sondern auch Schmutzpartikel einfach abperlen. Bei jedem Wetter saubere, trockene Kleidung am Leib zu haben, das geht bislang nur mit perfluorierten Chemikalien (PFC). Dabei handelt es sich um eine Kette von Kohlenstoffatomen. An jedem Atom hängt eine Reihe von Wasserstoffatomen, die nun vollständig durch Fluoratome ersetzt werden. Es entstehen also Kohlenstoff-Fluor-Ketten, die weder Verbindungen mit Wasser noch mit Fetten eingehen. Je länger diese Ketten sind, desto lässiger lassen sie Wasser, Öl, Fett und Schmutz abperlen – desto gefährlicher sind sie aber auch.

PFC sind eine Erfindung des Menschen, in der Natur kommen sie nicht vor. Einige solcher Fluorcarbone wie Perfluoroctansäure (PFOA) und Perfluoroctansulfonsäure (PFOS) wirken erwiesenermaßen krebserregend und erbgutschädigend, bei anderen gibt es zumindest den Verdacht auf diese Wirkung. Fest steht, dass PFC persistent sind, das heißt, sie werden in der Umwelt nicht abgebaut, sondern halten sich hartnäckig. Außerdem sind sie bioakkumulativ, sie reichern sich also im Organismus an. Bislang konnten PFC in Flüssen, in Meeren, im Grundwasser, im menschlichen Blut und in Eisbären am Nordpol nachgewiesen werden. Zwar werden die Fluorchemikalien auch in Teflonpfannen, imprägnierten Teppichen und im großen Stil in Feuerlöschschäumen angewendet; die Outdoorkleidung trägt nur einen winzigen Teil zur weltweiten Verschmutzung bei. Doch das BfR warnt, es sei unklar, wie sich die »niedrige, aber doch chronische Exposition von PFC auf die Bevölkerung auswirkt«[5].

Kleidung setzt beschichtete Fasern beim Tragen frei, durch den ganz normalen Abrieb. Zudem gelangen bei jeder Wäsche kleinste Mengen in die Kanalisation, in die Kläranlagen und darüber schließlich in den Wasserkreislauf. Die schädlichsten Verbindungen, die Perfluoroctansulfonsäure (PFOS) und die Perfluoroctansäure (PFOA), sind schon verboten oder werden nicht mehr verwendet. Sechs weitere längerkettige PFC sollen ebenfalls mittels der europäischen Chemikalienregulierung REACH verboten werden. Es ist also nur noch eine Frage der Zeit, wann Jack Wolfskin, Patagonia und Co. sie nicht mehr einsetzen dürfen. Die chemische Industrie als Hersteller der Imprägniermittel zeigte jahrelang keinerlei Interesse, die lukrative Sparte aufzugeben und Geld in die Entwicklung neuer Produkte zu stecken, doch inzwischen hat auch sie die Zeichen der Zeit erkannt und sucht Ersatz.

Wenn heute PFOA- oder PFOS-freie Imprägniermittel oder Kleidungsstücke angeboten werden, heißt das nicht, dass keine Fluorcarbone darin enthalten sind; sie verfügen dann nur über weniger als acht Kohlenstoffatome. Wirklich ganz auf diese Stoffe zu verzichten, ist teuer und schwierig. Teuer, weil neue Stoffe oft weitere

Umstellungen in der Fertigung, Schulungen der Mitarbeiter und Ähnliches nach sich ziehen. Und schwierig, weil sie technisch anspruchsvoll sind: Bei Vaude beispielsweise wähnte man sich vor einiger Zeit schon am Ziel und verkündete stolz eine wasserabweisende Jacke frei von Fluor. Die Stoffproben im Labor bestanden alle Tests. Doch als die Jacken dann fertig genäht in der Firmenzentrale ankamen, erwiesen sie sich als nicht wasserdicht. Nach intensiver Inspektion der ganzen Lieferkette stellte sich heraus, dass die neue Imprägniersubstanz die rabiate Behandlung beim Nähen nicht überstand: Da wird der Stoff gefaltet und gebügelt, durch Nähmaschinen gezwängt und gewaschen. Am Ende war das alternative Imprägniermittel schlicht und einfach abgerubbelt. Aus der Schweiz kommt das Imprägniermittel ecorepel auf Basis von Paraffin, also einem Wachs. Es ist frei von Fluorcarbonen, wasserdicht und unempfindlich gegenüber wässrigem Schmutz. Gegen Öl allerdings weiß es sich nicht zu wehren – und die Outdoorfirmen gehen bislang davon aus, dass ihre Kunden genau diese Funktion auch fordern.

Bis eine Alternative gefunden ist, weichen die Unternehmen jedenfalls auf die kürzeren, sogenannten C6-Ketten aus. Sie werden von der Industrie heute als noch nicht verzichtbar angesehen. Vaude etwa bezeichnet sie als Brückentechnologie, bis gleichwertige Ersatzstoffe entwickelt werden. Über diese C6-Verbindungen ist noch nicht viel bekannt. Zwar sind sich Ökologen sicher, dass auch sie schädliche Eigenschaften besitzen und zudem viel mobiler sind als ihre längerkettigen Verwandten: Sie können sich leichter durch Umwelt und Körper bewegen. Doch können die Skeptiker ihre Befürchtungen nicht beweisen. Die Datenlage reicht nicht aus, um die entsprechenden Substanzen auf die Kandidatenliste von REACH zu setzen und damit langfristig ein Verbot zu erwirken.

Diese europäische Chemikalienregulierung ist ein sinnvoller Versuch, den weltweit aus dem Ruder gelaufenen Einsatz von chemischen Substanzen wieder einzugrenzen. REACH steht für Registration, Evaluation, Authorisation and Restriction of Chemicals. Diese Verordnung macht die Unternehmen dafür verantwortlich, welche Chemikalien sie benutzen, nicht nur in der Textilproduktion; sie gibt Verbrauchern Auskunftsrechte und auch die Möglichkeit, besonders schädliche Stoffe zu verbieten. »Für die Textil- und Lederbranche in Deutschland wird es zunehmend einfacher, den Chemikalienherstellern in die Karten zu schauen«, schreibt der Internationale Verband der Naturtextilwirtschaft in seinem Branchenüberblick Anfang 2015.[6] Auch habe REACH die Bereitschaft der Lieferanten gesteigert, umwelt- und gesundheitsverträgliche Produkte anzubieten, heißt es dort.

Die Verbotsverfahren der Behörde mit Sitz in Helsinki müssen sich aber auf wasserdichte Beweise stützen, dauern in der Regel sehr lange und gewähren dann auch noch Übergangsfristen. Bewährt hat es sich daher, mit einem Verbot zu drohen, indem die Behörden anfangen, entsprechende Daten zu sammeln. Gleichzeitig werden in einem konstruktiven Dialog mit der Industrie Alternativen entwickelt. Im Falle der PFC etwa laden die Universität Bremen und die Deutsche Bundesstiftung Umwelt mit Unterstützung des Umweltbundesamtes seit Frühjahr 2015 die Hersteller von Outdoorkleidung zu einem Runden Tisch ein, um wirkliche Alternativen zu Fluorchemikalien zu diskutieren und zu finden – und so schneller, als ein Verbot das schaffen könnte, den Ausstieg aus der Nutzung von schädlichen Imprägniermitteln zu erreichen.

Eine Hilfe für Unternehmen, ungewünschte Substanzen durch ungefährliche zu ersetzen, bietet das Internetportal »Subsport«[7]. Auf Englisch, Deutsch, Französisch, Spanisch und Serbisch lassen sich dort kostenlos problematische Chemikalien recherchieren sowie mögliche Substitute. Hinweise an Unternehmen, wie eine solche Substitution in der Praxis ohne große finanzielle Risiken umgesetzt werden kann, ergänzen das Angebot. Auch für Verbraucher ist die Seite durchaus interessant, bekommen sie dort doch einen Überblick, welche Alternativen für »dreckige Klamotten« schon existieren – und an welchen Stellen es kompliziert wird.

Es sei sehr schwierig, heißt es unisono von den Herstellern, die Kunden davon zu überzeugen, dass es neben Preis, Design und Funktionalität noch weitere wichtige Kriterien für eine Kaufentscheidung gebe. Damit reichen sie die Verantwortung für ihre giftigen Waren elegant an die Kunden weiter – die wollen sie schließlich haben, was soll man da machen? Nehmen die Kunden es in Kauf, dass Sonnencreme und Olivenöl auf ihren Jacken Flecken hinterlassen, auf denen der Wanderfreunde aber nicht? Oder kaufen sie dann auch bei der perfluorierten Konkurrenz? Kein Hersteller möchte sich in dieser Frage empirische Forschung leisten.

Die Forderungen von Behörden und Umweltorganisationen an die Industrie, umweltfreundliche Waren anzubieten, sind daher immer verbunden mit Aufrufen an die Verbraucher, die eigenen Ansprüche zu überdenken. Die zum Teil sehr teuren Kleidungsstücke (auch hier sagt der Preis nichts darüber aus, ob giftig oder umweltfreundlich produziert wurde) sind geeignet, extreme Wetterbedingungen zu überstehen, der Name »Outdoor« verrät es: stundenlanger, starker Regen, Schneeregen im Gebirge, Kälte. Jährlich wird in Deutschland mit Outdoorjacken für Männer ein Umsatz von über 1,2 Milliarden Euro gemacht – so viele Bergsteiger gibt es nicht im Land. Man möge also prüfen, bitten Umwelt- und Verbraucherschützer, ob man wirklich eine hochgebirgstaugliche Jacke benötige – oder ob nicht doch ein wärmender Regenmantel ohne chemische Ausrüstung ausreiche.

Chemiebaukasten statt Bügeleisen

Praktische, zusätzliche oder ungewöhnliche Eigenschaften von Bekleidung stellt Unternehmen, die nachhaltig arbeiten wollen, immer vor Probleme. Textilingenieure sprechen davon, Textilien »auszurüsten«, das heißt, im Laufe der Herstellung bekommen sie bestimmte Eigenschaften, über die die Fasern bislang nicht verfügt haben. Das geht entweder mechanisch oder chemisch. Beispielsweise fühlen sich frisch gewebte Stoffe nicht so an wie ein T-Shirt im Laden, sondern leicht und flattrig (im Falle der Baumwolle) oder auch ziemlich hart (im Falle des Leinens, der außerdem noch fast durchsichtig aussieht). Anziehen würde man Kleidung aus solchen Stoffen nicht gerne, zudem sie bei der ersten Wäsche noch ordentlich einlaufen und einige Nummern kleiner als vorher die Waschmaschine verlassen würden. Die Stoffe müssen also erst noch »veredelt« werden. Sie können zum Beispiel durch gegenläufig drehende Walzen gezogen werden; dann wird das Gewebe in sich verschoben und zugleich gedehnt. Das ist eine Kunst, Stoffproduzenten suchen in der Regel lange nach guten Ausrüstungsbetrieben, die ihr Handwerk so beherrschen, dass formbeständige Stoffe mit einem angenehmen, weichen Griff dabei herauskommen.

Stoffe können aber auch chemisch veredelt werden. Dann werden bestimmte Chemikalien benutzt, um die gleichen Eigenschaften zu erzielen: etwa Formaldehyd. Es bildet die Basis von Kunstharzen, die auf Stoffen aus Baumwolle oder Viskose aufgebracht werden. Diese behalten dann nicht nur beim Waschen ihre Größe, sondern knittern auch weniger. Anfang der neunziger Jahre geriet die Substanz als Hilfsmittel in Kleidung in Verruf, weil sie Krebs und Allergien auslösen kann. Ergebnis der alarmierenden Berichte: Enthalten Kleidungsstücke, die mit der Haut in Kontakt treten können, mehr als 0,15 Prozent freies Formaldehyd, müssen sie gekennzeichnet werden. Sie tragen dann ein Zettelchen mit der Aufschrift: »Enthält Formaldehyd. Es wird empfohlen, das Kleidungsstück vor dem ersten Tragen zu waschen.«

Etwa 5 800 Zubereitungen von Hilfs- und Ausrüstungsmitteln kennt das BfR. Kunstharze und Silikone verleihen Stoffen einen angenehmen Griff (und können bis zu 20 Prozent seines Gewichts ausmachen); sie lassen ihn schön glänzen oder verhindern ein Verfilzen von Wollstoffen; sie können das Bügeln erleichtern oder ganz überflüssig machen, indem sie das Kleidungsstück knitterfrei halten. Flammschutzmittel, Chemikalien gegen Geruchsbildung oder Insektenbefall werden ebenso eingesetzt wie Substanzen, die das Ausbleichen von Stoffen verhindern. Organozinnverbindungen, die in der EU nur noch eingeschränkt verwendet werden dürfen, sorgen dafür, dass Strümpfe, Schuhe und Sportartikel nicht stinken, wenn die Trägerin schwitzt. Als Faustregel lässt sich festhalten: Je mehr Eigenschaften wie etwa »bügelfrei«, »trocknergeeignet« oder »antimikrobiell« ein Kleidungsstück hat, desto mehr Chemie war bei der Produktion im Spiel.

Einige der schädlichen Stoffe können ersetzt werden, etwa durch die mechanische Ausrüstung. Als geläufiges Bleichmittel wird bislang Chlor benutzt, ein aggressiver, giftiger Stoff, der in der Natur nur unter speziellen Umständen in elementarer Form gebildet wird. Unschädliches Ozon kann Stoffe ebenso weiß bleichen. (Und das Beste gegen stinkende Schweißfüße ist sowieso seit jeher: Waschen.) Andere der genannten Eigenschaften sind nach heutigem Stand der Technik ohne gefährliche Mittel nicht machbar; etwa bügelfreie oder wasserabweisende Stoffe. Meist sind zwar hinterher nur Spuren der giftigen Brühe in den fertigen Textilien nachweisbar, zudem waschen sie sich mit der Zeit heraus. Es gibt allerdings kaum Daten darüber, was mit all diesen »textilen Hilfsmitteln« passiert, ob, wann und wie sie die Kleidung verlassen, und was dann mit ihnen geschieht. Klar ist allerdings, dass sie sich nicht in Luft auflösen, wenn sie, etwa beim Waschen, aus den Stoffen ausgespült werden. Über die Kanalisation und Kläranlagen gelangen sie vielmehr in den Wasserkreislauf, in kleinen, aber stetigen Mengen – zusammen mit den benutzten Waschmitteln.

Die haben es zum Teil ebenfalls in sich. Das BfR schätzt, dass rund zehn Prozent aller Patienten mit einem Kontaktekzem (also einer Reaktion der Haut auf einen Reiz von außen) und ein bis zwei Prozent der Gesamtbevölkerung allergisch auf die Düfte in Waschmitteln reagieren. Der zuständige wissenschaftliche EU-Ausschuss fordert schon länger, Duftstoffe in Wasch- und Reinigungsmitteln ähnlichen Regelungen zu unterwerfen wie in Kosmetika. Auch antibakterielle und desinfizierende Zusätze in Waschmitteln sehen Verbraucherschützer kritisch, weil sie Hautallergien auslösen können. Das Umweltbundesamt rät zu Waschmitteln ohne solche Zusätze – und hat einen hübschen kleinen Film produziert, in dem ein freundlicher Herr in lindgrünem Poloshirt erklärt, wie sich umweltfreundlich waschen lässt: Wäsche trennen (Bunt, Weiß, Wolle und Seide) und jeweils das

passende Waschmittel benutzen: ein Colorwaschmittel, ein Voll-
waschmittel (enthält Bleiche, die für Buntes nicht geeignet ist)
sowie ein Wollwaschmittel, das andere Enzyme enthält als die
anderen beiden. Die Waschmaschine so voll laden, dass oben nur
noch eine Hand hereinpasst. Wasserhärte beachten! Bei Buntwä-
sche reichen 20 bis 30 Grad Celsius aus, verspricht der Wasch-
mann, Weißes braucht 40 Grad, damit die Bleichmittel wirken
können.[8]

Von solchen Waschmitteln haben die Wasch- und Hausfrauen
früherer Zeiten nicht mal geträumt. Sie mussten zuerst die
Schmierseife meist selbst herstellen, aus kaliumcarbonathaltiger
Pflanzenasche (die im Mittelalter in Pötten verschickt wurde – daher: Pottasche) und tierischen oder pflanzlichen Fetten. Und dann
mussten in mühsamen mehrmaligen Arbeitsgängen die Wäsche-
stücke geschrubbt, geschlagen, gespült, ausgewrungen und getrocknet werden. Dabei ging es darum, den gröbsten Schmutz –
laut einer schönen Definition aus einem Ratgeber für Wäschepflege
»Substanz am falschen Ort«[9] – zu entfernen, über Flecken schaute
man großzügig hinweg. Viel wichtiger war es, bei der Wäsche mit
Kleidung oder Bettwäsche schonend umzugehen, denn sie sollten
möglichst lange halten.

Um Wäsche heute zu schonen, lohnt ein Blick auf das Etikett,
dort geben manche Hersteller Pflegetipps. Das Dreieck darauf
bedeutet »Chlorbleiche möglich« – vorausgesetzt, es ist nicht
durchgestrichen. Ist auf dem Etikett ein Bügeleisen mit drei
Pünktchen darin abgebildet, lässt sich das Wäschestück »heiß
bügeln«, zwei Pünktchen bedeuten »mäßig heiß« und eines
»nicht heiß«. Ein durchgestrichenes Bügeleisen ... schon klar.
Ein nicht durchgestrichener Kreis wiederum bedeutet, dass Hose
und Co. chemisch gereinigt werden dürfen – die Buchstaben darin kann die Wäscherei entziffern. Der Kreis im Quadrat verrät
die Beständigkeit des Kleidungsstücks im Wäschetrockner, den
ökologisch sensible Haushalte allerdings längst durch eine Wä-
scheleine ersetzt haben.

Dann lieber nackt?

Nicht alle chemischen Substanzen, die bei der Produktion (oder Wäsche) von Textilien eingesetzt werden, gefährden die Gesundheit oder die Umwelt; leider wissen die Behörden nicht genau, welche gefährlich sind. Viele Hersteller veröffentlichen die Zusammensetzung ihrer Ausrüstungschemikalien nicht, außerdem muss nirgends angegeben sein, welche davon verwendet wurden. Es gibt weder Kennzeichnungspflicht für Ausrüstungschemikalien noch eine übergeordnete Regelung für die Inhaltsstoffe von Textilien. Die Europäische Union hat umfangreiche Verordnungen über die erlaubte Zusammensetzung von Kosmetika, Spielzeug und Lebensmitteln erlassen. Für Textilien nicht. In Deutschland gilt für Bekleidung originellerweise das »Lebensmittel-, Bedarfsgegenstände- und Futtermittelgesetzbuch«, das Produktsicherheitsgesetz sowie die Bedarfsgegenständeverordnung, außerdem übergreifende Gesetzeswerke wie REACH. In den Verordnungen und Gesetzen ist unter anderem festgelegt, welche Stoffe nicht in Textilien enthalten sein dürfen und welche Informationen Verbraucher beim Kauf erhalten müssen, etwa das Material des Kleidungsstücks. Die Anteile von Baumwolle, Elastan oder Leinen gehören also auf jeden Fall aufs Etikett. Mit welchen Chemikalien die Stoffe anschließend aber behandelt wurden, steht dagegen nirgends. Darum müssen Verbraucher- und Gesundheitsschützer auch passen, wenn sie nach den gesundheitlichen Risiken textiler Ausrüstungsstoffe gefragt werden: Es gibt schlicht keine Daten darüber. Niemand weiß, ob glättende, formgebende oder stabilisierende Hilfsstoffe bei ihrem derzeitigen Einsatz irgendwelche Nebenwirkungen haben.

Für den Verbraucher ohne spezielle chemische Kenntnisse wäre eine solche Information wahrscheinlich ohnehin wenig hilfreich. Die Behörden hingegen würden sich freuen. Ob mit verkauften T-Shirts, Hüten, Schuhen oder Badehosen alles in Ordnung ist, müssen nämlich die chronisch überlasteten Lebensmittelüberwachungsämter der Landkreise kontrollieren. In Bayern beispielsweise wurden 2013 und 2014 insgesamt 581 Bekleidungsstücke daraufhin getestet, ob sie Schadstoffe abgeben. Laut Bayerischem Landesamt für Gesundheit und Lebensmittelsicherheit wurden 101 Proben beanstandet. In Nordrhein-Westfalen sind 2013 insgesamt 1 998 Kleidungsstücke, aber auch Schuhe, Gürtel oder Perücken getestet worden, davon fielen 113 Proben wegen chemischer Mängel durch. Mecklenburg-Vorpommern leistete sich 2014 ganze 57 Proben – chemisch beanstandet wurde keine. Das Hessische Landeslabor untersuchte 2013 insgesamt 140 Handschuhe, Schuhe und Armbänder aus Leder auf ihren Gehalt an Chrom VI – 29 davon waren zum Teil stark belastet, fünf vollkommen verseucht.

Bei Lederartikeln wissen die Prüfer, wonach sie suchen müssen: Das gefährliche Chrom VI entsteht und setzt sich auf Leder fest, wenn Gerbmittel nicht richtig angewendet werden. Die Labore müssen also Leder kaufen und auf Chrom VI hin untersuchen. In vielen anderen Fällen ist das nicht so klar. Wegen der fehlenden Kennzeichnungspflicht für Chemikalien wissen die Behörden nicht, wonach sie suchen müssen. Chemikalientests sind aufwändig und teuer, für verschiedene Substanzen gibt es zudem unterschiedliche Verfahren. Oder anders ausgedrückt: Wonach man nicht sucht, das findet man in der Regel auch nicht. Verschiedene Überwachungsbehörden beantworten die Frage, ob die Hersteller kennzeichnen sollten, womit sie ihre Textilien ausrüsten, folglich auch mit einem klaren »Ja«. Liegen die Inhaltsstoffe von Kleidungsstücken deutlich über den Grenzwerten verbotener Stoffe, wird das europäische Schnellwarnsystem Rapex angeworfen. Im Falle der untersuchten Lederschuhe in Hessen zum Beispiel waren die Chromwerte so hoch, dass sie im Dezember 2013 im wöchentlichen Bericht des »Rapid Exchange of Information System« auftauchten und die Mitgliedsländer berechtigt waren, die Damenschuhe aus China und der Ukraine vom Markt zu nehmen.

Die Vorstellung, giftige Chemikalien am Leib zu tragen, ist nicht schön. »Dann lieber nackt« ist aber auch nicht gleich notwendig. Zwar wird zu wenig und nicht zielgerichtet genug kontrolliert, doch ist die Belastung der Konsumenten durch Kleidung heute vergleichsweise gering. Das BfR geht davon aus, dass ein bis zwei Prozent aller Hautallergien auf Textilien zurückgehen, meist mit Dispersionsfarbstoffen gefärbte Synthetiks. »Zieht man in Betracht, dass jedermann rund um die Uhr in engem Hautkontakt mit Bekleidungstextilien steht«, schreibt das Bundesinstitut, »dann sind dokumentierte Fälle von Kontaktallergien selten.« Autoabgase, Kraftwerksqualm oder eine ungesunde Ernährung sind sicherlich schädlicher für die Gesundheit. Die getesteten Kleidungsstücke der Detox-Kampagne wiesen zwar überwiegend giftige Stoffe auf. Wenn sich auf Aldi-Plastikschuhen für Kinder winzige Spuren der fortpflanzungsschädigenden Chemikalie Dimethylformamid finden, ist das für die einzelnen kleinen Träger hierzulande in der Regel aber kein großes Problem – zu gering ist die Belastung, um wirklich Schaden anzurichten.

Doch wenn das Lösungsmittel den Schuhen noch anhaftet, heißt das, dass sie bei der Produktion damit behandelt worden sind, um zum Beispiel Harze abzuspülen – und diese sind danach mit dem Lösungsmittel in einen Fluss geflossen. Der Schaden entsteht also vor allem am Ort der Herstellung. Es ist das große Verdienst der Greenpeace-Aktion, eine grundlegende Logik der globalen Textilproduktion in Frage zu stellen: schädliche und aufwändige Herstellungsverfahren in Länder zu verlegen, die sie auf Kosten ihrer Umwelt billiger anbieten. Diesen touristischen Ansatz hat die Bekleidungsindustrie vielleicht erfunden, doch sie verfolgt ihn natürlich nicht alleine. Die unternehmungslustige Kirsten Brodde jedenfalls blickt sich um und sieht andere Konsumgüterbranchen, die ebenfalls eine Entgiftung vertragen könnten. Vielleicht sollten sich Apple, Siemens oder Ikea schon mal eine Übersicht über ihre Lieferkette verschaffen.

Ein Bekleidungsrohstoff, der in jedem Schritt der Wertschöpfungskette besonders große Mengen schädlicher Stoffe fordert, ist die Baumwolle. Als Mönche in Europa von der seltsamen Pflanze erfuhren, die den Menschen in südlichen Gefilden Wolle spendete, stellten sie sich Sträucher vor, an denen puschelige Schäfchen wachsen. Heute ist die globale Bekleidungsindustrie ohne Baumwolle gar nicht mehr vorstellbar. Wer sich einmal an einem sonnigen Frühlingstag in einen Park setzt, sieht sofort warum: Gefühlte 90 Prozent der Spaziergänger darin tragen Jeans und T-Shirt.

5

Marlon Brandos gefährliche Hosen. Warum wir neue Jeans brauchen

Was waren das noch für Zeiten, als Marlon Brando in Jeans und T-Shirt gekleidet in »Der Wilde« über den Bildschirm fegte. Berüchtigt und gefährlich, die blauen Hosen seien das Kleidungsstück für gesellschaftliche Außenseiter gewesen, schwärmt der milliardenschwere Konzern Levi Strauss heute auf seiner Website. Bestes Beispiel dafür werde immer der Rebell Marlon Brando sein. Dabei war dieses Image für die Jeans gar nicht beabsichtigt. Der legendäre Hersteller bewarb seine Hosen in den fünfziger Jahren in Werbeanzeigen als ordentliche Kleidung für brave Schuljungen, aber Hollywoods Kostümbildner steckten die Bad Boys des Kinos in Blue Jeans und wirkten so mit an ihrem Mythos von Freiheit und Lässigkeit.

Die Hose aus dem quer gewebten, festen Baumwollstoff – eine Köperbindung, auf Fachchinesisch – war echte Funktionskleidung für Goldschürfer, belastbar, mit reißfesten Nähten und mit Nieten verstärkten Taschen, in die Arbeiter Steine und Werkzeuge stecken konnten. Erfunden hatte die Hose in dieser Form der Schneider Jacob Davis aus Reno in Nevada. Weil er sich die 68 Dollar für ein Patent auf die stabilen Hosen nicht leisten konnte, suchte er Unterstützung bei seinem Stofflieferanten, Levi Strauss. Der besaß einen florierenden Handel nicht nur mit Stoffen, sondern auch mit Arbeitskleidung aller Art. Aus dem oberfränkischen Buttenheim war er mit seiner Familie zunächst nach New York ausgewandert, weil ihm die rigiden Judengesetze in seiner Heimat keine Perspektive boten. Doch bald zog ihn der große Goldrausch in den Westen. Nach dem Motto »Reich werden nicht die Goldgräber, sondern die, die ihnen die Hosen verkaufen« lieferte er den Schürfern zunächst haltbares Segeltuch für ihre Zelte, erkannte dann aber den viel größeren Bedarf an haltbaren und praktischen Arbeitshosen.[1]

1873 wurde das Patent für eine genietete Hose an Strauss und Davis erteilt. Zunächst war sie noch braun und aus Hanf, doch schon bald verwendeten die Produzenten einen festen, mit der Pflanzenfarbe Indigo blau gefärbten Baumwollstoff aus der französischen Stadt Nîmes. Den Rohstoff bezogen die Weber aus Genua, auf Französisch Gênes. Aus dem Stoff »de Nîmes« wurde in den USA dann der Denim, aus Gênes die Jeans. Es war der Beginn einer unglaublichen Erfolgsgeschichte, die bis heute weitergeschrieben wird. Die blauen Hosen aus Denim sind noch immer ein global blühendes Geschäft. Auf de.globometer.com, einer Seite, die eindrucksvoll den weltweiten Konsum in Zahlen fasst, lässt sich die Zahl der verkauften Jeans »seit Ihrer Anmeldung« ablesen. In der Zeit, die es dauert, um von der Website zum Schreibprogramm zu wechseln und diesen Satz zu schreiben, waren es 3 265 Jeans. Also, lesen Sie die letzten zwei Sätze noch mal, dann sind wieder 3 265 Jeans auf der Welt verkauft worden. Die Jeans-Firmen sind die umsatzstärksten Unternehmen der Bekleidungsbranche. Zwischen 1,8 und drei Milliarden Hosen verkauften sie 2013 und setzten weltweit 50 bis 60 Milliarden Dollar um (verschiedene Quellen nennen unterschiedliche Zahlen). Auch wenn der »American Way of Life« weltweit ein paar Kratzer im Lack hat – die Jeans als eines seiner Symbole wird fast in jedem Winkel der Erde gerne übergestreift. In Europa sind die Deutschen die eifrigsten Jeansträger, gefolgt mit großem Abstand von den Franzosen und Italienern. Dreieinhalb Jahre tragen die Deutschen ihre Jeans im Schnitt, bevor sie Platz machen muss für eine neue.

Die deutschen Importeure zahlen im Einkauf übrigens durchschnittlich 8,77 Euro pro Stück. Auch hier übersteigen die Ausgaben für Marketing, Vertrieb und so weiter den Warenwert also bei weitem. Der Nachrichtendienst Bloomberg hat 2013 eine ansonsten von den Unternehmen streng gehütete Preiskalkulation einer

Jeans veröffentlicht, die in Großbritannien in einem Discounter für 22,12 US-Dollar verkauft wurde. Fast die Hälfte, nämlich 10,50 Dollar, ging für Vertrieb und Kosten für den Laden drauf; der Transport schlug mit 4,33 Dollar zu Buche. Das Material, also etwa Stoff und Knöpfe, kosteten 3,94, der Zuschnitt 1,05 Dollar. Für Wäsche und andere Arbeitsgänge zahlte der Hersteller 1,13 Dollar – und ganze 1,16 Dollar bekam die Fabrik in Bangladesch, in der die Jeans genäht wurde. Darin enthalten: die Löhne für die Arbeiterinnen sowie Geld für Sicherheitsvorkehrungen.[2]

Egal, ob die Jeans 9,99 Euro, 59,99 Euro, 199,99 Euro oder noch viel mehr kostet, ob sie bei der Pariser Haute-Couture-Schmiede oder beim Discounter um die Ecke gekauft wurde, Jeans passen zu fast jeder Gelegenheit. Seine Festigkeit erhält Denim durch ein spezielles Webverfahren. In Köperbindung gewebten Stoffen läuft neben dem senkrechten Kettfaden und dem waagerechten Schussfaden schräg ein weiterer Faden und verstärkt das Gewebe. Diese Webart verschafft dem Denim seine feinen diagonalen Streifen und macht ihn ideal für Menschen, die sich im Job ständig die Hosen durchscheuern: Bergleute, Cowboys, Bahnarbeiter und Holzfäller. Jahrelang kauften sie ihre Denim-Jeans bei Levi Strauss, der sein Vermögen da allerdings schon mit anderer Arbeitskleidung gemacht hatte. Ob Strauss, der seinen Neffen nach seinem Tod 1902 die Firma und sechs Millionen Dollar hinterließ, jemals eine Jeans getragen hat, ist unbekannt. In der feinen Ostküstengesellschaft war es jedenfalls seit der großen Weltwirtschaftskrise 1929 angesagt, Jeans zu tragen. Statt teure Reisen nach Europa zu unternehmen, machten die Familien in Kalifornien Urlaub – und brachten als Souvenir die lustige blaue Cowboyhose mit. Aus der Arbeiterhose wurde eine Freizeithose für alle.

Die Deutschen entdeckten die Jeans nach dem Zweiten Weltkrieg für sich, zunächst als wenig angesehene »Nietenhose«. Amerikanische Soldaten brachten sie über den Atlantik und machten sie populär. Seit 1948 wurden sie in Deutschland auch selbst genäht, von der L. Hermann-Kleiderfabrik im hohenlohischen Künzelsau. Luise Hermann, deren Ehemann einen nicht sehr lukrativen Holzhandel betrieb, hatte kurz vor dem Krieg zur Verbesserung der häuslichen Finanzlage eine Nähfabrik im ersten Stock ihres Wohnhauses gegründet. Mit sechs angestellten Näherinnen fertigte sie für die Wehrmacht und den Reichsarbeitsdienst Arbeitskleidung. Nach dem Krieg fand die findige Unternehmerfamilie schnell Ersatz für die verlorene Kundschaft: Von Frankfurter GIs erhielt sie Schnittmuster für Blue Jeans, und bald schon den ersten Auftrag für dreihundert Arbeitshosen aus dem blauen Stoff. Das Geschäft lief immer besser. 1953 brachte die Kleiderfabrik eine schwarze Jeans für Damen auf den Markt. Die Kreation wurde nur deshalb nicht als anstößig empfunden, weil sie als »Girl's Campinghose« vermarktet wurde – nur zu Übernachtungszwecken im Zelt durften auch Frauen den braven Rock gegen eine praktische Hose tauschen.

Fünf Jahre später wollte sich die Kleiderfabrik einen neuen Namen geben und wählte den Namen Mustang, das klang nach Freiheit, Wildem Westen und Amerika. Seinen Sitz hat Mustang auch heute noch in Künzelsau, Luise Hermanns Wohnhaus ist inzwischen ein Jeans-Museum. Wie in der Bekleidungsindustrie üblich, sitzen Marketing, Design und Vertrieb vor Ort, produziert wird in Asien, Tunesien, Ägypten und Marokko. Vor einigen Jahren geriet die Marke mit dem Wildpferdenamen wegen eines zu teuren Expansionskurses mit zahlreichen eigenen Läden im Inland sowie in China ins Schlingern. Neue Eigentümer konzentrierten sich daraufhin auf das Geschäft in Europa und Russland; das war erfolgreich, bis die Ukrainekrise das Konsolidierungskonzept umwarf. Nach einem Jahr mit Gewinn rutschte Mustang 2015 wieder in die roten Zahlen. Bei etwa 100 Millionen Euro liegt der Umsatz, damit ist die bundesrepublikanische Traditionsmarke ein kleiner Fisch unter den Jeansfirmen. Die VF Corporation, die unter anderem Label wie Lee und Wrangler vertreibt, machte mit seinen Jeansmarken im Jahr 2014 stolze 755 Millionen US-Dollar Umsatz, Levi's kam auf 4,7 Milliarden Dollar.

Gefertigt werden Jeans ganz überwiegend in Asien, in China, Bangladesch und Pakistan, aber auch in der Türkei. Dabei hinterlässt die lässige Hose eine ziemlich große Schmutzspur. 1,6 Kilogramm Chemikalien stecken rechnerisch in jeder einzelnen. Um ihre typische Indigo-Färbung zu erreichen, wird das Garn auf Basis von Schwefelfarbstoffen gefärbt. Die sind an sich nicht problematisch. Doch damit sich die zunächst farblosen Stoffe fest auf die Baumwollfasern legen und die dunkelblaue Färbung entfalten, muss ein Reduktionsmittel zugegeben werden: Natriumsulfid. Dieses Salz des Schwefelwasserstoffs ist stark ätzend und giftig. Eingeleitet in Flüsse oder Bäche, kann es eine katastrophale Wirkung entfalten und Fische und Wirbellose (wie Würmer) töten. Manager von Bekleidungsunternehmen erzählen, Anlagen dafür »bekämen Sie hier ja gar nicht mehr genehmigt«. Darum haben sie die Problematik nach Fernost verschoben, und hiesige Umweltminister freuen sich über saubere Flüsse. In China hingegen gelten zwei Drittel aller Flüsse und Seen als verschmutzt; 2013 berichteten chinesische Medien über Krebsdörfer, in denen sich die Krankheit unnatürlich häufte. Sogar die Regierung musste ihre Existenz schließlich zugeben. In Mexiko, einem der großen Jeanslieferanten für den US-Markt, sind 70 Prozent der Frischwasserreserven verseucht. Dafür sind natürlich nicht allein die Jeansfirmen verantwortlich, aber ihr Beitrag ist bedeutsam.

In China gehört die Textilbranche zu den sieben Kernindustrien, in denen die Regierung inzwischen besondere Anstrengungen im Umweltschutz verlangt. Die Führung des Riesenreiches ist aufgewacht, zu gravierend sind die Umwelt- und Gesundheitsprobleme. Seit 2015 gilt ein neues Umweltgesetz, nach dem zum Beispiel unbegrenzt Bußgelder gegen Fabriken erlassen werden können, die sich nicht an die Abwassergrenzwerte halten. Die Möglichkeiten für Nichtregierungsorganisationen (wie zum Beispiel Umweltgruppen), Einfluss zu nehmen, wurden ausgedehnt. Zwar wurden keine neuen Grenzwerte für Schadstoffe festgelegt, und die Korruption in China ist noch immer groß, sodass Gesetze auf dem Papier deutlich schärfer sind als dann tatsächlich in der Fabrik; aber es ist davon auszugehen, dass viele der 100 000 Textilfabriken – Spinnereien, Webereien, Färbereien, Veredelungs- und Konfektionsbetriebe – sich jetzt doch erstmalig an die bestehenden Vorgaben halten (oder ihre Produktion in Länder mit niedrigeren Standards verlegen).

Die spinnen in Dietenheim

Andreas Merkel sitzt im sportlichen Kaschmirpullover an seinem Besprechungstisch, vor sich eine Schale mit Pralinen, die das Logo seiner Firma ziert; es ist Februar. »Von Weihnachten«, sagt er, »die müssen wir jetzt noch aufessen.« Merkel ist Inhaber der Baumwollfeinzwirnerei Gebrüder Otto GmbH & Co. KG und führt sein Unternehmen in der vierten Generation; sein Urgroßvater hat es einst gegründet, in Dietenheim an der Iller. Hier, auf der Schwäbischen Alb mit ihren kargen und trockenen Karstböden, entwickelte sich im 19. Jahrhundert eine blühende Textilindustrie. Merkel und seine Spinnerei sind übrig geblieben. Im Lagerkeller wartet in großen, gelben und grünen Plastiksäcken wie soeben gepflückt die Rohbaumwolle und duftet nach Heu. Sie wandert dann in die laut knatternde Ballenfräse, die fremde Teilchen, Blätter oder Stängel aus den weißen Fasern zupft. Gerade Baumwolle aus Entwicklungsländern – und Merkels Biobaumwolle kommt aus Afrika und Indien – enthält häufig viel Plastik: Fehlende Kreislauf- und Entsorgungssysteme lassen grüßen, auf den Baumwollfeldern sammelt sich Müll. Die Plastikfetzen müssen unbedingt raus aus der Wolle, denn sie nehmen, ganz am Ende des Verarbeitungsprozesses, die Farbe anders an als die Pflanze. Für Webereien sind solche verunreinigten und ungleichmäßig gefärbten Garne ein Grund zur Retour.

Am Ende des Laufbandes saugt ein dickes Rohr mit Unterdruck die von fremden Stoffen gereinigten Fasern ein und transportiert sie eine Etage höher, in den Grobreiniger. Der ist noch lauter als die Ballenfräse und zerkleinert die groben Flocken mit einer Walze; es folgt der Feinreiniger, genauso laut. In der Mischbox werden die weißen, sauberen Flocken durcheinander gewirbelt, damit sich große, schwere und leichte, kleine Fasern mischen und so eine gleichmäßige Masse bilden. Nach weiteren Reinigungsschritten gelangen die Fasern als Vlies, als lockere Fasernplatte, in die Karde, das ist so etwas wie ein großer Kamm. Vor der Industrialisierung bürsteten die Kardierer Wolle vor dem Weben mit den getrockneten Blütenköpfen der Karden – eine Wildpflanze, die aussieht wie eine Distel und gerne von Hummeln besucht wird. Inzwischen gilt die Wurzel der Karde als Heilmittel gegen Borreliose, als Wollbürste hat sie ausgedient. Nur ihren Namen leiht sie dem Kardieren, also dem Fasernbürsten, noch immer. Was hier richtig oder falsch läuft, entscheidet über die Qualität der späteren Garne, denn hier werden die Fasern parallelisiert und zu einem Band zusammengefasst. Die Kämmmaschine kämmt die kürzeren Fasern heraus, die in hochwertigen Garnen stören würden. Die dabei anfallenden Kämmlinge werden zu Geldscheinen oder Dokumentenpapier verarbeitet, das dadurch sein »wolliges« Aussehen erhält.

Die übrig gebliebenen Fasern fahren durch weitere Kämmmaschinen und werden so zu immer festeren Bändern, bis sie schließlich fest genug sind, um in der Ringspinnmaschine auf Spulen zu Garn aufgedreht zu werden. Hunderte von Spindeln drehen sich auf der meterlangen Spinnmaschine, ein Staubsauger fährt ununterbrochen an der Maschine hin und her – Spinnen ist nicht nur laut, sondern verursacht auch jede Menge Staub. Auf der Spulmaschine schließlich wird das Garn gewachst, damit es sich besser verarbeiten lässt, und auf handelsübliche, kleinere Spulen gezogen, dann verpackt und auf die Reise geschickt.

Die Gebrüder Otto spinnen nicht nur, sondern veredeln und färben das Garn auch. In der Färberei duftet es nicht mehr nach Heu, sondern riecht leicht faulig – dort werden Baumwollgarne merzerisiert, also unter hoher Spannung Natronlauge ausgesetzt. Das macht sie glänzend, fester und besser zu färben. Gefärbt wird nebenan in einer Halle in großen Bottichen, in denen die Garne lagern und Stunden bis Tage in Farben, Weichmachern, Salzen und verschiedenen Hilfsstoffen schwimmen, bis sie das gewünschte Rot, Blau, Schwarz oder was auch immer erreicht haben; im Gegensatz zu anderen Pflanzenfasern wie Flachs lässt sich Baumwolle sehr gut färben. Pro Kilogramm Wolle rechnet Merkel mit einhundert Gramm Chemikalien.

Rund fünftausend Tonnen Baumwollgarn spinnen, färben und merzerisieren die Gebrüder Otto jährlich. Findig treibt sich Inhaber Merkel in allen nur denkbaren Nischen, lässt seine Biobaumwollgarne mit Ökosiegeln wie dem GOTS oder dem Fairtrade-Siegel zertifizieren, nutzt medienwirksam Recyclingmaterial, entwickelt Garnmischungen wie das federleichte Piumafil aus Baumwolle und der sehr leichten Kapokfaser und spinnt qualitativ besonders hochwertige Garne für Wäsche; er mischt sich ein in politische Debatten um eine nachhaltige Produktion von Textilien und ersinnt zusammen mit Hochschulen der Region Projekte wie das alternative, ökologische Outlet-Center in Dietenheim (siehe Seite 39). Und trotzdem: Dass sein Geschäftsmodell ihn auch durch die nächsten zwanzig Jahre trägt, glaubt der quirlige Geschäftsmann nicht. »Wir müssen uns verändern«, sagt er, ökonomisch lohne es sich nicht, ökologisch gute Geschichten zu erzählen. Der Biobereich wachse in einer kleinen Nische, nicht genug, um auf Dauer seine hundertsechzig Leute zu beschäftigen. An namhafte Hersteller wie die Strumpffabrik Falke, den Poloshirt-Macher Lacoste und die Kindermarke Petit Bateau liefert seine Spinnerei konventionelles, sehr hochwertiges Garn und verdient damit ordentlich Geld, doch »allein gute Garne für Bekleidung herstellen, das wird auch nicht für die Zukunft reichen«. Darum sucht Merkel nach Auswegen, neuartigen Verkaufswegen wie etwa dem Outlet-Center. Es sind dieses Engagement und die Umtriebigkeit, die den traditionsreichen Familienbetrieb bislang am Leben gehalten haben – als einen der wenigen, die in Deutschland, Österreich und der Schweiz übrig geblieben sind.

Die Gebrüder Otto betreiben viel Aufwand, um ihr Wasser zu reinigen, benutzen ökologisch unbedenkliche Stoffe und Chemikalien. In Europa sind gefährliche, giftige Farbstoffe längst aus dem Verkehr gezogen, es gelten strenge Vorschriften für die Abwasserreinigung. Zusätzlich zu den Kontrollen der Behörden unterzieht sich die Spinnerei aus Dietenheim freiwilligen Audits, die für die Ökosiegel nötig sind. In Schwellen- und Entwicklungs-ländern, in denen häufig entweder strenge Umweltgesetze fehlen oder aber die Behörden, die sie kontrollieren, bedeutet die Pro-duktion von Baumwollgarn und -stoff hingegen eine große Um-weltbelastung. Zum Beispiel werden die Garne mit Kunststoffen ummantelt, damit sie problemlos zu Stoff gewebt werden kön-nen. Diese »Schlichte« wird anschließend wieder abgewaschen, dabei entsteht jede Menge giftiges Abwasser. Damit das Gewebe in leuchtende Farben getaucht werden kann, muss es in der Re-gel aufgehellt und gebleicht werden. Dazu werden chlorhaltige Chemikalien benutzt. Einige von ihnen haben es gerade zu gro-ßer Berühmtheit gebracht. Sie bleichen nicht nur Stoff, sondern vertreiben auch die Bakterien auf den gefürchteten Chlorhühn-chen aus den USA, die in den Debatten über das Freihandelsab-kommen TTIP zwischen Europa und den USA zum Synonym für einen schlechteren Verbraucherschutz geworden sind. Chemika-lien auf Basis des reaktionsfreudigen Chlors haben eben zahlrei-che Einsatzgebiete.

Die gebleichten Stoffe werden anschließend mit Mitteln be-netzt, damit sie Farbe gleichmäßiger annehmen. Beim Färben selbst sorgen Farbbeschleuniger für rasche Prozesse, Zeit ist schließlich Geld. Und zwischendurch werden die Textilien immer wieder gewaschen. Auf dem fertigen Kleidungsstück sollen all die Weichmacher, Bleichmittel, Schwermetalle und Lösungsmittel nicht mehr nachweisbar sein, die anspruchsvollen Kunden in Eu-ropa kaufen ja ein Produkt aus einer Naturfaser. Die deutsche Ab-wasserverordnung führt im Anhang 38 zur Textilherstellung und Textilveredelung auf einer langen Liste auf, welche Stoffe im Ab-wasser nicht geduldet werden – in Kambodscha, Bangladesch und China sind ungeklärte Abwässer Alltag.

Für die Arbeiter in den Textilfabriken besonders unangenehm wird es, wenn die Verbraucher sich nach Jeans im »used look« seh-nen. Dann muss die Farbe wieder von den Hosen runter. Das geht, weil moderne Farbstoffe, wie einst der Pflanzenfarbstoff Indigo, nur oberflächlich an die Fasern haften und sie nicht durchdringen.

Wasser kann der Färbung zwar nichts anhaben, aber Reibung. Um eine Optik zu erzielen, die die Hose wie jahrelang getragen aussehen lässt, kommen verschiedene Methoden in Betracht. Seit Jahren in der Kritik und von vielen Herstellern schon offiziell geächtet ist das Sandstrahlen: Arbeiter bespritzen die Hosen aus Wasserschläuchen mit hauchfeinem Sand und reiben damit die Farbe ab. Der Sand ist so fein, dass er in die Lunge der Arbeiter eindringt und Krankheiten verursacht, die eigentlich für Bergleute typisch sind. Den Betroffenen drohen Atemnot und Ersticken. Bei unangekündigten Kontrollen werden immer wieder Fabriken gefunden, in denen die preisgünstige Methode noch immer angewendet wird, trotz aller Kritik. Die gängige Alternative ist allerdings auch nicht gesünder: Kaliumpermanganat ist ein Kaliumsalz und bewirkt aufgesprüht ebenfalls den »used look«. Es vergiftet Gewässer, wirkt ätzend, und Stäube, die Kaliumpermanganat enthalten, können die Hornhaut trüben. Aller schlechten Dinge sind drei: Jeans, die nicht dunkelblau, sondern etwas heller sein sollen, werden mit Chlorbleichlauge aufgehellt; auch diese ist giftig und ätzend.

Doch es gibt auch ganz andere Wege: etwa Bleichmethoden mittels Ozon, das nach dem Vorgang in Sauerstoff zerfällt. Oder Jeans können mit Bimssteinen gewaschen werden und sehen danach aus wie getragen. Die Heilbronner Firma Freshtex, die in den Produktionsstätten in Polen, Rumänien und der Ukraine für die halbe Ökobranche in Deutschland Denimstoffe ausrüstet und veredelt, benutzt zum Beispiel Teebeutel, um einen »used look« zu erzeugen. Daneben hat Freshtex auch andere Verfahren im Angebot: Sie dreht den Spieß einfach um: Wenn von einem Denimstoff achtzig Prozent der Farbe wieder herausgewaschen werden soll, um ein bestimmtes Aussehen zu erreichen, könnte man doch auch gleich einen weißen Stoff nehmen, dachten sich die Entwickler der Firma, und den dann zu zwanzig Prozent mit (ökologischer) Farbe besprühen. Das sieht dann genauso aus wie sandgestrahlt.

Die Naturfaser, die Natur zerstört

Unter den zwanzig Firmen, die sich im Rahmen der »Detox-Kampagne« gegenüber Greenpeace verpflichtet haben, in absehbarer Zeit ihre Produktion zu »entgiften«, befinden sich bislang nur zwei Jeansmarken: Levi's und G-Star aus den Niederlanden. Allen anderen reicht es offenbar, dass ihrem Produkt die Aura von Natürlichkeit und Authentizität anhaftet – auch wenn noch so viel Chemie im Spiel ist. Diesen Widerspruch zwischen Schein und Sein muss auch der Rohstoff Baumwolle aushalten. Die beliebte Naturfaser ist heute in Industriestrukturen eingebunden, in denen sie für die Natur in vielen Anbaugebieten eine Gefahr darstellt. Die größten Baumwollplantagen haben heute China, Indien, Pakistan, die USA und Brasilien. Zum Teil hochsubventioniert, geht etwa ein Drittel der jeweiligen Erntemenge in den Export. Bei den immerhin dreißig afrikanischen Ländern, die Baumwolle anbauen, sieht das Verhältnis anders aus. Dort werden achtzig Prozent der Ernte exportiert, weil es an Fabriken mangelt, um ihren Rohstoff direkt zu verarbeiten, und weil vor allem den Ländern im Inneren des Kontinents der direkte Seezugang fehlt. Weltweit gibt es kein Land mit einer großen Textil- und Bekleidungsindustrie ohne eigene Seehäfen.[3] In Asien verarbeitet und in Europa getragen, kommt der Rohstoff dann Jahre später als Altkleidung wieder auf den Kontinent zurück …

Die Probleme des Anbaus beginnen auf dem Acker. Zwar ist das Malvengewächs mit den genügsamen, bunt blühenden Stockrosen in unseren Breiten verwandt, doch die Baumwolle braucht hundertachtzig bis zweihundert frostfreie Tage im Jahr, um zu wachsen, und gerade zu Beginn ihrer Vegetationszeit jede Menge Wasser. In trockenen Regionen wie Usbekistan oder Ägypten wird künstlich bewässert, das schadet den örtlichen Wasserkreisläufen erheblich. Flüsse und Seen trocknen aus, der Grundwasserspiegel sinkt, die Böden versalzen. Usbekistan ist im Begriff, mit seinem ausgedehnten Baumwollanbau Großteile der Ackerfläche durch Salz und Gift unbrauchbar zu machen. (Abgesehen davon rücken zur Baumwollernte regelmäßig Kinder aus, statt zur Schule zu gehen – ganz freiwillig, wie der usbekische Diktator Islam Karimow betont.) Der Aralsee, einst viertgrößter Binnensee der Welt, ist inzwischen auf weniger als ein Drittel seiner ursprünglichen Größe geschrumpft und bietet auf Weltraumfotos ein trauriges Bild. Der Rio Grande, der als »großer Fluss« in den Rocky Mountains entspringt und in Mexiko als Río Bravo, also »wilder Fluss« endet, versickert vierzig Kilometer vor dem Golf von Mexiko mickrig und leise im Sand, vom Baumwollanbau aufgesogen. Genauso geht es dem Murray River in Australien, auch er erreicht in manchen Jahren den Ozean nicht mehr.

Neben dem Wasserverbrauch ist der hohe Einsatz von Ackergiften auf Baumwollfeldern problematisch. Der Strauch sei »durch eine Vielzahl von Schädlingen gefährdet, deren erfolgreiche Bekämpfung oft ausschlaggebend für die Wirtschaftlichkeit des Anbaus ist«, schreibt der landwirtschaftliche Informationsdienst Proplanta. Der Afrikanische, Ägyptische, Amerikanische und Altweltliche Baumwollkapselwurm bedrohen die Pflanze, ebenso Baumwollblattraupe und Baumwollzwergzikade – die ganze Liste nur der wichtigsten Insekten, die verschiedene Pflanzenteile befallen und fressen, füllt eine DIN-A4-Seite. Obwohl nur auf etwa zwei Prozent der weltweiten Ackerflächen Baumwolle angebaut wird, landen rund ein Viertel der eingesetzten Ackergifte auf dieser Pflanze. Tödliche Gifte, Wachstumsregulatoren, Entlaubungsmittel bei der Ernte sowie Herbizide zur Unkrautvernichtung werden benutzt. Viele Insekten sind inzwischen resistent gegen die zum Teil hochgiftigen Mittel, sodass ein unheilvolles Hochrüsten auf dem Acker begonnen hat. Die Landwirte spritzen noch mehr oder noch giftigere Mittel gegen die Insekten, diese entwickeln weitere Resistenzen. Einige Schädlinge, etwa die Baumwollblattlaus, richten erst hohe Schäden an, seitdem die Landwirte mit Ackergiften ihre natürlichen Feinde vernichtet haben.

Unter dem Verdacht, das an sich natürliche Gleichgewicht zwischen Schädlingen und ihren Feinden ins Wanken zu bringen, steht auch die Genbaumwolle, die inzwischen in fünfzehn Ländern angebaut wird und mit 25 Millionen Hektar etwa 68 Prozent der Anbaufläche einnimmt.[4] 2012 lag ihr Anteil laut des Gentech-nologie-Lobbyvereins Transgen schon einmal bei achtzig Prozent und geht daher zurück – wie derzeit der Anbau von Gentechpflan-zen generell. Chinesische und indische Bauern nutzen besonders gerne die sogenannte Bt-Baumwolle, die das Bodenbakterium Ba-cillus thuringiensis bildet. Seit einigen Jahren werden vor allem die Äcker in China hartnäckig von bestimmten Wanzen befallen, mit denen die Baumwolle früher gut selbst fertig wurde. Schließ-lich können sich auch Pflanzen durchaus gegen ihre Feinde weh-ren, etwa mit Terpenoiden, Aromen, die lästige Insekten vertrei-ben. Gentechnisch veränderte Baumwolle scheint jedoch an Wehrhaftigkeit eingebüßt zu haben. Allein die US-Landwirte müs-sen jährlich etwa 250 Millionen Dollar ausgeben, nur um den Amerikanischen Baumwollkapselbohrer zu bekämpfen (was ih-nen nur möglich ist, weil sie hoch subventioniert werden).

Dabei ginge es auch ganz anders. Eine Langzeitstudie in Indien zwischen 2007 und 2010 hat gezeigt, dass Biobaumwolle, die ohne Gifte und Stickstoffdünger auskommt, genauso einkömmlich ist wie ihr konventioneller Konkurrent. Zwar lagen die Erträge auf den Bio-feldern um bis zu 14 Prozent unter den konventionellen Vergleichs-flächen. Aber die Bauern brauchten dafür 38 Prozent weniger Kos-ten zu stemmen. Sie mussten keine Chemikalien kaufen, sondern konnten mit weniger Kapitaleinsatz produzieren und machten we-niger Schulden. Trotzdem werden in Indien derzeit auf 99 Prozent der Baumwollflächen Genpflanzen angebaut, und nur auf 0,6 Pro-zent der Flächen Biobaumwolle. Global sieht dieses Verhältnis ähn-lich aus: Von den insgesamt 37 Millionen Hektar, auf denen Baum-wollpflanzen angebaut werden, werden nur 215 133 Hektar ökologisch bewirtschaftet, nach Jahren des Niedergangs und der Stagnation allerdings wieder mit steigender Tendenz.

Laut der Organisation Textile Exchange sind die zehn weltweit größten Käufer von Biobaumwolle übrigens H&M, C&A, Puma, Nike, der Sportartikelhersteller und -händler Decathlon, Tchibo, Coop Swiss, der amerikanische Discounter Target, Williams-So-noma (ein Hersteller und Händler von Küchenutensilien) und Inditex. Ob überall, wo Biobaumwolle draufsteht, auch welche drin ist, ist allerdings keineswegs sicher. Anders als im Bereich der Lebensmittel gelten für Textilien nämlich keine Vorschriften, die Bezeichnung »bio« ist weder definiert noch geschützt. Zwar fällt Rohbaumwolle unter die EU-Ökoverordnung und darf, wenn sie als »bio« deklariert ist, nicht gentechnisch verändert sein. Wird sie für Textilien angebaut, gilt diese Vorschrift allerdings nicht. Weil das Angebot an raffiniertem Baumwollspeiseöl im Naturkostwarenhandel, sagen wir mal, ausgesprochen überschaubar ist, ist diese Regelung also einigermaßen unsinnig.

2013 untersuchte das Chemische und Veterinäruntersuchungsamt Baden-Württemberg einundzwanzig Textilien, deren Fasern laut Etikett aus kontrolliert biologischem Baumwollanbau stammten. In zwei von ihnen fanden die Kontrolleure Genbaumwolle. Ein seltener Treffer, sozusagen ein Glücksfund, denn normalerweise sind die Fasern in der Kleidung derart stark behandelt, dass das Erbgut darin nicht mehr nachweisbar ist. Als sich die Prüfer daher unbehandelte Pflückbaumwolle einer Spinnerei aus Baden-Württemberg vornahmen, landeten sie erwartungsgemäß mehr Treffer. Weil der Rohstoff noch nicht so oft gewaschen, gefärbt oder auf andere Weise chemisch behandelt wurde, ist darin Erbmaterial noch ausreichend vorhanden. In vier von neun Proben fand das CVUA gentechnisch veränderte Fasern. Alle Proben stammten aus Indien; Biobaumwolle aus der Türkei und Kirgisistan, die ebenfalls untersucht wurde, war unauffällig. Konsequenzen für die Spinnerei hatten die Ergebnisse nicht. Das zuständige Verbraucherschutzministerium in Stuttgart teilt mit, zwar gingen die Behörden »von einem erheblichen Täuschungspotential aus, können aber betroffenen Herstellern nur Hinweise geben und sie leider nicht hart beanstanden«. Soll heißen: Die Untersuchungsämter wissen, dass Verbraucher Baumwolle mit einem Biosiegel sehr wahrscheinlich auch deshalb wählen, weil sie ein gentechnikfreies Produkt kaufen wollen. Sie können ihnen aber leider nicht weiterhelfen, wenn sie betrogen werden, weil ihnen dazu die gesetzliche Grundlage fehlt.

In den vergangenen Jahren ist die Anbaufläche für konventionelle Baumwolle leicht zurückgegangen. China, die USA, Australien und Brasilien bauten weniger an, die Erntemenge sank von 26,3 Millionen Tonnen 2013 auf geschätzte 24 Millionen Tonnen 2015. Der Preis für Baumwolle fiel, während die Anbaukosten stiegen. Profitieren konnten davon allerdings nur Chemiefasern, von denen weltweit immer mehr hergestellt werden. Traditionelle Faserpflanzen, etwa Flachs, Ramie oder Hanf, werden hingegen in immer kleinere Nischen zurückgedrängt. Das ist ausgesprochen bedauerlich, schließlich lassen sich die genügsamen Pflanzen im heimischen Klima ressourcenschonend anbauen. Der Flachs ist eine genügsame und kräftige Pflanze, die eigentlich weder viel Stickstoffdünger noch Spritzmittel benötigt. Dies gilt erst recht für den Hanf, der so anspruchslos ist, dass manche Ökolabel bei ihm sogar auf Biozertifikate verzichten. Er braucht weder Dünger noch Spritzmittel, und gegossen werden muss er auch nicht. Teilweise wird er sogar in Mischkulturen angebaut, um auf Gemüsefeldern Ungeziefer zu vertreiben.

Beide Faserpflanzen haben in Europa eine lange Geschichte: Der Flachs gilt unter Archäologen als erste Textilfaser überhaupt. In Anatolien und Israel sind über siebentausend Jahre alte Textilreste aus Leinen gefunden worden. Die Römer importierten feine Leinengewebe aus Ägypten, denn dort brachte man es früh zu einer hohen Kunstfertigkeit in der Leintuchherstellung. Die etwas gröbere Hanffaser wurde vor allem für Schnüre, Seile und Netze verwendet, aber auch als Grundlage für Kleidung. In einem etwa 2 500 Jahre alten keltischen Grab fanden sich neben Stoffen aus Wolle und Dachshaar auch solche aus Hanf. Trotzdem fristen beide Faserpflanzen derzeit ein Dasein in klitzekleinen Marktnischen. Die Weltproduktion von Hanf lag 2013 bei gerade mal 56 000 Tonnen. Über die größten Anbauflächen verfügt China, ein paar tausend Tonnen kommen aus Österreich, Italien, Rumänien und den Niederlanden. Auch die Erntemengen von Flachs sind gering, 303 000 Tonnen kamen 2013 weltweit zusammen.[5]

Der lange Weg vom Stängel zum Garn

So anspruchslos Flachs und Hanf auf dem Acker sind, so aufwändig ist es allerdings, aus ihnen Garn herzustellen. Beide Pflanzen geben sich ausgesprochen sperrig, wenn sie ihre weichen Fasern hergeben sollen, lange haben sie sich der schnellen, maschinellen Verarbeitung widersetzt. Aus diesem Grund trägt heute alle Welt Baumwolle, und die heimischen Faserpflanzen Flachs und Hanf gelten als Exoten. Während der Baumwollstrauch seine Samen in wattige Fasern hüllt, die einfach nur gepflückt, von den Samenkernen befreit und dann schon versponnen werden können, machen die Traditionsfasern richtig viel Arbeit. Bevor die Fasern der beiden Pflanzen als feines, schimmerndes Garn auf der Spule liegt, müssen ihre Stängel gerauft werden, geröstet, gedarrt, gebrochen, geschwungen, gehechelt, gesponnen, gehaspelt und gespult. Die Fasern liegen nicht frei, sondern kleben im Stängel der Pflanze an einer Holzschicht fest. Es ist aufwändig, sie freizulegen, den Leim zu entfernen und die Fasern so zu bearbeiten, dass sie sich zu einem Garn spinnen lassen. Die Verarbeitung von Flachs und Hanf ist sich dabei sehr ähnlich; allerdings hatten Flachs und der aus der Faser gewebte Leinen früher eine größere Bedeutung als der etwas gröbere Hanf.

Gesät wird der Flachssamen im zeitigen Frühjahr, damit so viel Zeit wie möglich für die schwierige Ernte bleibt.[6] Besonders wohl fühlt sich der Flachs am Meer, daher liegen die Hauptanbaugebiete Europas heute in Nordfrankreich, Belgien und den Niederlanden. Die junge Pflanze braucht viel Zeit, bis sie sich entwickelt. Sie benötigt darum einen Acker ohne Unkraut, denn gegen sprießende Wildkräuter hat der Flachs keine Chance: Er wird überwuchert, oder die Wildkräuter wachsen mit, geraten später in die Ernte hinein und verschlechtern die Qualität der Fasern. Im konventionellen Flachsanbau werden die Äcker daher vor der Aussaat mit Gift behandelt – einem sogenannten Totalherbizid –, das allen Konkurrenzpflanzen den Garaus macht. Im Ökoanbau muss das Unkraut mit Maschinen oder per Hand ausgerupft werden. Hat die junge Flachspflanze sich einmal ans Licht gekämpft und verfügt dann über genügend Luft und Wasser, so wächst sie schnell. Während der Biolandwirt auf günstiges Wetter hofft, auf Sonne und Regen zur jeweils rechten Zeit, hilft der konventionelle Landwirt nach. Je nach Witterung werden Wachstumshemmer oder -beschleuniger auf den Acker gekippt, damit die Stängel zwar möglichst groß werden, um die Ausbeute zu erhöhen, aber bei Sturm oder Regen bloß nicht umkippen und liegenbleiben. Dann werden sie nämlich unbrauchbar. Auf Stickstoffdünger reagiert Flachs allerdings mit heftigem Wachstum und schlappen Stängeln, aus dem sich keine Fasern guter Qualität gewinnen lassen – darum sind Flachskulturen für die mit Stickstoff hoffnungslos überlasteten Gewässer eine wahre Erholung.

Nach rund hundert Tagen kann der Flachs gerauft werden: Der Landwirt zieht ihn mitsamt den Wurzeln aus der Erde. Ein Hektar Anbaufläche ergibt rund 4500 Kilogramm Flachsernte mit Samen. Daraus lassen sich einhundert Kilogramm luftgetrockneter Flachs gewinnen. Die Ausbeute an Flachsfasern nach dem Hecheln (siehe unten) liegt bei acht Kilogramm. Weil Flachs nur alle paar Jahre auf demselben Acker angebaut werden kann (Gemüsegärtner kennen das von Kohl und Bohnen), benötigen Landwirte große Flächen, um Jahr für Jahr zu ernten. Dies unterscheidet Flachs vom genügsamen Hanf, der selbstverträglich ist und immer wieder auf denselben Standorten angebaut werden kann, ohne dass er krank oder schwächlich wird.

Um lange, hochwertige Fasern zu erhalten, die zu Garn versponnen werden können, bleibt das geerntete Flachsstroh in ordentlichen Bündeln auf dem Acker liegen und wird »geröstet«: Sonne und Regen aktivieren Pilze, die die Leimschicht zwischen Holz und Bast auflösen. Dieses Verfahren wird »Tauröste« genannt und hat für den Bauern den angenehmen Nebeneffekt, dass ein Gutteil der Nährstoffe der Pflanze ausgespült und an den Boden zurückgegeben wird. Zwei- bis dreimal müssen die Bündel gewendet werden. Der Vorgang erfordert Fachwissen und Achtsamkeit: Wird er zu früh unterbrochen, ist das Ergebnis eine minderwertige Faser. Bleibt der Flachs der Witterung jedoch zu lange ausgesetzt, verrottet er und wird im schlimmsten Fall unbrauchbar. Alle vier bis fünf Jahre müssen Ökolandwirte mit einem weitgehenden Verlust ihrer Ernte rechnen, das macht das Bioprodukt so teuer.

Beim konventionell erzeugten Leinen wird das Risiko der Tauröste ausgeschaltet. Hier werden die Fasern entweder in der Wasserröste oder mit einem chemischen Aufschluss von der Holzschicht getrennt. Das dabei entstehende Abwasser enthält verschiedene Säuren, Stickstoff, Kalium und Kalk. In Gewässern, die solch eine Brühe aufnehmen müssen, nimmt der Sauerstoffgehalt ab, Pilze wachsen, Fische sterben. Im belgisch-französischen Grenzfluss Leie (oder Lys) wurde noch bis weit ins 20. Jahrhundert hinein die Wasserröste betrieben; die ausgewaschenen Pflanzenteile färbten den Fluss gelb und verliehen ihm den Beinamen »goldener Fluss«. Heute ist die Technik in Europa in offenen Gewässern verboten. In China wird die Wasserröste im industriellen Maßstab mit warmem Wasser praktiziert; das verkürzt den Prozess enorm auf einige Tage. Nur wenige Stunden wiederum dauert es, Fasern und Holz mit Chemikalien, Enzymen und Herbiziden zu trennen, oder per Dampfdruckaufschluss. All diese Verfahren hinterlassen aber ebenfalls große Mengen an problematischen Abwässern, sind in Europa aufgrund des hohen Aufwandes der Abwasseraufbereitung kaum noch machbar und finden deswegen fast ausschließlich in China statt.

Nach der Röste muss das Stroh getrocknet (gedarrt) werden. Danach werden in zwei Arbeitsschritten die schon gelösten, holzigen Teile vom Bast getrennt, zunächst durch Brechen, dann durch Schwingen. Nachdem die letzte Flachsschwinge in Schleswig-Holstein vor einigen Jahren aufgeben musste, können diese Arbeitsschritte in Deutschland nicht mehr ausgeführt werden. In ganz Europa gibt es nur noch eine Handvoll Schwingen, das Gros der Ernte wird in Asien verarbeitet. Nach dem Schwingen sind schon Faserstränge sichtbar, die allerdings noch nicht fein und ordentlich genug sind, um gesponnen zu werden – erst müssen sie noch gehechelt, also gebürstet werden. Dabei werden kurze, störende Fasern (»Werg«) entfernt, die verbliebenen langen legen sich parallel.

Für all diese Arbeitsschritte ist noch immer viel Handarbeit nötig. Weil Hanf und Flachs kaum noch verwendet werden, gibt es auch keine nennenswerten technischen Fortschritte rund um ihre Verarbeitung. Es hat sich nicht gelohnt, moderne Erntemaschinen oder schnelle und trotzdem nachhaltige Röstverfahren zu entwickeln. Forschung rund um diese Fasern gibt es zwar reichlich. Allerdings haben die Wissenschaftler dabei keine Kleider im Sinn, sondern technische Anwendungen: Die Pflanzen sollen Biopolymere bilden, also Pflanzenkunststoff, und so in die reichen Wertschöpfungsketten der Chemie- oder Autoindustrie eingegliedert werden. Wer den Pflanzen eine Renaissance bescheinigt, der hat in den allermeisten Fällen diese Einsatzgebiete im Sinn.

Sind die Fasern gewonnen, werden sie versponnen. Spinnen bedeutet, lose Faserbündel schraubenförmig zu einem endlosen, möglichst gleichmäßigen Faden zu drehen. Weil die Fasern von Flachs und Hanf weniger elastisch sind als die der Baumwolle, entzogen sie sich den Versuchen des mechanischen Spinnens lange Zeit. Noch heute ist in einer Leinenspinnerei mehr Handarbeit nötig, als in einer Baumwollspinnerei, in der die Maschinen rattern und nur von wenig Personal beaufsichtigt werden. Nach dem Spinnen hat Leinengarn noch immer seine natürliche Farbe, die je nach Röstverfahren silbergrau oder (flachs-)gelb sein kann und durch Bleichen und/oder Färben verändert werden kann. Dabei können die gleichen Chemikalien – etwa Chlor oder giftige Farbstoffe – zum Einsatz kommen wie bei der Baumwolle (siehe Seite 99 ff.), und Beschichtungen mit Kunstharz oder Teflon sorgen dafür, dass der fertige Stoff nicht so stark knittert, wie es für Leinen typisch ist.

Der fertig gewebte Stoff ist noch starr und durchsichtig und lässt sich an Kunden, die weiche Baumwollstoffe gewöhnt sind, nicht verkaufen. Bei der konventionellen Verarbeitung werden daher zum Teil Weichmacher eingesetzt. Ökoleinen hingegen wird mehrmals gewaschen und durch schwere Walzen gezogen, das macht ihn ebenfalls weich und glänzend. Früher wurden frisch gewebte Leinen dazu in ein Beuchfass gelegt; in Süddeutschland nannte man es Brentafass, in Tirol Sechtelfass. In diesen Bottich mit Deckel und Abfluss wurden die Stoffe gelegt und dann mit heißer Aschelauge durchtränkt. Die Lauge wurde unten aufgefangen, der ganze Vorgang fünf- bis siebenmal wiederholt. Danach war der neue Leinen weich – und schmutzige Tücher und Wäsche, die dazwischen gelegen hatten, einigermaßen sauber.

Dass Leinenstoffe traditionell blau gefärbt wurden, hat übrigens keine modischen Gründe: Leinen nimmt die Farbe des Färberwaids einfach besonders gut an. Diese Pflanze färbte vor dem Siegeszug der tropischen Indigopflanze traditionell Leinentücher tiefblau. Um die heutige Farbpalette für Bekleidung bedienen zu können, wird der Leinen erst weiß gebleicht, dann chemisch behandelt und schließlich gefärbt. Dass Kleidung aus konventionell gewonnenem Leinen und Hanf trotz alldem noch umweltfreundlicher ist als solche aus Baumwolle, liegt an deren katastrophaler Umweltbilanz vor allem beim Anbau. Werden Leinen und Hanf ökologisch erzeugt, sind sie in unseren Breiten ressourcenschonend wie wenige andere Fasern.

In Europa beherrscht nur noch eine Hand voll Firmen die Kunst der Leinenspinnerei und -weberei. Der hessische Versandhändler Hess Natur hat sich vor einigen Jahren auf den alten Traditionsrohstoff besonnen. Im Rahmen des Projektes »Hessen-Leinen« baut seit 2005 eine kleine Handvoll Bauern in der Region Flachs an, dessen Abnahme Hess Natur garantiert. Die Mengen sind winzig, der Anteil von Leinenfasern an der gesamten Kollektion beträgt gerade einmal drei Prozent. Der Aufwand für diese etwa 12 000 Kilogramm Langfasern im Jahr ist riesig. Der in Hessen geerntete Flachs wird in einer Schwinge in Holland verarbeitet. Zum Hecheln und Spinnen fahren die Fasern nach Ungarn, zu Stoffen werden sie in Italien gewebt, im Baltikum und Kroatien schließlich zu Blusen, Kleidern und Röcken geschneidert. Ein Teil der kleinen Ernte wird auf der Schwäbischen Alb zu Pullovern verstrickt. Zunächst wurde das Projekt staatlich gefördert, inzwischen trägt der Ökoversandhändler es selbst, das heißt, er subventioniert es mit seiner übrigen Kollektion. Ursprünglich sollte das Engagement sich selbst tragen und den Anstoß für weitere Unternehmen geben, ebenfalls Flachs aus Hessen nachzufragen, damit eine sich selbst tragende Entwicklung anzuregen und eine textile Wertschöpfungskette zu errichten. Doch die Nachfrage blieb aus. Es ist schwer, eine einmal abgewanderte Industrie wiederzubeleben.

Es hat in Deutschland zahlreiche Versuche gegeben, Flachs und Hanf als Rohstoffpflanzen wieder zu etablieren. In den neunziger Jahren wurde untersucht, wie sich Flachs in die Fruchtfolge des ökologischen Landbaus integrieren ließe oder wie die Röste sicherer zu praktizieren sei, die EU gewährte Anbau- und Verarbeitungshilfen. Doch der Ausweg aus dem Teufelskreis von geringer Nachfrage und dem Fehlen einer innovationsstarken Industrie bei starkem Wettbewerb ist schwierig. Hanf erlebt eine Renaissance unter anderem in der Autoindustrie; er wird zu Biopolymeren gepresst und zum Beispiel in Türen verbaut. Der Flachs ist dorthin zurückgekehrt, wo er vor dreihundert Jahren schon war: in die heimatlichen Stuben. Diesmal allerdings in die von Museumsdörfern, Hobbyspinnern und Folkloregruppen.

Ähnlich wie in Europa Hanf und Flachs ergeht es in China der Ramie. Das Brennnesselgewächs mit der Heimat Ostasien diente lange Zeit als Rohstoff für Kleidung, Ramiestoffe haben einen edlen Schimmer und ähnliche Eigenschaften wie Leinen. Gewebefunde in China legen nahe, dass schon vor sechstausend Jahren Ramiefasern zu Textilien verarbeitet worden sind. Doch in China wird das »Chinagras« immer weniger angebaut, es ist arbeitsintensiv und auf günstige Arbeitskräfte angewiesen, außerdem mangelt es der Ramie, genau wie Flachs und Hanf, an modernen Verarbeitungstechniken.[7] Billige Arbeitskräfte sind inzwischen auch im Reich der Mitte Mangelware, und so sank die Anbaufläche von 142000 Hektar 2007 auf nur noch 84000 Hektar 2011. Ein Bericht über die Aussichten traditioneller Faserpflanzen auf dem Weltmarkt stellt in China generell einen »radikalen« Rückgang ihres Anbaus fest.

Wenn in Textilien weniger Baumwolle eingesetzt wird, dann profitieren Flachs und Co. davon bislang auf jeden Fall nicht. Dabei sind Stoffe aus Leinen, Hanf und Ramie wunderschön und angenehm zu tragen. Weil sie Feuchtigkeit sehr gut aufnehmen und wieder abgeben können, sind sie vor allem für Sommerkleidung gut geeignet – die Träger schwitzen weniger. Leinen kann sehr heiß gewaschen und gebügelt werden, das macht ihn zu einem hygienischen Stoff. Außerdem besitzen die drei Fasern die sympathische Fähigkeit, mit zunehmendem Alter leistungsfähiger zu werden: Nach jedem Waschgang können sie mehr Feuchtigkeit aufnehmen. Hersteller von Leinenhandtüchern empfehlen daher, die Tücher vor dem Gebrauch drei- bis viermal zu waschen. Erst dann seien sie perfekt zum Abtrocknen geeignet.

Der Siegeszug von King Cotton

In der Bekleidungsindustrie ist die Baumwolle noch immer die beliebteste Faser, aller negativen Berichte über die Umweltauswirkungen zum Trotz. Der Grund dafür sind ihre praktischen Eigenschaften, und zwar sowohl für die Kunden als auch für die Hersteller. Baumwollstoffe sind weich, leicht und angenehm auf der Haut, und sie können sehr viel Feuchtigkeit aufnehmen, ohne sich klamm anzufühlen. Zudem sind Baumwollfasern robust: Sie lassen sich kochen, heiß bügeln und sind nass sogar noch reißfester als trocken. Das macht sie für die Hersteller von Garnen und Stoffen so interessant. Die Fasern der Baumwolle sind kürzer und vor allem dehnbarer als etwa die von Flachs und Hanf, darum lassen sie sich leichter durch Maschinenanlagen führen, ohne dass sie reißen. Diese Eigenschaften machten sie während der von Europa ausgehenden Industrialisierung zu einem globalen Handelsgut und zum ersten Rohstoff des entstehenden Kapitalismus.

Jahrtausendelang wuchs die Pflanze in den feuchtwarmen Gebieten Asiens, Afrikas und Lateinamerikas auf den Äckern. Meist in Heimarbeit versponnen und gewebt, bildete sie die Grundlage eines lebendigen Gewerbes. In Südamerika trugen Inka und Maya

Baumwollkleidung in leuchtenden blauen und roten Farben. Indien exportierte seine hochwertigen Baumwollstoffe, etwa Musselin oder Kattun, in die halbe Welt. Ab dem 17. Jahrhundert wurde der Handel mit Baumwolle und Baumwollwaren dann zu einer der wichtigsten Handelssparten weltweit, die großen Volkswirtschaften der Welt wurden davon abhängig. Die Fabriken, die in Großbritannien und auf dem europäischen Festland in großer Zahl gegründet wurden, benötigten dringend große Mengen billiger Baumwolle. Wie Sven Beckert in seiner grandiosen Kapitalismusgeschichte *King Cotton* beschreibt, stellten lange Zeit der Einsatz von Sklaven auf den Baumwollfeldern sowie der europäische Kolonialismus den Nachschub für diesen Rohstoff sicher.[8] Der berühmte »Dreieckshandel« erstreckte sich über den Globus: Baumwollstoffe wurden von Liverpool aus nach Afrika gebracht, um sie dort gegen Menschen einzutauschen, die nach Amerika verschifft wurden und dort als Sklaven auf den Baumwollfeldern schufteten. Die Baumwolle fuhr zurück nach Europa und wurde in den Spinnereien und Webereien verarbeitet, zunächst nur in Großbritannien, später auch auf dem Kontinent.

Dort verschaffte sich die billige Baumwolle ebenso atemberaubend schnell einen Markt. An ihrem wichtigsten deutschen Handelsplatz Bremen wurden 1788 die ersten Säcke importiert. 1845 führten die Importeure schon 18 498 Ballen ein und handelten sie an der Bremer Baumwollbörse. Obwohl Baumwolle in Europa nie heimisch gewesen war, rissen die Europäer den Handel an sich und zerstörten die traditionellen Gewerbe und Handelsrouten des Südens. Auch in Europa wandelte sich das Textilgewerbe vollständig, und mit ihm seine stoffliche Basis. Die Produktion von Leinengarn nahm ab 1850 jedes Jahr im Schnitt um 0,85 Prozent ab, die von Baumwollgarnen legte jährlich um 5,72 Prozent zu. Als Levi Strauss 1829 in Oberfranken geboren wurde, hat ihn seine Mutter sehr wahrscheinlich in Hemdchen und Tücher aus Leinen gehüllt. Die Flachsfaser, aus der Leinen gesponnen wird, war in Mitteleuropa neben Wolle und Hanf der selbstverständliche Rohstoff für Textilien. Als Strauss 1902 starb, war die seit siebentausend Jahren genutzte Flachspflanze fast vollständig vom Markt verschwunden und überlebt bis heute nur in Nischen.

Levi Strauss' Hose hingegen ist allgegenwärtig. Derzeit steckt sein Unternehmen in der Krise und versucht die Rettung mit einem radikalen Sparprogramm. Hunderte von Mitarbeitern wurden entlassen und wesentliche Teile des Unternehmens ausgegliedert, etwa die IT, die Personalabteilung und der Kundenservice. Auch die deutsche Traditionsmarke Mustang kämpft. Mit dem Slogan »The First European Denim Brand« wirbt sie für sich und versucht, die Marke mit »Ehrlichkeit« und »Beständigkeit« zu verbinden. Die heutige Allerweltsklamotte auf dem Markt zu positionieren, ist eben gar nicht so einfach. In New York sitzen kleine Labels und verkaufen handgeschneiderte Luxusjeans aus südjapanischem Denim, und im österreichischen Mühlviertel fertigt ein kleiner Naturfaserspezialist auf Bestellung im Internet Maßjeans aus einem Leinen-Baumwoll-Denim – während Modediscounter Jeans für 9,99 Euro anbieten, die zu 43 Prozent aus Polyester, Viskose und Elastan bestehen.

Klar ist heute nur noch: Jeans sind Hosen. Von ihrem Mythos als Kleidungsstück von Rebellen und freiheitsliebenden Außenseitern ist nicht viel übrig. Das letzte Mal konnten vor allem Jugendliche in den sechziger und siebziger Jahren ihre Ablehnung gesellschaftlicher Konventionen und bürgerlicher Normvorstellungen ausdrücken, indem sie Jeans überstreiften. Die Revolte von '68 hat die Jeans gefressen – zumindest hat sie ihren Nimbus als gefährliches und berüchtigtes Kleidungsstück zerstört. Denn seitdem es zumindest in den westlichen Industriestaaten kaum noch milieu- oder branchenübergreifende Kleidervorschriften gibt, lässt sich auch nicht mehr gegen solche Regeln verstoßen. Wenn alles möglich ist, kann auch nichts mehr schocken.

So steht die Jeans heute für die Uniformität der Käufer im Zeitalter des Massenkonsums. Darum erinnert Levi's so gerne an Marlon Brando, weil er der Ware des Konzerns heute noch einen Rest von Ungestüm verleiht. Dabei muss es für die Kunden gar nicht mehr wild und gefährlich sein. Sie wünschten vor allem Komfort, informierte Marco Lucietti vom türkischen Denim-Fabrikanten

Isko im Frühjahr 2015. Er muss es wissen, denn Isko ist mit einer Jahreskapazität von 250 000 Metern Denim pro Jahr und tausendfünfhundert Hightechwebstühlen in seiner Fabrik im westtürkischen Inegöl einer der größten der Welt. Besonders nachgefragt bei Isko war zuletzt Stoff für Joggjeans – Hosen, die aussehen wie eine Jeans, sich aber anfühlen wie Jogginghosen. Über die Ästhetik der Erfindung waren sich die Modeblogger und Chatter nicht ganz einig, die Begeisterung über ihre Gemütlichkeit hingegen war einhellig. (Wobei eine Bloggerin von »Modepilot« dringend empfiehlt, die Joggjeans seien nur kombiniert mit High Heels straßentauglich – ist das wirklich bequem?)

Wie auch immer, für das lässige Schlabbern sorgt bei dieser Baumwolljeans ein hoher Kunstfaseranteil, etwa von Elastan oder Polyester, der das Gewebe weicher macht. Verwenden die Hersteller recycelte Fasern, sowohl bei der Baumwolle als auch bei den Kunstfasern, kann sich die Ökobilanz einer solchen Hose durchaus sehen lassen. Die Beratungsfirma Made-by gibt Recyclingfasern die besten Noten. Nur Ökoleinen und Bioflachs kommen an die Werte von rezykliertem Polyester heran. Immerhin wird für Plastik kein fruchtbarer Ackerboden beansprucht, es werden keine Bäume gefällt oder Tiere gefüttert.

Allerdings: Ein Gemisch aus verschiedensten Fasern – seien sie aus Baumwolle und Leinen, Elastan und Polyester, steht immer am Ende einer Wertschöpfungskette. Mit heutigem Stand der Technik kann eine solche Hose nicht hochwertig recycelt werden. Hochwertig bedeutet, dass ihre Fasern zurückgewonnen, daraus ein neues Garn und schließlich eine neue Hose gefertigt werden könnte. Solche Prozesse setzen immer eine sortenreine Sammlung voraus, das heißt, Naturfasern und Kunststoffe verschiedener Sorten müssen voneinander getrennt werden. Das ist beim Recycling von Kunststoffverpackungen oder Metallen auch so, weil nur so die wiedergewonnen Stoffe klar definierbare Eigenschaften haben, die die Firmen benötigen. Garne aus Polyamid, Baumwolle oder Polyester verhalten sich jeweils unterschiedlich, wenn sie gefärbt, gewebt oder gewaschen werden, benötigen eventuelle unterschiedliche technische Verfahren und Maschinen. Für ein Fasergemisch, etwa Baumwolle-Elastan, kommt höchstens noch ein zweites Leben als Hutablage oder Putzlappen in Frage – oder es wird in einer Müllverbrennungsanlage in Energie verwandelt.

6
Klamotten aus der Düse. Chemiefasern erobern unsere Kleiderschränke

Wer auf der Seite des Outdoorausrüsters Globetrotter nach Produkten aus Hanf oder Leinen sucht, erhält als ersten Vorschlag eine (zunächst wenig appetitanregende) Tüte namens »Trek'n Eat Chilli Püree mit Gemüse & Hanfcrisps«, die mit Wasser aufgefüllt und dann leer gelöffelt werden soll. Sodann geht es aber vielversprechender weiter: mit Hosen aus Hanf. Sie seien, verspricht der Reklametext, durch die »luftige Struktur des Materials« angenehm in feucht-warmen Gebieten. Kleidung aus Hanf wird somit quasi zu einer natürlichen Funktionskleidung. Bei den Outdoormarken ist sie trotzdem exotisch. Zwar setzen sie auch natürliche Fasern wie Baumwolle, Schaf- oder Ziegenwolle ein, doch meistens nur in Mischungen. Kunstfasern hingegen sind fast überall enthalten, denn sie liefern die genau definierten Funktionen, die Kleidung unter extremen Bedingungen benötigt. Der englische Ausdruck »man-made fibre« bezeichnet treffender als die deutsche »Kunstfaser«, um was es sich handelt. Denn die Fasern aus dem Labor können sowohl natürlichen wie chemischen Ursprungs sein.

Sechs Millionen Tonnen Viskose wurden 2013 auf der Welt hergestellt, produziert wird vor allem in China. Und jedes Jahr wird mehr des glänzenden, weichfließenden Stoffes verkauft, weil Designer und Kunden ihn gerade schätzen. Viskose hat ihren Ursprung in der Natur – als Holz, Stroh oder Bambus. Doch damit aus den nachwachsenden Rohstoffen ein seidenartiger Stoff werden kann, muss der Zellstoff derart bearbeitet werden, dass Viskose als »Chemiefaser aus natürlichen Polymeren« gilt. Basis ist das Grundgerüst der Pflanzen, die Zellulose. Sie wird in einem

Chemikalienbad aus teilweise sehr giftigen Bestandteilen gelöst, zu einer Masse verarbeitet und schließlich gesponnen. Spinnen bedeutet hier – im Unterschied zu Pflanzenfasern, die zu einem Faden gedreht werden –, die Masse durch Spinndüsen zu drücken. Die funktionieren im Grunde ähnlich wie eine Nudelpresse, nur dass der Faden unendlich lang werden kann. Damit die Masse sich spinnen lässt, muss sie chemisch in einen hochviskosen – das heißt zähflüssigen – Zustand versetzt werden. Die Viskosität einer Flüssigkeit gibt an, wie zäh sie ist: Eine hohe Viskosität macht sie besonders zäh, eine niedrige flüssiger. Die Zustandsbeschreibung gab dem glänzenden Fasermaterial den Namen.

Um die Zellulose aus der Pflanze zu lösen und während des Herstellungsprozesses mehrmals zu waschen, ist jede Menge Wasser nötig. Um fünfzig Tonnen Viskose herzustellen, werde der Wasserbedarf einer 200 000-Einwohner-Stadt benötigt, merkt der Autor einer Geschichte der Textilchemie an.[1] Von der ursprünglichen Pflanze bleibt so gut wie nichts übrig, von ihren Eigenschaften auch nicht. Der Bambusfaser etwa wird eine natürliche antibakterielle Wirkung nachgesagt – die aber während der Umwandlung in eine spinnfähige Bambus-Viskose-Faser verschwindet. »Die positiven Eigenschaften der Rohstoffe gehen durch den chemischen Prozess der Spinnmasseherstellung verloren«, heißt es lapidar im »Innovationsreport Technische Textilien 2014« der Branchenvereinigung Sachsen-Textil.[2] Im Handel angebotene Strümpfe oder T-Shirts aus Bambus sind meist aus Viskose, denn die Faser des Riesengrases ist mit zwei bis drei Millimetern Länge eigentlich zu kurz, um versponnen zu werden. Zwar lassen sich aus den Bambusstängeln auch Bastfasern gewinnen, das Verfahren ähnelt der Art und Weise, mit der Flachsfasern gewonnen werden. Doch weil der Prozess so aufwändig ist, wird er selten praktiziert.

Die Technik, Pflanzenmaterial quasi zu verflüssigen und dann zu spinnen, hat eine lange Tradition. Schon im 17. Jahrhundert dachte der Gelehrte Robert Hooke aus England darüber nach, wie man künstliche Seide herstellen könnte, weil sich der Seidenspinner, der in Asien den Rohstoff für wunderschöne Stoffe lieferte, einfach nicht in Europa einbürgern lassen wollte. Hooke wollte das Problem lösen, indem er Fäden aus erhitzten Glasstäben zog – eine uralte Technik, die aber bis dato nur dazu genutzt worden war, um Tonkrüge oder Vasen mit Glasspiralen zu verzieren. Hookes Erfindung führte nicht recht zum Erfolg; Louis Schwabe, ein Seidenweber aus Manchester, stellte hingegen 1842 ein Gewebe aus Glasfasern aus. Er hatte sie mittels einer Spinndüse hergestellt – im Prinzip funktioniert die Kunstfaserproduktion so noch heute. Zwar wurden zwischenzeitlich auch Kleider aus speziellen Glasfasern hergestellt, auch aus Fasermischungen aus Glas und Seide, doch von Bedeutung wurde die Glasfaser in anderen Bereichen.

1889 gilt als das eigentliche Geburtsjahr der Chemiefaser: Der Erfinder, Graf Hilaire de Chardonnet, stellte auf der Pariser Weltausstellung die »Chardonnet-Faser« vor. Bald erhielt seine Innovation aber einen herben Rückschlag: Auf einem Ball kam die Trägerin eines Chardonnet-Seidenkleides zu nahe an eine Zigarette, ihr Kleid brannte lichterloh und die Frau starb an ihren schweren Verletzungen. Erst später konnten durch ein geändertes Verfahren ungefährliche Kleider aus Kunstseide hergestellt werden. Verschiedene Techniken kamen zum Einsatz; 1901 nahm in Wuppertal-Oberbarmen die J.P. Bemberg Aktiengesellschaft die Produktion von Kunstseidenstrümpfen nach dem Kupferoxid-Ammoniak-Verfahren auf. Zellstoff, etwa aus Baumwollsamen, wird dabei in einer kupferhaltigen Lösung verflüssigt und dann gesponnen. Anschließend wird das Kupfer wieder entfernt. Ähnliche »Cupro-Stoffe« werden noch heute hergestellt, sie dienen als Futterstoffe oder auch als Membranen in der Medizintechnik. Ihre Produktion ist jedoch teuer und ausgesprochen dreckig, daher wird sie immer seltener. Anfang des 20. Jahrhunderts waren Strümpfe aus dem mattglänzenden, gut färbbaren und im Vergleich zu anderen Kunstseiden haltbareren Material aber der letzte Schrei. »Ich trage nur Bemberg-Strümpfe«, versprach etwa Marlene Dietrich 1927 von einem Plakat herab. Schon 1930 wurde mehr Kunstseide als echte Seide hergestellt.[3]

Viskosefasern haben bei Ökologen aufgrund des hohen Wasser- und Chemikalienverbrauches bei ihrer Herstellung einen eher schlechten Ruf. Allerdings sorgt die gestiegene Nachfrage von Ökodesignern nach »grüner« Viskose für zahlreiche Entwicklungen auf dem Markt. So werden einige Stoffe auf Basis von Zellstoff inzwischen als genauso umweltfreundlich eingestuft wie etwa Biobaumwolle. Der österreichische Faserproduzent Lenzing zum Beispiel stellt aus Buchen, Eukalyptus oder Bambus viskoseähnliche Materialien her, wobei das Unternehmen den Anteil an heimischen Buchen ausbauen, den an durstigen Eukalyptusbäumen, die ihre Anbauregionen austrocknen und dort anderen Pflanzen und Tieren das Leben schwer machen, senken will. Weil im Herstellungsprozess ungiftige Lösungsmittel benutzt werden und das Wasser in Kreisläufen geführt wird, sind die Lenzing-Fasern »Modal Edelweiß« und »Tencel« ökologisch deutlich vorteilhafter als herkömmliche. Genauso gut schneiden die Stoffe des norwegischen Herstellers Monocell ab, der sein gleichnamiges Produkt aus Bambus fertigt, sowie Crailar. Das Unternehmen mit Sitz in Kanada nutzt als Rohstoffbasis Flachs.

Für Designer, die gerne glänzende Blusen und Kleider entwerfen möchten, ist die Lage derzeit also etwas unübersichtlich. Verbraucher haben es nicht so schwer. Auf dem Etikett der fertigen Kleidung ist bei den ökologischen Stoffvarianten in der Regel nicht Viskose angegeben, sondern der Fasername, etwa »Lyocell«. Trotzdem fraglich, ob dem Konsumenten so viel »Stoffwissen« in der Einkaufsstraße zugemutet werden kann. Vor der schwierigen Aufgabe, sich zwischen drei Blusen zu entscheiden, auch noch das Etikett zu studieren und sich daran zu erinnern, dass Lyocell in Ordnung, Viskose aber eher abzulehnen ist, ist schon eine Herausforderung. Vor allem, weil einige Ökohersteller ihre Kleider verwirrenderweise trotzdem als Viskose kennzeichnen.

Immer wenn es um Ökobilanzen oder Lebenszyklusanalysen von Produkten geht, wird es kompliziert. Wie bei allen wissenschaftlichen Untersuchungen werden die Ergebnisse zudem stark von den Annahmen bestimmt, die die Forscher festlegen. Wird ein niedriger Energieverbrauch bei der Produktion höher bewertet als die mögliche Verschmutzung von Wasser mit Mikroplastik? Wie werden die Fasern und Rohstoffe von einer Fabrik in die nächste transportiert? Stammt das Holz für eine Viskosefaser aus einem nachhaltig bewirtschafteten Wald aus der Nähe oder aus einem kanadischen Urwald, den es streng zu schützen gälte? All das nimmt Einfluss darauf, wie umweltfreundlich ein Kleidungsstück am Ende ist.

Allerdings ist die Sache letztlich auch wieder ganz einfach: Banales Ergebnis einer Ökobilanz der amerikanischen Firma Gore-Tex für eine ihrer Jacken ist, dass ihr ökologischer Fußabdruck kleiner wird, je länger sie getragen wird. Wird die Jacke nach einer Saison entsorgt, ist der Abdruck riesengroß, nach fünf bis sechs Jahren vertretbar klein. In den ökologischen Fußabdruck eines Kleidungsstückes fließt auch wesentlich mit ein, wie sein Besitzer mit ihm umgeht: Wäscht er es dauernd, mit schädlichen Waschmitteln und bei hoher Temperatur? Benutzt er dazu noch einen Wäschetrockner? Um bewusst konsumieren zu können, ist es zwar wichtig, die Geschichten der Stoffe zu kennen, die in den Kleidern stecken, und diese dementsprechend auszuwählen. Doch ebenso wichtig ist es – oder gar noch wichtiger –, Jacken, Hosen und T-Shirts lange zu tragen, pfleglich zu behandeln und nicht wegzuschmeißen, wenn einmal ein Knopf abgeht.

Im Übrigen wäre die Rubrik »Kleidung« sehr lohnend für die Organisation »Murks? Nein danke« von Stefan Schridde, die sich gegen die »geplante Obsoleszenz« engagiert und gerade so schön viel Aufmerksamkeit erhält.[4] Schridde verdächtigt die Hersteller, Dinge so zu konstruieren, dass sie nach einer bestimmten Zeit kaputtgehen und der Kunde darum neue Dinge kaufen muss. So schaffe sich die Industrie Nachfrage auf gesättigten Märkten. Zumindest auf der Website der Anti-Murks-Organisation geht es sehr technisch zu, geärgert wird sich vor allem über Drucker, Computer und Waschmaschinen. Dabei sind kaputte Reißverschlüsse, die nach zwei Jahren eine eigentlich noch schöne Jacke oder einen tragbaren Schneeanzug unbrauchbar machen, massenhafte und ärgerliche Sollbruchstellen, die die Lebenszeit von Kleidungsstücken verkürzen. Angesichts der wertvollen Rohstoffe, die eingesetzt, und der anspruchsvollen Verfahren, die angewendet werden, ist das unverantwortlich.

Die Kunst der Flaschenpullover

Kunstfasern entstehen, indem eine Spinnmasse, etwa aus erdölbasierten Polymeren wie Polyester oder Polyamid, durch Düsen gedrückt wird – ähnlich wie bei der Viskoseherstellung. Durch die Form der Düsenlöcher erhält der Faden jeweils einen bestimmten Querschnitt – und dieser ist verantwortlich für die Eigenschaften des Stoffs. Ist der Faden rund und glatt wie eine Spaghetti, wirkt der Stoff glasig, fühlt sich rutschig und speckig an und klebt auf der Haut. Ist der Querschnitt hingegen dreieckig, erhält der Stoff einen feinen Schimmer; Garne mit sternförmigem Grundriss isolieren gut und leiten Feuchtigkeit besser ab, dafür sind sie härter und benötigen beim Färben mehr Farbe. Nach dem Spinnen werden die Kunstfasern noch weiter bearbeitet oder texturiert, wie der Textilingenieur sagt. Es gibt verschiedene Techniken, mit denen man sie verformen, kräuseln oder biegen kann. Dadurch vermitteln sie dann einen baumwoll- oder wollähnlichen Eindruck, können mehr Feuchtigkeit transportieren, wärmen besser und glänzen weniger.

Der molekulare Aufbau von Pflanzenfasern ist auch das Vorbild für die Kunstfasern gewesen. 1927 untersuchte der Freiburger Chemiker Hermann Staudinger eingehend die allgegenwärtige Baumwollfaser und stellte fest, dass sie aus Großmolekülen besteht, die aus bis zu dreitausend Einzelmolekülen zusammengesetzt sind. Aus dieser Beobachtung erklärte er sich ihre Eigenschaften, etwa zugleich fest und geschmeidig zu sein. Staudingers »Makromolekulartheorie« war die Voraussetzung dafür, Textilfasern auch künstlich herstellen zu können. Eine Entdeckung folgte der nächsten, etwa darüber, wie sich die Fasern zu größeren Einheiten vernetzen. Die Grundlagenforschung endete schließlich in einer Zahnbürste: 1938 wurden die erste aus Nylon auf den Markt gebracht. 1940 stellte der US-amerikanische Konzern DuPont die ersten Strümpfe aus Nylon her und landete damit einen riesigen Verkaufserfolg, innerhalb von Stunden waren sie ausverkauft. Nur kurz darauf entwickelte IG Farben ein ähnliches Material, das Perlon. Es galt als kriegswichtig und wurde für Fallschirme, Förderbänder und Gurte benutzt. Auch das US-Militär entdeckte das Nylon für sich und verwendete für die Reifen seiner Bombenflugzeuge leichte und stabile Nyloncord-Konstruktionen.

Nach dem Krieg kehrten die Kunstfasern zurück in den zivilen Einsatz. DuPont freute sich erneut über den reißenden Absatz seiner Nylonstrumpfhosen und in der Bundesrepublik wurden Perlonstrümpfe zum Symbol des Wirtschaftswunders. 1951 wurden dreißig Millionen Paar verkauft, 1955 waren es schon hundert Millionen. Die Konkurrenz aus Seide und Baumwolle verschwand sang- und klanglos in der Versenkung, und auch die Kunstseide konnte sich gegen das neue Material aus Erdöl nicht behaupten. Der Preis der Perlonstrümpfe fiel in fünf Jahren von zehn auf drei Mark, innerhalb kürzester Zeit mussten sich die Strumpfproduzenten auf einen vollkommen neuen Rohstoff umstellen, neue Maschinen kaufen, die Mitarbeiter umschulen – ein Kraftakt. Die DDR-Bürgerinnen kleideten sich derweil ebenfalls in einer Kunstfaser, dem ganzen Stolz ihrer Erfinder, die damit zeigen konnten, dass sie technisch mit dem Westen mithalten konnten. Der sprechende Name: Dederon, eine verkürzte Form für DDR-Perlon. Eine Berliner Designerin stellt noch heute hübsche Taschen daraus her, die nur noch entfernt an die geblümten Kittelschürzen und Einkaufsbeutel aus der DDR erinnern.[5] Die traditionsreiche Bemberg AG übrigens existiert nach einigen Eigentümerwechseln heute als Enka GmbH in Wuppertal als Teil eines Unternehmensnetzwerkes weiter und bietet noch immer Viskosegarne und Fasern an, die in China produziert werden.

Zwar genossen Kunstfasern zwischenzeitlich einen schlechten Ruf als Rohstoff für Bekleidung, weil ihre Träger darin zu schwitzen und irgendwann zu riechen begannen, außerdem standen sie bisweilen unter dem Verdacht, generell gesundheitsschädlich zu sein. Doch mengenmäßig haben sie inzwischen längst alle Naturfasern überholt. 62 Millionen Tonnen Kunststofffasern wurden 2014 weltweit produziert, so viel wie noch nie zuvor. Drei Viertel davon waren Polyester. Polyester (der unter anderem als »Polarguard«, »Dacron« oder »Tritan« verkauft wird), Polyurethan (mit den Handelsnamen »Lycra« und »Elastan«), Polyamid (»Nylon«, »Perlon«, »Dederon«) und Co. dominieren den Fasermarkt deutlich: 70 Prozent der von der Textilindustrie eingesetzten Fasern sind Chemiefasern, 29 Prozent Baumwolle und nur noch ein Prozent Wolle. Die Mengen an Hanf, Flachs und Co. sind so marginal, dass sie in den Statistiken nicht einmal mehr genannt werden. Meistens treten Kleidungsstücke heute als Mischung aus verschiedenen Rohstoffen auf: Die Naturfasern verleihen ihnen ein angenehmes Tragegefühl, die Kunstfasern geben die Form. Kaum eine Jeans kommt heute noch ohne einen kleinen Anteil an Elastan aus, Futterstoffe sind aus Viskose oder Polyester.

Auch die Ökoszene diskutiert derzeit intensiv darüber, welchen Platz Kunstfasern in ihren Produkten einnehmen sollen. Designer, die nachhaltige Kollektionen entwerfen wollen, müssen sich durch einen Berg von Informationen wühlen, um herauszufinden, welche Fasern sie guten Gewissens einsetzen können. Kunstfasern, Leinen, Flachs, Viskose sowie Mischungen daraus sind im Angebot, sowie ebenso viele Alternativen von tierischen Fasern, wie beispielsweise Schaf-, Yak- und Ziegenwolle. Und gegen die Überzeugungen und Wünsche von Kunden lassen sich Materialien auch nur schwer durchsetzen.

Die Berliner Designerin Barbara Gebhardt zum Beispiel experimentiert für ihr Ökolabel »Nix«, das sie im eigenen Laden sowie über Geschäfte in ganz Deutschland vertreibt, mit Stoffen aus recycelten PET-Flaschen. Sie entsprechen ihrer Idee von Nachhaltigkeit und Langlebigkeit, ganz nach dem »Cradle to Cradle«-Prinzip des Chemikers Michael Braungart: Nicht von der Wiege bis zur Bahre soll der Lebensweg eines Kleidungsstücks verlaufen (also von der Stange bis zur Mülltonne), sondern von der Wiege zu einer neuen Wiege. Hinter Braungarts Ansatz steht ein ganz neues Denken: Unsere Warenwelt ist nicht mehr der Müll, sondern der Rohstoff von morgen. Der ehemalige Greenpeace-Mitarbeiter verwendet das Bild des Kirschbaums, um seinen Ansatz zu verdeutlichen: Der produziert Tausende von Blüten, die zu Boden fallen; das ist Überfluss pur und trotzdem keine Verschwendung, denn die Blütenblätter verrotten und dienen Mikroorganismen als Nahrung. So wünscht sich Braungart auch Kleidung und alle anderen Konsumgüter: mit Wonne genossen, danach vollständig wiederverwertet. Schluss ist so nicht nur mit dem Abfall, sondern auch mit übellaunigen Debatten über Verzicht und Wachstum. In der Cradle-to-Cradle-Welt ist Wachstum kein Problem. Einige Bekleidungsfirmen wie Trigema oder Puma und Hersteller von Berufskleidung arbeiten schon mit Braungart zusammen; er lässt sich allerdings ungern in die Karten schauen, veröffentlicht die Zusammensetzung von ihm entwickelter Materialien nicht und hält auch nicht viel von unabhängigen Einschätzungen wie Ökobilanzen. Trotzdem ist sein Ansatz ausgesprochen charmant.

Barbara Gebhardt sieht das ähnlich, sie schwört auf Cradle-to-Cradle. Mit Kunststofffasern, die recht gut recycelbar sind, lässt sich das Prinzip gut umsetzen. Außerdem seien Kleidungsstücke aus Kunstfasern langlebig und es gebe auch welche, die sich angenehm anfühlten. Mit modernen Verfahren hergestellt, würde der Träger kaum noch einen Unterschied zu Naturfasern spüren, sagt die Designerin. Es muss allerdings Recyclingmaterial sein, nur Stoffe daraus bekommen ein Ökolabel. Auch das Ökosiegel GOTS lässt Recyclingkunstfasern in begrenztem Umfang zu. Gebhardts Kundinnen allerdings legen Wert auf Naturfasern und sehen die Plastikfaser in der Ökoboutique erst mal skeptisch. Also besteht die »Nix«-Kollektion überwiegend aus Biobaumwolle. Die belastet Böden und Wasser im Herstellungsprozess zwar ungleich weniger mit Stickstoff und Gift als die konventionelle – aber sehr durstig ist sie trotzdem. Auch der Anbau von Biobaumwolle ist nicht unbedingt ressourcenschonend. Es gibt daher Nachhaltigkeitsforscher, die recycelte Chemiefasern für den besseren Bekleidungsrohstoff halten.

Um eine Plastikflasche aus Polyethylenterephthalat (PET) in einen Pullover zu verwandeln, muss sie gereinigt, zermahlen und so in ein Granulat verwandelt werden. Das wird eingeschmolzen und die Masse dann durch hauchzarte Öffnungen gespritzt – wie bei der Herstellung von Primärmaterial. Die entstehenden Fäden können entweder zu einem Garn zusammengepresst oder zu Kabeln vereinigt werden. Aus sechzehn Flaschen lässt sich mit diesem Verfahren ein Fleecepullover herstellen. Rund 65 Milliarden PET-Flaschen werden jährlich in Europa gesammelt, etwa vierzig Prozent von ihnen werden zu Fasern verarbeitet. Dazu sind weder besonders viel Energie noch Wasser nötig. PET ist ein recht teurer Kunststoff, es gibt billigere, die ebenfalls gut zu Kleidung verarbeitet werden können. Kunststoffmüll ist in Massen verfügbar, rund 25 Millionen Tonnen schmeißen die Verbraucher in der Europäischen Union durchschnittlich im Jahr weg.[6] Nur ein Viertel dieser enormen Menge (die in etwa der Menge an produzierter Baumwolle entspricht) wird tatsächlich recycelt. Der Rest landet auf Mülldeponien oder wird verbrannt.

Dass in Statistiken immer wieder stolz verkündet wird, in Europa werde über die Hälfte des Plastikmülls verwertet, ist eigentlich geschummelt. Darunter fällt nämlich auch die vornehm als »energetische Verwertung« bezeichnete Müllverbrennung. Nur arbeiten Müllverbrennungsanlagen äußerst ineffizient – sauberer Strom sieht anders aus. Es ist also viel sinnvoller, aus Plastikmüll wieder Plastikgegenstände herzustellen. Dazu kommt: Für jede Tonne Recyclingmaterial muss eine Tonne weniger an Primärmaterial eingesetzt werden. Wer sich Sorgen macht, dass unsere Ressourcen – Erdöl, fruchtbarer Boden, sauberes Wasser – knapp werden könnten, der kann sich über jeden Pulli aus Recyclingpolyamid oder Recyclingnylon nur freuen. Aber leider, natürlich gibt es auch ein Aber. Genaugenommen zwei.

Das erste Aber: Die Allgegenwart von Plastik in unserer Umwelt ist ein interessantes Experiment, dass wir nun schon ein halbes

Jahrhundert an uns selbst ausprobieren. Mit welchen Folgen, das werden künftige Generationen herausfinden. Kleidung aus Polyester und Polyacryl gibt, wie solche aus jedem anderen Material auch, winzige Faserpartikel ab. Dieser sogenannte Pilling-Effekt ist auch für die Knötchen auf Wollpullovern verantwortlich. Die meisten der winzigen freigesetzten Fasern – sie sind zwischen zehn Mikrometer und zwei Millimeter groß – reiben sich beim Tragen ab und schwirren dann durch die Luft. Zehn Prozent gehen beim Waschen verloren und geraten aus der Waschmaschine ins Abwasser. Die Partikel zerfallen immer weiter, zum Teil sind sie nur noch zweieinhalb Mikrometer groß – klein genug, um in Zellwände einzudringen. Gerd Liebezeit, emeritierter Professor am Institut für Chemie und Biologie des Meeres der Uni Oldenburg, befasst sich schon lange mit mikrokleinen Plastikpartikeln in der Umwelt. Jüngst hat er Honig untersucht und auch darin winzige Kunststofffasern gefunden. Wie sie dort hineinkommen? Die Bienen sammeln sie mit den Blütenpollen ein und mischen sie in den Honig.[7] Es gibt keine Studien darüber, was Mikroplastik im menschlichen Körper anstellt. Vielleicht ist es ganz ungefährlich; die Partikel können aber auch giftige Stoffe wie Flammschutzmittel, Biozide oder Farbstoffe aufnehmen oder sich an ebenfalls in der Luft schwebenden Feinstaub heften. Welche Folgen diese »Materialmischungen« haben, ist eine weitere schöne Forschungsfrage für Umweltmediziner. Eine klare Aussage darüber, dass Recyclingchemiefasern eine gute Ökobilanz über ihren ganzen Lebenszyklus hinweg haben, kann man nach jetzigem Kenntnisstand auf jeden Fall mutig nennen.

Das zweite Aber: Plastik wird nicht pur verwendet, sondern erhält seine Eigenschaften als stabile Getränkeflasche, knautschige Gummiente oder glänzende Bluse durch die Zugabe von Chemikalien. Weichmacher, Flammschutzmittel, Biozide – die Reihe ist lang und oftmals giftig. Darunter finden sich krebserregende oder erbgutschädigende Stoffe, die aus dem Sekundärmaterial, also der Recyclingfaser, nur schwerlich wieder entfernt werden können. Der Outdoorkleidungshersteller Vaude etwa würde gerne mehr Recyclingkunststoff für seine Jacken und Hosen verwenden. Doch weil die auf dem Markt erhältliche Ware stark mit Antimon belastet sei, liege der Anteil bei Vaude bislang bei weniger als fünf Prozent, erklärt das Unternehmen. Allerdings gefährdet das Halbmetall gar nicht unbedingt die Kunden von Recyclingkleidung, sondern vielmehr die Mitarbeiter von Recyclingfirmen. Wird Kunststoff, der Antimon enthält, geschreddert, entweicht es in die Umgebungsluft.

Das Recycling etwa von Lebensmittelverpackungen zu Fleecepullovern hat weitere Nachteile. Weil im Zuge der Kleidungsproduktion möglicherweise giftige Additive zugefügt wurden, beispielsweise Flammschutzmittel, können solche Kunststoffe, die den Stoffstrom der Lebensmittelverpackungen einmal verlassen haben, dort nicht wieder integriert werden. Es ist also möglich, aus einer PET-Flasche einen Pullover zu machen – aber aus einem Pulli eine Flasche, das geht nicht. Insofern ist es ökologisch am sinnvollsten, aus einer Flasche gleich wieder eine Flasche herzustellen. Eigentlich ist es auch nur solch ein Kreislauf, der den Namen *Re*-cycling verdient. Verlässt die Flasche diesen Kreislauf, beginnt das *Down*-cycling: Aus der Flasche wird ein Pulli, aus dem Pulli ein Blumentopf, der Blumentopf wird verbrannt – wenn überhaupt. Denn für Kleidung existiert, wie weiter vorne beschrieben, kein entsprechendes Sammelsystem. In den Ländern, in die der Fleecepulli derzeit in der Regel sein Dasein als Pulli beendet, landet er am ehesten im Straßengraben oder im Meer. Ist natürlich immer noch besser, als gleich die Flasche auf die Müllkippe zu werfen.

Doch andere Branchen als die Bekleidungsindustrie sind da schon weiter und verstehen unter »Ökodesign« nicht nur cool gestaltete Klamotten mit Biosiegel. Ökodesign bedeutet, Produkte so anzufertigen, dass sie lange halten und gut zu reparieren sind; dass sie leicht in ihre einzelnen Bestandteile und Inhaltsstoffe zerlegt werden können. Eine Baumwolljeans mit Elastan ist nach heutigem Stand der Technik kein Beispiel für gutes Ökodesign. Die derzeitige Organisation des Altkleidermarktes hat es den Herstel-

lern bislang erspart, sich darüber Gedanken zu machen: Schließlich wandert ein Großteil der von ihnen produzierten Waren über
die Weltmeere und verschwindet dort für immer. Wenn der Recyc-
linggedanke bei Marken, die ökologisch und nachhaltig produzieren wollen, Fuß fasst, werden sie sich auch mit der Rezyklierbarkeit ihrer eigenen Hoodies, Jeans und Jankerl befassen müssen – das
gilt natürlich für die gesamte Kleidungsbranche, nicht nur für die
Ökos.

Neue Ideen für den Stoff von gestern

Leider lässt der Begriff Recycling die Herzen von Ingenieuren
oder Politikern, die über Forschungsförderung entscheiden, selten höher schlagen. Noch immer haftet ihm etwas von Schrott-
platz und Mindestlohnbranche an. Allerdings ändert sich gerade
etwas. Viele Firmen experimentieren mit dem Thema herum und
nehmen gebrauchte Kleidung entgegen. Meist fließt sie dann
ebenfalls in den Strom der Gebrauchtkleider, doch es gibt auch
neue Ansätze. Die Modemarke Esprit zum Beispiel stellte 2014
Kleidungsstücke aus Stoffresten vor, die beim Zuschnitt der »normalen« Kollektion angefallen waren. In Spanien, Großbritannien
und Italien stellen Spinnereien traditionell Recyclinggarne her,
aber auch sie bedienen sich ganz überwiegend der Rohstoff-
quelle »Pre-Consumer«, also Stoffreste aus der Produktion. Denn
sie sind sortenrein, die Recycler wissen, welche Inhaltsstoffe enthalten sind, und können sie entsprechend behandeln. Großes
Rätselraten verursacht allerdings die Frage, wie getragene Kleidung wieder in ihre Fasern zerlegt und diese dann zu neuen Garnen gesponnen werden können. Dabei handelt es sich dann um
»Post-Consumer«-Material, und mit dem kann heute eigentlich
kaum jemand etwas anfangen.

Der Outdoorhersteller Patagonia nimmt getragene Kleidung zurück und recycelt sie. Dazu arbeitet die Firma mit dem japanischen
Chemiekonzern Teijin zusammen, der ein System entwickelt hat,
das von ihm produzierte Polyester mittels eines chemischen Prozes-

ses in seine molekularen Bestandteile zurückzuverwandeln. Patagonia kauft also die Kunstfaser bei Teijin ein; gibt der Kunde sie irgendwann zurück, schickt Patagonia sie an die Fabrik des Unternehmens nach China zurück. Dort wird sie entsprechend chemisch behandelt und die Masse anschließend wieder zu Garn gepresst, das sich in seinen Eigenschaften nicht wesentlich von Ware aus Erdöl unterscheidet. Eine kleine Menge an Verunreinigungen durch Baumwolle oder Nylon verträgt der Chemieprozess, Polyurethan (also etwa Elastan) aber stört ihn und darf nicht enthalten sein. Gerade nutzte Teijin die Weltausstellung in Mailand wieder als Marketingplattform für Kleidung, die sich in seinem »eco circle« führen lässt: Die Kimonos der Bedienungen im japanischen Pavillon sind aus dem Recyclingpolyester. Schon 2010 trugen die Mitarbeiter des deutschen Pavillons auf der Expo in Schanghai Kleidung aus diesem Material. Die Euphorie über das »ausgefallene Konzept«[8] war groß, inzwischen ist sie aber verflogen. Nur wenige Hersteller in Europa oder den USA nutzen das Angebot aus Japan. »Eco circle« funktioniert nur mit dem Kunststoff von Teijin, und der ist teuer. Zudem ist das Verfahren vielen Unternehmen zu aufwändig.

Michael Wolf hat 2015 seinen Abschluss in Textildesign an der Hochschule Niederrhein in Mönchengladbach gemacht und hat sich für seine Bachelorarbeit mit dem Recycling von Kleidern befasst.[9] Dabei arbeitet er häufig vergessene Technikgeschichte auf; in den historischen Schilderungen der Textilindustrie mit ihren frühen Erfindungen der »Spinning Jenny« und mechanischen Webstühlen werden die Konstrukteure von Reißmaschinen häufig vergessen. Dabei gehören sie zur industriellen Textilproduktion unbedingt hinzu. Findige Handwerker hatten schon 1801 die erste Maschine entwickelt, die Textilien zerreißen konnte. Allerdings konnten die Fasern nur noch zur Papierproduktion verwendet werden. Das änderte sich 1813, als es gelang, Tuch so zu zerkleinern, dass spinnfähige Wollfasern dabei herauskamen. Zusammen mit neuer Wolle stellten die frühen Recyclingunternehmen so günstige Garne her. In den folgenden Jahren entwickelte sich in Yorkshire im Norden Englands eine lebendige Industrie rund um die »Reißwolle« mit Dutzenden von Fabriken und Hunderten Arbeiterinnen, die alte Kleidung sorgfältig sortierten.

Auf dem Kontinent entwickelte sich – wie üblich in der Textilbranche – alles etwa fünfzig Jahre später. Weil die Reißwolle einen schlechten Leumund hatte, wurde sie in Deutschland »Kunstwolle« genannt und als solche massenhaft eingesetzt. Im Rheinland und in Westfalen konstruierten Unternehmen Maschinen zur Kunstwollproduktion, die Branche nutzte Tuche, also getragene Wollstoffe, schließlich aber auch Pflanzenfasern wie Jute, Hanf oder Leinen. Es entstanden Markennamen wie der »Gladbacher Buckskin«, ein derber Stoff, aus dem Anzüge und Hosen gefertigt wurden. Vor allem während der beiden Weltkriege stellten Altkleider ein wichtiges Rohstoffreservoir dar. Erst nach dem Zweiten Weltkrieg wurde die Herstellung von Fasern aus Altkleidern im Wettbewerb mit den neuen, erdölbasierten »echten« Kunstfasern unrentabel – und verschwand. Zunächst nach Italien in die Textilregion von Prato, schließlich nach Asien. Eingesetzt wurden die Recyclinggarne immer noch rege, bis der Gesetzgeber dem 1969 einen Riegel vorschob. Das »Textilkennzeichnungsgesetz« ist ein schönes Beispiel für die »Nebenwirkungen«, die eine an sich gute Regulierung entfalten kann. Das Gesetz verpflichtete die Fabriken nämlich, den Verbrauchern die Rohstoffe der Kleidung mit einem kleinen Etikett zu verraten und definierte natürlich auch penibel, wie welcher Stoff genannt werden durfte. »Reine Wolle« durfte nur einen kleinen Teil fremder, nicht neuer Wolle enthalten. Das war das Ende der Recyclingware. Inzwischen sind die Traditionen sowie die Techniken, wie aus Altkleidern neue Garne und Stoffe hergestellt werden können, weitgehend vergessen.

Studenten der Universität Niederrhein haben die vergangenen Semester damit verbracht, aus diesen traditionellen, vergessenen Techniken zu lernen, und versucht, sie in die Gegenwart zu transportieren. Herausgekommen sind dabei ganz unterschiedliche Dinge: beispielsweise Kleider aus einem beigefarbenen, groben, leicht melierten Garn, ausgesprochen schick und zu hundert Prozent aus getragenen Kleidern; ein blau-grauer Parka aus recycelten Jeans, verschiedene Strickpullover, aber auch ein buntnoppiger Sitzbezug für einen Bürostuhl. Anziehen möchte die verantwortliche Professorin, Marion Ellwanger-Mohr, die Kleidungsstücke nicht unbedingt: Der Recyclingprozess ist noch nicht ausgereift, der Stoff prickelt und kratzt auf der Haut. Das liegt daran, dass die Fasern während des Rückgewinnungsverfahrens sehr kurz werden – das ist beim Papier auch so. Darum müssen beim Papierrecycling auch immer wieder frische, lange Holzfasern beigemischt werden, sonst kann kein neues Papier entstehen. Beim Stoffrecycling nun führen die kurzen Fasern zu kratziger Kleidung: Vor allem die Kunstfasern im Garn stehen ab – und piksen.

Bevor die ersten Recyclingkleider verkauft werden können, ist also noch Entwicklungsarbeit zu leisten. So funktioniert der Prozess bislang: Die Recyclingorganisation Humana Niederlande liefert den Rohstoff – Jeans. Von Hand nach Farben sortiert, werden sie in einer Maschine mit mehreren, hintereinander geschalteten Messern in Streifen geschnitten und dann durch eine Art Fleischwolf gedreht. Dabei werden die Stofffetzen immer kleiner und kleiner. Dann werden sie nochmals sortiert, weiter zerkleinert und schließlich kardiert, also gekämmt. Das ist eine ausgesprochen staubige Angelegenheit – Studenten tragen bei ihren »Sortierschichten« Atemmasken, um sich keine Staublunge zu holen. Ergebnis der mühseligen Arbeit sind Vliese aus Fasern, die jetzt zu einem neuen Garn gesponnen werden können. Vliese sind lose und wirr miteinander verbundene Fasergemische und bilden beim Spinnen eine Vorstufe zum Garn. Im Hochschulprojekt in Mönchengladbach wird Wert darauf gelegt, alle Prozesse maschinell durchzuführen, denn Ziel ist der industrielle Maßstab, der sich auch wirtschaftlich rechnet.

Herkömmliche Spinnmaschinen können mit dem Recyclinggarn allerdings nicht gut umgehen, weil es sich komplett anders verhält als Garne aus neuer Baumwolle. Es reißt zum Beispiel schneller, berichtet Michael Wolf, der sich nicht nur theoretisch, sondern auch praktisch mit dem Thema befasst hat. Was er bräuchte, um das Recyclingprojekt auch außerhalb der Universität vorantreiben zu können, sind Firmen, die entsprechende Maschinen entwickeln: Maschinen, die Stoffe bis auf Faserebene zerkleinern können, ohne riesige Staubwolken zu fabrizieren; die verschiedene Materialien voneinander trennen können und die mit den Recyclingfasern im Spinn- und Webprozess zurechtkommen. In Deutschland gibt es eine starke Textilmaschinenindustrie, viele Hersteller behaupten Positionen als Weltmarktführer und sind überall angesehen für ausgetüftelte Lösungen. Das Potential für Maschinen, die im Textilbereich für geschlossene Stoffkreisläufe sorgen könnten, verschlafen sie bislang. Entwickler berichten gelangweilt am Telefon, sie hätten zwar Maschinen, die in Baumwollfasern Fremdstoffe erkennen könnten, aber für die Trennung verschiedener Materialien in Stoffresten sei das nicht geeignet – wozu das denn auch gut sein solle, das brauche doch keiner.

Es ist wie bei allen Rohstoffen, Metallen, Kunststoffen oder Holz: Noch immer sind die in Bergwerken, aus Ölquellen oder Wäldern gewonnenen »Primärrohstoffe« so unglaublich billig, dass es sich nicht lohnt, sie möglichst lange und immer wieder zu nutzen. Noch so viele Berichte über den nahenden »Peak Oil« und die riesigen Mengen an Ressourcen, die für den Baumwollanbau aufgewendet werden müssen, haben bislang nicht zu einem wirklich nachhaltigeren Umgang mit den Rohstoffen geführt, mit Baumwolle, Polyester- oder Viskosefasern. Vielleicht hilft nur eine deftige Steuer auf Rohstoffe, wie sie etwa Friedrich Schmidt-Bleek, der ehemalige Chef des Wuppertal Instituts für Klima, Umwelt, Energie, fordert.[10] Doch auch ohne Steuererhöhung müsste den Unternehmen doch langsam klar werden: In einer Industrie der Zukunft, die mit schwindenden Ressourcen wirtschaften muss, sind Hersteller, die den Lebensweg von Stoffen verlängern, die Weltmarktführer der Zukunft.

Auch der Gelehrte Adam Olearius hatte den Welthandel im Sinn, als er Anfang des 17. Jahrhunderts zusammen mit holsteinischen Diplomaten nach Persien reiste, war er doch damit beauftragt, ein Handelsabkommen mit dem persischen Hof abzuschließen. In seinen Reiseberichten schwärmt er immer wieder von den prächtigen, gold- und silberdurchwirkten Stoffen, mit denen als Teppiche, Polster oder Tücher die Räume dekoriert wurden. Bevorzugtes Material am persischen Hofe war die Seide, die kunstvoll in Handarbeit zu fließendem Atlas (den wir heute als Satin bezeichnen würden), zu Damast, einem Stoff mit kunstvoll eingewebtem Muster, und zu schwerem, matt glänzendem Doppeltaft gewebt wurde. Bunte Blumenmuster schmückten die Gewebe. Langsam kam dann eine neue Mode auf: Feinste Wolle von Schafen und Ziegen löste die Seide ab und wurde immer beliebter. Um die Herstellung von Schals, also großen, nicht zugeschnittenen Stoffstücken, bildete sich in Persien ein blühendes Gewerbe, das in Europa allerdings nicht wahrgenommen wurde. Die wärmenden Schals wurden nur für den lokalen Gebrauch hergestellt, nicht für den Export.

Beim indischen Pendant war das anders: Schals aus Kaschmir gelangten nach Europa und zogen ein in die Kleiderschränke wohlhabender Frauen. Ziegen lieferten dafür ihre feine Unterwolle, mit der sie sich im Winter wärmten und die sie im Frühjahr abwarfen. Die teuersten und begehrtesten Qualitäten stammten aus dem Himalaya. Die Wildziegen, die dort in großer Höhe lebten, verloren regelmäßig ihr Unterhaar. In Büscheln wurde es eingesammelt und dann zu feinem, leichtem Garn verarbeitet. Allerdings wurden in Indien, Persien und Zentralasien auch Ziegen und Schafe gezüchtet, die hochwertige Wolle lieferten. Daraus wurden Stoffe gewebt, so fein, dass sie durch einen Ring gezogen werden konnten.[11]

Im Laufe des 19. Jahrhunderts wurde die Qualität dann schlechter, die Wolle gröber: Die Handwerker bemühten sich, in kürzerer Zeit preisgünstigere Stoffe herzustellen, seit sie dem Wettbewerb billigerer Fabrikware aus Europa ausgesetzt waren. Die Versuche der Europäer, die Tiere aus Tibet oder Kaschmir zu importieren, die die feine Wolle lieferten, scheiterten allerdings. Aus den großen Höhen ihrer Heimat in die Niederungen Englands und Frankreichs hinabgewandert, hörten sie einfach auf, feine Unterhaare

zu bilden. Ebenfalls scheiterte die Handelsmission von Adam Olearius; die Delegation aus dem Abendland führte sich am persischen Hof so selbstherrlich auf, dass die Herrscherfamilie der Sa-
fawiden sie schließlich aus dem Land jagte.

Alles Schnee von gestern: Heute ist edle Kaschmirwolle aus
Asien ein lebhaft gehandeltes Gut. Die feinste kommt aus der Region des Himalaya, aus der Mongolei oder China.

7

»Das kratzt mich nicht!«
Vom Leid der Tiere für billigen Strick

»Politischer, drastischer«, hat der strenge Lektor neben die ursprüngliche Überschrift geschrieben. Dort hatte gestanden: »Das kratzt mich nicht! Warum eine Stopfnadel braucht, wer Wollsocken kauft.« Nun wirkt eine Aussage tatsächlich sofort trutschig und brav, sobald das Wort »Stopfnadel« darin auftaucht. Zwar ist Selbermachen (Nähen, Gärtnern, Möbel bauen) ein Trend, auch oder besonders für junge, coole Großstädter.[1] Stoffläden führen Wartelisten für ihre Nähkurse, und überall entstehen »Repair-Cafés«. Aber das Wort »Stopfnadel« klingt trotzdem stumpf. Das ist seltsam, denn ein Ende des Konsumismus[2], den nicht nur die Vereinten Nationen periodisch fordern, läuft eben auch über Stopfnadeln. Für Pullover, Strümpfe oder Funktionsshirts aus tierischen Fasern müssen Ziegen, Schafe, Raupen (unterschiedlich starke) Schmerzen ertragen oder sterben; der Flächen- und Ressourcenverbrauch ist hoch. Das ist nur dann ethisch und ökologisch zu rechtfertigen, wenn Kleidung auf Basis tierischer Rohstoffe sehr lange getragen und besonders wertgeschätzt werden. Immer dann, wenn Tiere ins Spiel kommen, gerät gedankenloser Konsum unter besondere Beobachtung. (Ein zelebrierter Braten ist in Ordnung, eine halb heruntergeschlungene Currywurst im Mülleimer eine Tragödie.) Wer die Ausbeutung von Tieren gutheißt oder wenigstens billigt, indem er Produkte aus Wolle kauft, der ist wenigstens verpflichtet, damit besonders pfleglich umzugehen. Das geht nur mit Hilfe einer Stopfnadel, die also ein Symbol ist für einen anderen, nachhaltigen Konsum. Und somit hoch politisch, in letzter Konsequenz beinahe radikal. Wer die Stopfnadel zu Ende denkt, gelangt letztlich zu einem anderen Wirtschaftssystem, das mit weniger oder kaum noch Wachstum auskommt. Und jetzt weiter im Text.

Textilarchäologen hassen Museen. All die dort ausgestellten, blank geputzten Bronzefibeln und Eisenbeilchen zeigen, was *nicht* mehr da ist: die Tücher, Bänder und Riemen, mit denen Werkzeuge, Schmuck oder Waffen einst befestigt und gehalten worden sind. Wir wissen relativ viel darüber, welche Metalle unsere Vorfahren wann wie genutzt haben, ganze Epochen sind nach ihnen benannt. Doch welche Textilien die Menschen der Bronze- oder Eisenzeit auf welche Weise hergestellt und verwendet haben, darüber ist viel weniger bekannt. Das liegt in der Natur der Dinge: Fasern aus Pflanzen oder Tieren verrotten in der Erde. Nur unter ganz besonderen Bedingungen, etwa im Eis oder Moor, sind einige Stofffetzen aus Leinen oder Wolltuch erhalten geblieben. Mikroskopisch kleine Reste von Textilien finden sich auch an vielen Metallgegenständen – zu klein, um einem oberflächlich interessierten Betrachter etwas zu erzählen, aber für den Archäologen mit modernen biochemischen Analysemethoden eine großartige Informationsquelle. Vorausgesetzt, der Metallrestaurator hat nicht schon zum Putzlappen gegriffen. Viele Schlüsse müssen die Textilarchäologen daher aufgrund von Indizien ziehen.

In der berühmten prähistorischen Siedlung »Kleiner Hafner« auf einer Halbinsel im Zürichsee fanden sich zwar keine Wollreste. Doch haben Ausgrabungen gezeigt, dass sich seit dem Jungneolithikum vor etwa sechstausend Jahren dort bestimmte Werkzeuge zum Spinnen und Weben häuften, konische Spinnwirtel und leichte, runde Webgewichte, die vor allem dazu geeignet sind, vergleichsweise lange, tierische Fasern zu spinnen. Ein bisschen später, in der Bronzezeit, haben die Dorfbewohner dann vermehrt Schafsknochen weggeworfen. Offenbar hatte damals Wolle die vorher benutzten Pflanzen Flachs und Hanf in der Siedlung als wichtigsten Rohstoff für Kleidung abgelöst.

Auch im »fruchtbaren Halbmond« waren Wolle und Felle wichtige Textilrohstoffe. Älteste Schriften aus der Urzeitmetropole Uruk berichten von den zahlreichen Schafrassen dort.[3] Im dritten

Jahrtausend züchteten die Bewohner der Stadt im Zweistromland Schafe, die ihnen vier verschiedene Wollqualitäten lieferten, von hervorragender königlicher bis hin zu normaler fürs Fußvolk. Die Produktionsabläufe waren effizient organisiert, Aufseher teilten die Rohwolle Weberinnen zu, die daraus vorgegebene Bahnen an Stoff weben mussten. Felle, Leder und Wolle wurden entlang des Persischen Golfs gehandelt und waren den Edelmetallen und Edelsteinen als Handelsgüter ebenbürtig. Zum Teil wurden auch Bedienstete mit Textilien bezahlt. Die Schafe der »heiligen Herde« von Uruk hatten eine andere Erscheinung als die wölkchenhaften Deichbewohner von heute. Das Soayschaf, eine seltene Rasse, die von einer kleinen Insel nördlich von Schottland stammt, sieht in etwa so aus wie die Schafe vor dreitausend Jahren.[4] Die braunen Tiere haben zwar ein wolliges Fell, erinnern mit ihren dunkel gezeichneten Köpfen, großen, gebogenen Hörnern und hellen Bauchunterseiten aber eher an ein Wildschaf wie das europäische Mufflon. Anders als die hochgezüchteten Rassen können die Soays ihr Fell noch entsprechend der Jahreszeiten abwerfen und müssen nicht geschoren werden. Laut dem Internetlexikon Wikipedia sind sie zudem echte Anarchisten und lassen sich nicht von Hütehunden lenken. Schafe, die in den vergangenen Epochen zu »Wollspezialisten« gezüchtet wurden, sind artiger, und sie tragen ganze Gebirge wolligen Fells mit sich herum. Zwischen ein und sechs Kilogramm wiegt ein geschorenes Vlies, einige Merinoschafe bringen es sogar auf zehn Kilogramm Wolle.

Eine weitere Besonderheit stellt das Karakulschaf dar, eine urwüchsige Rasse, die ursprünglich aus Usbekistan stammt, heute aber vor allem in Afghanistan, Russland und Namibia gezüchtet wird. Die Wolle der erwachsenen Tiere ist grob und gräulich, doch das Fell der Lämmer glänzt seidig schwarz. Als »Persianer« werden die Felle wenige Stunden bis einige Tage alter Schafe gehandelt. Die Lämmer werden nicht geschoren, sondern liefern ihr Fell nur einmal – teilweise werden sie dem Muttertier sogar als Fötus aus dem Leib geschnitten, um bestimmte Fellqualitäten zu erzielen. Seit langer Zeit begehrt, kauften europäische Händler die Pelze früher bei persischen Kaufleuten ein, das gab dem Fell den Namen. Pelze von Lämmern, Kaninchen und Zicklein machen laut Deutschem Pelz-Institut 38 Prozent der weltweit gehandelten Pelzwaren aus, auf Farmen gehaltene Tiere wie Nerz, Fuchs, Chinchilla und Zobel liefern 47 Prozent. 15 Prozent der Felle werden von Tieren gewonnen, die in freier Wildbahn gefangen werden, etwa Bisam, Waschbär, Rotfuchs, Wildkaninchen, Luchs oder Robbe. 87,2 Millionen Felle sind 2013 gehandelt worden, 15,6 Milliarden Dollar umfasste der Umsatz mit Pelzen laut dem Deutschen Pelz-Institut in Frankfurt.[5] Die Branche befindet sich zwar in Europa noch immer in der Defensive und hat einen zu Recht chronisch schlechten Ruf, der durch Bilder verwahrloster Füchse und in engen Boxen zusammengepferchter Nerze ständig erneuert wird. Jüngst haben die Bundesländer im Bundesrat einen Vorstoß unternommen, sie wollen die Pelztierhaltung langfristig verbieten. Es gibt eigentlich keinen guten Grund, Pelze zu tragen, außer man erbt einen von der Großtante oder ist ein Inuit. Global gesehen wächst der Pelzhandel aber wieder, getrieben vor allem von der steigenden Nachfrage in Asien.

Auf der Wollroute

Im Frühsommer 2015 wies die Branchenzeitschrift *Textilwirtschaft* ihre Leser auf die Leidenschaft von Frauen für Leder hin: Ob als Bikerjacke, in Gehrockform in weichem Velours oder Fransenjacke im Siebziger-Jahre-Look – für weiche, ökologisch behandelte Qualitäten würden sie auch mehr Geld ausgeben. Das eröffne jede Menge Potential für den Herbst.[6] Das wird die rund neunzig Unternehmen gefreut haben, die in Deutschland noch Leder verarbeiten und mehr als 17 500 Euro im Jahr umsetzen (und also umsatzsteuerlich erfasst werden).[7] Viel ist das nicht für die traditionsreiche Branche, aber es ist hier wie im Rest der Bekleidungsindustrie auch, die Unternehmen sind abgewandert, vor allem nach Asien. Es ist immer das gleiche Lied: Die Umweltauflagen für die Lederherstellung sind hierzulande hoch, darum ist sie dementsprechend teuer und in Ländern mit niedrigeren Standards lukrativer.

Gewonnen wird Leder in der Regel in Schlachthöfen, für die Tierhäute eine relevante Nebeneinkunftsquelle darstellen. Nachdem die Häute vom Kadaver abgezogen worden sind, müssen sie schnell mit Salz oder Chemikalien behandelt werden, damit sie nicht verfaulen oder hart und brüchig werden. Dann können sie zur Gerberei transportiert werden, manchmal um den halben Erdball. Gerben heißt, Leder dauerhaft haltbar zu machen. Dazu wird überwiegend Chrom verwendet, in Form von Chrom-III-Salz. Korrekt angewendet, verbindet es sich mit dem Leder und entweicht ihm nicht wieder; für den Träger stellt es keine Gefahr dar. Bei unsachgemäßer Anwendung kann sich das Chrom-III-Salz allerdings in eine Chrom-VI-Verbindung umwandeln, die als krebserregend und allergieauslösend gilt. Für Fische und andere Gewässerorganismen ist Chrom auf jeden Fall sehr giftig, auch für die Arbeiter in den Gerbereien ist der Umgang mit dem Gerbstoff gefährlich und kann beispielsweise zu Lungenkrebs führen. Immer wieder finden Kontrolleure Rückstände von Chrom-VI-Salzen in Schuhen, Handschuhen oder anderen Lederartikeln.

Es gibt durchaus Alternativen: Das Umweltbundesamt hat zum Beispiel ein Unternehmen mit einem Preis ausgezeichnet, das Leder mit den Blättern von Olivenbäumen gerbt, die bei der Ernte anfallen und üblicherweise verbrannt werden.[8] Andere Firmen haben Methoden entwickelt, Leder mit Rhabarber oder anderen Pflanzenstoffen zu gerben. Höchste Zeit, dass sich hier etwas tut, denn die Mengen an verbrauchtem Leder sind gigantisch: Zwischen vier und fünf Paar Schuhe kauft jeder Deutsche im Jahr, und laut des Statistikportals Statista haben im Jahr 2014 etwa zwei Drittel der Schweizer zwischen 200 und 500 Franken für neue Schuhe ausgegeben. Auch wenn die Schuhkette Reno inzwischen zwei Lederprodukte anbietet, die den strengen Umweltengel des UBA tragen[9]: Das sind nur zwei Umweltengel unter Tausenden von Lederprodukten ohne – kein Wunder, dass das Blacksmith Institute, eine Organisation mit Sitz in New York, die gegen Umweltgifte weltweit kämpft (und sich inzwischen in Pure Earth umbenannt hat), die Gerberei in ihrem Jahresbericht von 2014 in der Liste der zehn giftigsten Branchen auf Platz vier nennt.[10]

Anders als sein Leder ist die Wolle eines Schafes ein wirklich nachwachsender Rohstoff, das Tier muss für sein Vlies nämlich nicht sein Leben lassen (außer es hat das Pech, als Karakulschaf auf die Welt zu kommen). Ein- bis zweimal jährlich kann man es scheren, im Frühling und im Herbst. Das Vlies eines Wollschafs besteht nach der Schur zu fast der Hälfte seines Gewichts aus dem Wollfett Lanolin, Schmutz, Kot, Urin, Schweiß und Pflanzenresten wie Kletten. Das Fell muss also erst einmal gewaschen werden. Das wertvolle Lanolin wird dabei aufgefangen und in Kosmetik- und Medizinprodukten eingesetzt. Bleibt ein kleiner Rest an Wollfett in der gewaschenen Wolle zurück, kratzt sie nicht, oder zumindest weniger. Nur ganz entfettete Wolle, deren Faserbestandteile sich trocken in alle Richtungen sträuben, kratzt unangenehm auf der Haut. Bis ins 18. Jahrhundert hinein geschah die Wäsche, etwa in Österreich, übrigens noch mit dem Urin aus öffentlichen Latrinen, der wegen des Harnstoffs ein gutes Waschmittel für die fettige Wolle war. Dann wurde auf erste chemische Hilfsmittel umgeschwenkt, wie Wachse, Fette, Seifen und Stärke. Im Waschwasser fällt neben diesen Waschmitteln auch jede Menge Salz an, mit dem Schafe ihre Wolle »imprägnieren«. Die Motten im Kleiderschrank lieben bekanntlich Wollsachen; der Pelz lebender Schafe wird von ihnen aber nicht angefressen. Die Tiere wehren sich gegen Insektenbefall, indem sie ihre Locken mit Salz anreichern. Ziemlich praktisch für das Schaf, die Abwasserentsorgung hingegen macht es teuer. Denn Salz und Tenside müssen raus, bevor das Wasser in einen Bach oder Fluss geleitet werden kann – zumindest in einem Land mit einer gesetzlich geregelten Wasserreinhaltung. Weitere Chemikalien kommen im Waschvorgang dazu: Pflanzenreste, die in den Haaren hängen, werden mit Schwefelsäure zersetzt, um besser entfernt werden zu können. Das war's dann endgültig für die Wollwäsche in Deutschland: Die nötigen Abwasseranlagen wären zu teuer.

Irmgard Haag-Dietz fertigt am Rande des Schwarzwaldes Wäsche aus Wolle-Seide-Mischungen für Kinder und Erwachsene, außerdem

Sitzkissen und Kopfkissen. Sieben bis acht Tonnen Wolle verarbeitet sie jedes Jahr, von Schäfern der Umgebung und von ihren eigenen vierundzwanzig Mutterschafen. Wie alle Schäfer und Wollverarbeiter in Deutschland, lässt sie ihre Wolle nach Belgien transportieren, dort arbeiten noch zwei Wollwäschereien in dem Städtchen Verviers. Sie sind der kleine Rest eines reichen Erbes. Die heutige »Euregio Maas-Rhein« im Dreiländereck von Belgien, Deutschland und den Niederlanden, in der Verviers liegt, war einmal eines der Zentren der weltweiten Tuchproduktion. Davon geblieben sind Museen, die seit 2004 von einer internationalen Arbeitsgruppe vermarktet werden. Die Internetseite der Marketinggemeinschaft beschreibt Verviers in ihrer »glorreichen Vergangenheit« als »Welthauptstadt der Wolle«. Das weiche, also kalkfreie Wasser der Weser war bestens dazu geeignet, Wolle zu waschen (und ist es noch heute). Rund um das benachbarte Aachen wurden in unzähligen Tuchfabriken Wollstoffe für den globalen Markt gewebt. Dreisprachig lädt die »Wollroute – Rout de la Laine – Wolroute« dazu ein, diese Geschichte heute wiederzuentdecken.

Von Schmutz befreit, aber noch mit einem kleinen Rest Wollfett angereichert, kommt die Wolle wieder bei »Frau Wolle« – so heißt Haag-Dietzens kleiner Betrieb – an. Kämmen und Filzen kann sie selbst, Spinnen und Stricken lässt sie bei Spezialisten. Bei welcher Wollspinnerei sie ihre Wolle zu Garn verarbeiten lässt, verrät sie nicht: Betriebsgeheimnis. Drei Jahre lang habe sie nach der Spinnerei gesucht, und die habe gut zu tun – lieber nicht der Konkurrenz verraten. Bis auf die Wäsche sind zwar noch alle Stufen der Wollverarbeitung in Deutschland vertreten, aber die Betriebe verteilen sich über das ganze Land und sind rar gesät.

Noch nach dem Zweiten Weltkrieg war die Tuchindustrie ein blühendes Gewerbe. In der schon zitierten Artikelserie der *Zeit* zum Niedergang der Textilbranche in den fünfziger Jahren wurde gerade dieser Zweig als Vorbild beschrieben. Früh hatte etwa die Wollweberei Otten in Mönchengladbach auf Qualität und Automatisierung gesetzt. Delegationen aus den USA reisten an, um den Maschinenpark der Weberei zu besichtigen, der mit wenigen Mitarbeitern sehr schnell produzieren konnte. Als einziges deutsches Mitglied im exklusiven »Merino-Club«, in dem sich weltweit nur wenige Dutzend Fabrikanten tummelten, lieferte Otten feinstes Tuch aus Schurwolle nach England, Holland, Südafrika und Südamerika. Doch die internationale Konkurrenz und ein verändertes Verhalten der Kunden – die kauften lieber Jeans als steifen Anzugstoff – machten dem Traditionsbetrieb von 1909 zu schaffen. 1996 stellte er seinen Betrieb ein. Heute ist die Fabrik als Innovations-Centrum-West ein Gewerbepark.

Schafe werden in Deutschland, Österreich und der Schweiz überwiegend gehalten, um Fleisch zu erzeugen oder um die Landschaft zu pflegen. Ihre Wolle nutzen nur noch wenige Liebhaber, zu grob ist sie für den heutigen, von Baumwolle und Kunstfasern geprägten Geschmack. Zwar gibt es weltweit zwischen fünfhundert und sechshundert Schafrassen, die Milch, Fleisch und Wolle liefern. Die Verbraucher haben sich aber an die vergleichsweise weiche Wolle von Merinoschafen gewöhnt, die fast vierzig Prozent der jährlichen Weltproduktion von zwei Millionen Tonnen liefern. Ein Drittel tragen Schafe der Rasse Crossbred bei, einer Kreuzung von langhaarigen Lincolnschafen mit Merinoschafen.

Merinos stammen ursprünglich wahrscheinlich aus Nordafrika und wanderten mit den Berbern nach Spanien ein. Dort wurden die hellbeigen Tiere gezüchtet und wanderten in riesigen Herden durchs Land. Es war streng verboten, ein Merinoschaf ins Ausland zu verkaufen. So schafften sich die spanischen Könige ein Monopol auf die weiche Wolle, das bis ins 18. Jahrhundert hielt. Wolle war ein wichtiges Handelsgut und neben Leinen der wichtigste Textilrohstoff. Zahlreiche Berufe waren mit der Herstellung von Tuchen befasst: Etwa Karder, die Wolle kämmten, Spinner, Zwirner, die Garne zu festem Zwirn verdrehten, Färber, Weber, Walker, Tuchrauher, die gewalkte (also quasi verfilzte) Wolltuche wieder aufrauten, oder Tuchscherer, die mit großen Scheren die beim Rauen entstandenen Fusseln entfernten. Diese Berufe waren jeweils in eigenen Zünften organisiert. Hochspezialisiert stellten sie arbeitsteilig Textilien und Bekleidung her.

Mit der beginnenden Industrialisierung der Textilproduktion im 18. Jahrhundert entstand in Sachsen eine deutsche Merinozucht, deren Wolle bald weltweit einen guten Ruf besaß. Die Tuchindustrie wuchs, der Schafbestand mit ihr. Mitte des 19. Jahrhunderts weideten über 25 Millionen Schafe auf den Weiden und Feldfluren auf dem Gebiet des späteren Deutschlands. Dann ging es rapide abwärts mit den paarhufigen Wiederkäuern aus der Familie der Hornträger: Die Baumwolle verdrängte die Wolle, eine immer intensiver betriebene Landwirtschaft die Schafe. Denn diese ließ man traditionell auf ungenutzten Weiden und Brachflächen weiden, weil sie, etwa im Gegensatz zu Rindern, auch mit sehr nährstoffarmen Grünflächen auskommen. Von solchen extensiv genutzten Flächen gab es immer weniger. Um 1900 herum war der Bestand auf nur noch acht Millionen Tiere gefallen, heute sind es noch 1,6 Millionen.[11]

Derzeit fühlen sich die Schäfer und Schafhalter nicht nur durch die rationalisierte Landwirtschaft bedrängt, sondern noch dazu durch die Rückkehr der Wildnis in selbige: Der Wolf wird inzwischen nicht mehr nur in Brandenburg und Sachsen, sondern auch in Niedersachsen, Schleswig-Holstein oder gar im dicht besiedelten Nordrhein-Westfalen gesichtet. Es sei »nicht leistbar, einerseits die Erfüllung der gesellschaftlichen Leistungen im Rahmen des Küstenschutzes und der Landschaftspflege sicherzustellen, und andererseits sich der Übergriffe von Wölfen zu erwehren«, klagten die Schaf- und Ziegenhalter in einer Mitteilung an die Presse im April 2015. Es seien der Agrar-, der Umwelt- und nicht zuletzt der Finanzausschuss gefordert, um Abhilfe für das Problem zu schaffen, forderten die Tierhalter.[12]

Schafe werden nicht nur wegen ihres Fleisches und ihrer würzigen Milch geschätzt, aus der in Italien der Pecorino, in Frankreich Roquefort, in Griechenland Feta und in Spanien, zusammen mit Kuh- und Ziegenmilch, der leckere Cabrales gefertigt wird, sondern auch wegen ihrer Gefräßigkeit: Schafe halten die Grasnarbe sehr kurz und fördern das Wurzelwachstum, dabei sind sie leicht und zertrampeln und verdichten den Boden nicht so wie Rinder oder Pferde. Das macht sie zu idealen Landschaftspflegern. Eigentlich: Werden die Tiere in Massen gehalten, wirken sie zerstörerisch. Etwa in Australien werden sie (neben den riesigen Rinderherden) für eine Überweidung der betroffenen Regionen verantwortlich gemacht. Die Artenvielfalt schrumpft dort massiv, zum Teil entstehen Brachflächen, die im schlimmsten Fall die Wüstenbildung begünstigen. An steilen Hängen in Österreich und der Schweiz hingegen wirken Schafe segensreich, ihre Zahl ist nach jahrelangem Abwärtstrend seit den siebziger Jahren auch wieder angestiegen. Seitdem grasen sie wieder vermehrt in den Bergen, halten das Gras an schwer zugänglichen Hängen kurz und verhindern so Lawinen und Kriechschnee.

Funktionskleidung – natürlich gut?

Bergsteiger und Wanderer, die den wolligen Rasenmähern im Gebirge begegnen, tragen zwar häufig Schafwolle am Leib, allerdings ist sie in der Regel weit gereist. Die in der Bekleidungsindustrie eingesetzte Wolle stammt ganz überwiegend von Merinoschafen aus Australien, Neuseeland, Südafrika, Argentinien oder Uruguay. Diese fünf Länder produzieren die Hälfte der weltweit genutzten Wolle. Rund hundert Millionen Schafe leben in Australien, vierzig Millionen in Neuseeland. Das Klima ist mild genug, damit die Tiere ganzjährig draußen bleiben können, was die Haltung billig macht. Platz genug für die riesigen Herden mit Tausenden Tieren gibt es auch.

Immer wieder tauchen scheußliche Bilder von den Bedingungen auf, unter denen die Tiere zum Teil gehalten und geschoren werden. So viele Tiere auf einem Raum sind ein Fest für Parasiten. Um eine besonders lästige Fliegenart zu vertreiben, die sich vor allem im Schwanzbereich der Tiere festsetzt und dort ihre Larven ablegt, wenden Farmer die Technik des »Mulesing« (nach ihrem Erfinder John Mules) an. Sie schneiden Lämmern rund um den Schwanz und an den Hinterbeinen die Haut ab, damit eine glatte, vernarbte Fläche entsteht, in die sich keine Larven einnisten können. Die Prozedur findet ohne Betäubung statt. Die australischen Schafzüchter wollten auf das Mulesing schon einmal verzichten, machten dann aber doch weiter. Ihre Kollegen in Neuseeland unterschrieben eine Selbstverpflichtung, an die sich aber nicht alle halten.

Auch das Scheren der Schafe ist für die Tiere mitunter schmerzhaft. Die Scherer werden pro geschorenem Schaf bezahlt – das trägt nicht zu ihrer Gelassenheit bei. Die Tierrechtsorganisation PETA veröffentlichte 2014 mit versteckter Kamera gefilmte Videos, die australische Schafscherer bei der Arbeit zeigen.[13] Der Film ist grausam, die Männer schlagen die Schafe mit Fäusten, Schermaschinen und Hämmern, sie treten auf ihre Hälse und Köpfe, um sie am Boden zu halten und knallen Tiere auf den Boden, die zu flüchten versuchen. Schäfer in Deutschland verweisen darauf, dass sowohl Haltungsbedingungen als auch die Schur der Schafe bei den hiesigen kleineren Herden anders aussähen. Schafe müssten geschoren werden, weil sie ihr Wollkleid nach Tausenden von Jahren Zucht nicht mehr von selbst abwerfen können. Ihre Wolle würde sonst verfilzen und keinen Schutz vor Kälte und Nässe mehr bieten. (Die Wolle etwa von Soayschafen, die noch selbst einen Fellwechsel durchführen können, ist gegenüber den gezüchteten Hochleistungsrassen weder mengen- noch qualitätsmäßig wettbewerbsfähig.) Allerdings stammen Pullover, Socken oder Unterhemden aus Wolle ohne ein vernünftiges Siegel (siehe Seite 174), das auf kontrolliert biologische Tierhaltung oder einen regionalen Selbstvermarkter verweist, mit großer Wahrscheinlichkeit nicht aus einer heimischen Herde, sondern von einem Schaf aus Übersee.

Verarbeitet wird der Großteil der weltweit produzierten Wolle, man ahnt es schon, in China. Dort sitzen die großen Wollspinnereien, Strickereien und Webereien. Anschließend wird die fertige Wollkleidung nach Europa exportiert. Vor allem bei Sportlern und Outdoorfreunden erfreut sich Wolle, gerne in Mischungen mit Chemiefasern, einer wachsenden Beliebtheit. Das liegt an der nützlichen Eigenschaft von Wolle, ein Drittel ihres Gewichts an Wasserdampf aufnehmen zu können, ohne sich feucht anzufühlen. Die Wollfaser ist von einem hauchdünnen Häutchen umgeben: der Epicuticula. Tröpfchen lässt sie abperlen, Dampf aber eindringen. Sie kann Feuchtigkeit im Inneren aufnehmen und wirkt trotzdem trocken. Wird sie zusammen mit Chemiefasern eingesetzt, die Feuchtigkeit besonders schnell abgeben können, entsteht hochwertige Funktionskleidung, deren Träger nicht schweißverklebt wandern oder radeln müssen. Zudem ist Wolle schmutz- und geruchsabweisend. Die Schäferin und Wollunternehmerin Haag-Dietz kann von zwei Kunden berichten, die in ihrer Wolle-Seide-Unterwäsche die Alpen überquerten (darüber trugen sie noch andere Kleidung). Vierzehn Tage lang ohne Wäschewechsel und Waschen – »die beiden waren die einzigen der Gruppe, die nicht gemieft haben«. Wollkleidung muss nicht regelmäßig gewaschen, sondern nur in feuchter Umgebung gelüftet werden. »Über Nacht raushängen reicht«, sagt »Frau Wolle«. Der Wasserdampf dringt in die Fasern ein und trägt Schmutz- und Geruchspartikel mit sich fort.

In der wertvollen Fasermischung der Wanderer sorgt die Wolle für Wärme, die Seide für Leichtigkeit und ein angenehmes Tragegefühl. Beide bestehen – im Unterschied zu Pflanzenfasern, die aus Zuckern aufgebaut sind – aus Eiweiß. Seide enthält dabei deutlich weniger Schwefel als Wolle. Produzent der Seide ist ein Schmetterling, der Seidenspinner oder Maulbeerspinner. In China ist Bombyx mori seit fünftausend Jahren bekannt; noch immer ist China, neben Indien und Japan, der größte Exporteur von Seide weltweit. Etwa 500 000 Tonnen des edlen Stoffes werden jährlich hergestellt. Der Maulbeerspinner frisst, sein Name verrät es schon, ausschließlich die Blätter des Maulbeerbaumes. Als Raupe futtert er sich an ihnen etwa einen Monat lang rund und dick und spinnt sich dann in einen Kokon ein. Dazu benutzt er einen siebenhundert Meter bis eineinhalb Kilometer langen Seidenfaden.

Bevor die Tierchen schlüpfen und als relativ unscheinbarer, beigefarbener Schmetterling davonflattern, werden sie mit Wasserdampf oder heißem Wasser getötet. Nach Jahrtausenden der Raupenzucht wären die Tiere in der Freiheit nicht mehr lebensfähig. Heute werden sie in Pappkartons gehalten und mit zerkleinerten Maulbeerblättern gefüttert. Bei Seide mit Biozertifikat geschieht dies mit Blättern von Bäumen, die nicht mit Giften gegen Insekten oder Pilze behandelt wurden. Die Tiere müssen vor dem Schlüpfen getötet werden, sonst würden sie den Kokon aufbeißen und so den Seidenfaden beschädigen. Ist die Raupe tot, kann der Faden abgehaspelt werden. Die »Reste« der Seidenproduktion werden in China als sehr proteinreiches Tierfutter in der Schweinehaltung eingesetzt. Nach einigen weiteren Arbeitsschritten, dem Entfernen des Leims, mit dem der Faden zum Kokon verklebt wird, bleibt die reinweiße Seide übrig. In China und Japan seit langem genutzt, ist sie eine echte Funktionsfaser: Sie lässt sich weit dehnen, ohne zu reißen, wärmt bei kalten und kühlt bei warmen Temperaturen. Auch ihre schimmernde Oberfläche weist Schmutz und Gerüche ab, zudem kann auch sie bis zu einem Drittel ihres Eigengewichtes an Wasserdampf aufnehmen und fühlt sich dann immer noch trocken an.

Der Seide nicht unähnlich ist ein wiederentdeckter Rohstoff für Kleidung, er glänzt auch genauso: Fasern aus Milch. Das junge Unternehmen Qmilk mit Sitz in Hannover hat sich ein Verfahren patentieren lassen, mit dem es aus dem Milchbestandteil Kasein und anderen natürlichen Zutaten eine Faser herstellen kann. Es ist Teil einer weltweiten Suche nach neuen Rohstoffen aus der Natur für neue Materialien. Biologen der kanadischen University of Guelph wiederum benutzten den Schleim eines Fisches, des Atlantischen Ingers, um daraus bis zu zwanzig Zentimeter lange Fäden zu gewinnen. Der Fisch sieht ähnlich aus wie ein Aal und schützt sich mit Glibber gegen Haie und andere Räuber. Die Faser, die die Forscher daraus herstellten, ähnelt in ihrer Festigkeit Spinnenseide und wird auch immer wieder auf ihre Tauglichkeit als besonders reißfestes Garn hin untersucht.[14] Die Hannoveraner Firma Qmilk beschreibt ihr Garn als antibakteriell und für Allergiker geeignet, schadstoffgeprüft, leicht und ohne giftige Chemikalien färb- und auch noch als kompostierbar.

Während des Zweiten Weltkriegs wurde schon einmal mit Milch als Textilrohstoff experimentiert, doch war der Stoff daraus nicht sehr haltbar – und teurer als Nylon aus Erdöl war er auch noch. Also geriet die Sache in Vergessenheit. Heute sieht Qmilk mit dem neuen Verfahren, das mit deutlich weniger Wasser und Chemie auskommen will als frühere Techniken, die Zeit der Milch wieder gekommen. Verwendet wird nur solche Milch, die nicht als Lebensmittel verkauft werden darf: Kolostralmilch, die in den ersten fünf Tagen nach dem Kalben anfällt, Hemmstoffmilch von Tieren, die mit Antibiotika behandelt werden, sowie Milch mit einer zu hohen Zahl an Bakterien. Etwa zwei Millionen Liter solcher Milch, die von den Landwirten entsorgt werden müsse, fiele jedes Jahr in Deutschland an, schätzt das Unternehmen, und hat den Button »Kein Lebensmittel« ganz oben auf seine Website gestellt.

Das harte Geschäft mit weichem Kaschmir

Das Schaf als ältestes Nutztier? Ziegenhalter werden heftig widersprechen. Wer Ziegen hält, macht das meist aus Leidenschaft, zumindest in einem Industrieland. Und so weist das im Internet zu findende »Ziegenlexikon« des Ziegenhalters Kai Hagemeister detailgetreu nach, das in früher Vorzeit nicht das Schaf, sondern viel eher die Ziege das Haustier der Wahl war. Überlieferungen von Tempelzeichnungen aus Palästina ließen vermuten, dass die Domestizierung von Wildziegen bereits im zehnten Jahrtausend vor Christus begonnen habe. Außerdem seien Ziegen anspruchsloser und, weil sie ihre Nahrung mit der Wurzel auszupfen, ideal geeignet, um bewachsene Flächen für den Ackerbau zu erschließen. Ziegen könnten gut im Wald weiden – ein Vorteil, waren Siedlungen früher doch davon umschlossen.[15]

Als Rodungsgehilfe, Fleisch- und Milchlieferant wurden die frühen Ziegen sicher geschätzt, vielleicht auch als Spenderinnen feiner Fasern. Eine der edelsten Wollsorten liefert heute jedenfalls die Kaschmirziege. Das ist ein Sammelbegriff für etwa zwanzig verschiedene Ziegenrassen, die alle eine sehr weiche Unterwolle bilden, die sie im Frühjahr abwerfen und die sich, in Handarbeit, auskämmen lässt. Damit die Tiere die wertvollen Haare bilden, benötigen sie große Höhen und Temperaturen weit unter dem Gefrierpunkt. Diese Bedingungen finden Kaschmirziegen in ihrer Heimat, dem indisch-pakistanischen Grenzgebiet; aber auch in der Mongolei, wo die Tiere in großen Herden mit ihren Hirten umherziehen. Zusammen mit Schafen, Yaks, Kamelen und Pferden bilden sie die Lebensgrundlage eines großen Teils der knapp drei Millionen Einwohner des ehemaligen Weltreiches. Im Winter 2009/2010 brach eine extreme Kälte mit Temperaturen von teilweise bis zu minus 50 Grad über die Hirten herein, Millionen ihrer Tiere verendeten, die Vereinten Nationen erklärten die Hälfte des Landesgebietes zum Katastrophengebiet. Die Zahl der Ziegen schrumpfte laut der UN-Landwirtschaftsorganisation von über neunzehn Millionen auf dreizehn Millionen (wobei die Statistiken die Tiere nicht nach Rassen unterscheiden, darunter können also auch andere Ziegen sein).

Heute sind die Bestände wieder auf dem Niveau von 2009. Die große Nachfrage nach dem edlen Rohstoff macht es für die Hirten attraktiv, Kaschmirziegen zu halten, obwohl die Hochebenen der Mongolei durch Überweidung inzwischen großflächig von Wüstenbildung bedroht sind. Die Mongolin Saruul Fischer wohnt heute in der alten Textilstadt Plauen in Sachsen und vertreibt von dort Kleidung aus mongolischem Kaschmir. Für ihr Label »Edelziege« lässt sie in kleinen Betrieben in der Mongolei fertigen und glaubt, Bildung und Ausbildung für die Hirten seien nötig, damit sie nach Jahren kommunistisch verordneter Sesshaftigkeit wieder in die alten, ressourcenschonenden Wirtschaftsweisen der Nomaden zurückfinden könnten.

So groß ist die Nachfrage nach weichen Pullovern, Schals und Strickjacken aus Kaschmir, dass der Unternehmer Andreas Knezovic aus der Schweiz davon ausgeht, es gebe auf dem Markt zwei- bis dreimal mehr Kaschmirwaren als überhaupt Rohwolle vorhanden sei. Andere Experten halten etwa ein Viertel der angebotenen Kaschmirwaren für gefälscht oder gestreckt. Knezovics Antwort darauf: Kontrolle über die gesamte Lieferkette hinweg. Zusammen mit seiner Frau Jutta besitzt Knezovic in der Inneren Mongolei in China eigene Herden von Kaschmirziegen und betreibt auch eine eigene Zucht. Verarbeiten lässt er die Wolle vor Ort.

China ist inzwischen zum größten Kaschmirexporteur der Welt aufgestiegen und hat das Nomadenleben der Ziegen beendet. In China werden die Tiere in Farmen gezüchtet und gehalten, ihr Bestand wurde als Reaktion auf Überweidung und Wüstenbildung von einem sehr hohen Niveau in den letzten Jahren gesenkt, obgleich die Nachfrage hoch bleibt. Während Liebhaber der in China erzeugten Wolle den Vorzug geben und behaupten, die Hirten der Mongolei würden die Wolle ihrer gemischten Herden – die aus Yaks, Schafen und Ziegen bestehen – sicher nicht konsequent getrennt lagern, sondern regelmäßig vermischen, kritisieren die Befürworter mongolischer Wolle die chinesischen Erzeuger. Dort werde Kaschmirwolle häufig gepanscht, mit Rinder- oder Schafwolle gestreckt und dann mit Chlor oder Silikonen behandelt, sodass der Betrug nicht mehr auffalle.[16]

Faserprüfungen finden in der Regel unter dem Mikroskop statt. Fasern der Kaschmirwolle offenbaren dort im Vergleich etwa zu Schafwolle sehr feine und flach anliegende Schuppen. Doch diesen Anblick kann auch erzeugen, wer die gröberen Schuppen anderer Tierhaare entfernt und chemisch behandelt. So lässt sich Kaschmirwolle vortäuschen. Die Hohenstein Institute bei Ludwigsburg, ein großes Forschungs- und Prüflabor der Textilbranche, haben sich mittlerweile von der Kaschmirprüfung verabschiedet. Es ließe sich feststellen, ob in einem Kaschmirpullover Viskose oder Polyester verarbeitet wurde, sagte ein Mitarbeiter der Institute in einem Zeitungsinterview, ob allerdings andere Tierhaare untergemischt wurden, sei nicht sicher nachweisbar.

Anne Pastré, die in der Nähe von Augsburg ein Kaschmirlabel betreibt, ist zwar überzeugt, dass es genug authentische Kaschmirgarne auf dem Markt gebe, etwa auf der italienischen Garnmesse Pitti Filati, für die die Branche nach Florenz pilgert. Allerdings sieht sie das Material aus Tierhaaren nicht als Material, aus dem sich preisgünstig massenhaft Pullover herstellen lassen. Ein Kaschmirpullover für 70 Euro sollte die Kunden nachdenklich stimmen, findet die Designerin Pastré, für dieses Geld lasse sich aus der Wolle keine Qualität herstellen. Kleidung aus Kaschmir ist extrem leicht und sehr warm. Für Pullover ihrer Kollektion müssen die Kunden bisweilen 500 Euro bezahlen, hätten dann aber ewig davon, verspricht Pastré; ohne die hässlichen kleinen Knötchen des Pilling-Effekts, der entsteht, wenn zu kurze, minderwertige Fasern verwendet werden. Für hochwertige Garne werden nur längere Haare verwendet, das macht sie teuer. Eine Ziege liefert etwa hundert bis hundertfünfzig Gramm Wolle im Jahr, für einen Pullover ist die Jahresproduktion von vier bis sechs Ziegen nötig, die von zwanzig Tieren für eine Jacke. Sie werden im Frühjahr während ihres Fellwechsels per Hand ausgekämmt.

Die Kaschmirwolle zählt zu den sehr feinen Tierhaaren, wie das Fell von Kamelen, Alpakas oder Yaks. Von der reinweißen Angoraziege mit ihrem lockig und seidig herabhängenden Haar stammt die Mohairwolle, aus der sich federleichte, wärmende Decken, Schals und Pullover stricken oder weben lassen. Die Ziege trägt den alten Namen der Stadt Ankara: Angora; vielleicht, weil sie dort im ausgehenden Mittelalter erstmals in größerem Maßstab gezüchtet wurde. Verwandt mit dem gleichnamigen Kaninchen ist die Ziege nicht, vielmehr gab sie ihm den Namen, weil der Nager ebenfalls über ein weiches, weißes Fell verfügt.

Kampf um die Tiere

Wolle, Seide, Fischschleim, Milch – den Tierrechtlern von PETA gefällt das alles gar nicht, ganz egal, wie die Rohstoffe letztlich gewonnen werden. Die Organisation »People for the Ethical Treatment of Animals« (PETA) hat ihren Sitz im US-Bundesstaat Virginia und agiert weltweit. Es geht ihr nicht um Tierschutz, sondern um Tierrechte; darum, dass Menschen ihre Mitgeschöpfe überhaupt nicht ausbeuten, sie nicht einsperren, essen, ihr Fell oder Leder nutzen. Ziel ist eine vegane Lebensweise möglichst vieler

Menschen. Um ihr Anliegen zu kommunizieren, wählt PETA eine drastische Sprache und oft schwer erträgliche Bilder, die Aktivisten häufig mit versteckter Kamera aufnehmen. Klar, das PETA selbst Emotionen weckt und im Zentrum wütender Kritik steht, an der sich zum Teil brüskierte Verbraucher, zum Teil aber auch industriegesponserte NGOs beteiligen, etwa das Center for Consumer Freedom. Man muss PETA nicht in letzter Konsequenz folgen, aber anerkennen, dass der Verein immer wieder wichtige Impulse für notwendige Veränderungen gegeben hat. Während ein großer öffentlicher Aufschrei wegen der mit Wasserdampf getöteten Raupen bislang ausgeblieben ist, hatte PETA mit anderen Kampagnen durchschlagende Erfolge.

Im Frühjahr 2015 starteten die EU-Agrarminister ein Verfahren, das die Einfuhr von Produkten aus dem Fell von Angorakaninchen in die Europäische Union beenden soll. Damit griff die Politik eine Entwicklung auf, die die Industrie schon vorweggenommen hat. Nachdem PETA Ende 2013 ein Video von misshandelten Angorakaninchen veröffentlicht hatte, die festgeschnallt wurden, um ihnen die langen, weißen Haare auszureißen, gelobten innerhalb weniger Wochen fast alle großen Kleidungsmarken den Verzicht auf Angorawolle. Die ist besonders weich, seidig und wärmend. Der größte Importeur von Angorawolle versuchte sich zu wehren und verwies auf die überwiegend kleinbäuerliche Haltung der Kaninchen in China. Die Unterwäschefirma Medina bemühte in einer Presseerklärung das rührende Argument, die Kaninchenbesitzer lebten von ihren Tieren und seien daher darauf angewiesen, dass es ihnen gut gehe. Nach Jahren voller Skandale in der industriellen Tierhaltung war das nicht wirklich überzeugend, und nun ist Angorawolle in vielen europäischen Ländern vom Massenmarkt so gut wie verschwunden.

Auch die PETA-Kampagne gegen Tierquälerei in der Enten- und Gänsezucht hatte Konsequenzen. Rund neunzig Prozent der weltweit gewonnenen Daunen stammen von Gänsen aus dem Schlachthof. Dort werden den schon getöteten Tieren – meist maschinell – ihre weichen Unterfedern ausgerupft. Die restlichen zehn Prozent stammen aber von lebenden Tieren. Die werfen ihre Federn in einem bestimmten Rhythmus ab; werden die Daunen vorsichtig in der Mauser ausgezupft, hält sich die Belastung für das Federvieh in Grenzen. Aber kleine, schnatternde Gänsetrupps gibt es nur noch im Werbefernsehen, auch diese Tiere werden in Massen gehalten und per Akkord gerupft. Dabei kommt es zu den gleichen Grausamkeiten wie bei der Schafschur: Tiere werden gequält, getreten, umhergeschleudert und verlassen den Rupfplatz als blutiges Bündel.

2012 begannen schockierende Videos von misshandelten Gänsen durchs Netz zu wandern, die PETA aufgenommen hatte. Besonders die Outdoorbranche mit ihren sensiblen Kunden, aber auch große Hersteller wie Adidas und C&A schlossen sich einer Initiative der Organisation Textile Exchange an, um ein Siegel für tierfreundlich erzeugte Daunen zu entwickeln. Nach drei Jahren ist es 2015 nun so weit, Textilfirmen können sich zertifizieren lassen und sich das blaue Logo des »Responsible Down Standard« auf die Waren heften. Das Zertifikat bescheinigt, dass die Gänse frei von Hunger und Durst lebten, von Unbehagen, Schmerz, Verletzungen und Krankheit; sie konnten (in Grenzen) ihr artgerechtes Verhalten zeigen und ohne Angst und Leid leben – so steht es in den Richtlinien des RDS.

Das Siegel war ganz sicher nicht im Sinne von PETA; schließlich will die Organisation die Tierhaltung nicht verbessern, sondern abschaffen, sie fordert, alternative Rohstoffe aus Pflanzen, Pilzen, Bakterien und Erdöl zu nutzen und zu entwickeln. Zu allen Waren aus Tieren gibt es Alternativen. Wer zum Beispiel Lederjacken mag, muss nicht unbedingt zu Tierhäuten greifen, ein Beutel Grüntee tut es auch. Dazu noch zweihundert Milliliter Apfelessig, zweihundert Gramm Kristallzucker, eine lebende Kombuchakultur (eine Mischung aus verschiedenen Hefepilzen und Essigsäurebakterien) und zwei Liter Wasser. Tee kochen, Zucker lösen, Kombuchakultur hinein, umrühren, Essig dazu, abdecken, abwarten. Nach etwa drei bis vier Wochen bildet sich eine zwei Zentimeter dicke Haut, die, mit Wasser und Seife abgewaschen, auf einem

Holzbrett getrocknet werden kann. Sie ist etwa achtzehn mal fünfzehn Zentimeter groß und lässt sich wie Leder zuschneiden. Für größere Flächen empfiehlt der veganblog.de von PETA, dem das Rezept entnommen ist, die Menge der Zutaten entsprechend zu erhöhen und ein größeres Gefäß zu benutzen. (Die Autorin hat es nicht getestet und freut sich über Berichte!) Reicht eine Badewanne für eine Jacke?

Es ist eine Gratwanderung, Tiere für ökonomische Zwecke zu nutzen. Die lange gemeinsame Geschichte von Mensch und Tier erlaubt den Schluss, dass Tiere und die Nutzung von Tieren (legitimer) Bestandteil menschlicher Kultur sind. Allerdings haben Massentierhaltung und Wachstumsglaube die Kultur der Tierhaltung fast weltweit vollkommen zerstört. Aus dörflichen Schlachtfesten, auf denen die Tiere nach bestimmten Regeln öffentlich getötet wurden, sind anonyme Schlachthäuser geworden, die jährlich Millionen von Tieren durchschleusen. Das entwürdigt ein Lebewesen, das uns Fleisch für ein weihnachtliches Festessen oder Fell für unsere Kleidung gab, zu einem Gegenstand, dessen Reste wir als angebissene Bratwurst oder nur ein paar Monate getragenen Schuh gedankenlos wegschmeißen. Es mangelt an Respekt. Mehr Leder, mehr Pelze, mehr Wolle, mehr Federn immer billiger zu erzeugen ist nur möglich, wenn der Lebensraum und die Lebenszeit der Tiere möglichst stark beschränkt werden.

Es gibt einen Mittelweg zwischen diesem Status quo und veganem Leben, einen Weg, der von Achtung gegenüber Tieren geprägt ist. Kleidung, die aus tierischen Rohstoffen besteht, verdient unsere besondere Achtsamkeit. Ein Strumpf aus Schafwolle ist nicht für einen Winter gemacht, auch nicht für zwei – man kann ihn stopfen. Auch ein Kaschmirpullover ist kein Kleidungsstück für eine Saison; die feinen Haare der Ziege verdienen es, sorgfältig und umsichtig verarbeitet zu werden, dann halten sie ewig – kosten allerdings auch mehr als eine Patrone für einen Laserdrucker. »Frau Wolle« vom Rande des Schwarzwaldes verkauft gerne möglichst viel ihrer Unterwäsche und Bettwäsche (welcher Kaufmann will das nicht). Aber eine Bitte hat Irmgard Haag-Dietz: »Unsere

Produkte sind in Handarbeit hergestellt. Bitte verfahren Sie nach dem Grundsatz, wertvolle Handarbeit von Hand zu waschen. Durch Lanolin ist die Wolle Schmutz abweisend und muss nur äußerst selten gewaschen werden. Viel Spaß mit unseren Produkten. Halten Sie sie in Ehren, wir haben uns eine Menge Mühe damit gegeben.«[17]

Kleine Betriebe engagierter Liebhaber wie Frau Wolle, kein ganzes Dutzend Mittelständler auf der Schwäbischen Alb, einige Strickereien in Thüringen, die hochwertig und mit in langen Jahrzehnten erworbener Kompetenz Strickwaren herstellen, viele engagierte, oft junge Ökolabel, die versuchen, in Deutschland zu produzieren – das war's mit der Textilindustrie in Deutschland.

Fachleute werden jetzt verärgert »Quatsch!« gerufen haben. Der Textilindustrie geht es blendend! Was der Laie synonym verwendet – Textil und Bekleidung (tragen wir nicht alle Textilien?) –, das unterscheidet der Fachmann deutlich. »Těxtǐlǐs« bedeutet im Lateinischen nichts anderes als »gewebt«, »Těxǐtǐlě« ist das Gewebe. Daraus muss nicht unbedingt Kleidung entstehen. Im Gegenteil. »Ein Baumwoll-T-Shirt nähen kann jeder«, sagt ein Designprofessor, »und alle können es billiger als wir.« Innovative Produkte und ganz neue Anwendungen für »textile Oberflächen«, die mit den uralten Techniken des Webens, Strickens oder Filzens hergestellt wurden, werden im Bereich der technischen Textilien entwickelt. Eine boomende Branche, die für ihre Hightechwaren immer neue Einsatzgebiete findet.

8
Skifahren auf Algen.
Der Boom der technischen Textilien

Wenn demnächst auf den Bergen der Schnee wegbleibt, worauf fahren wir dann Ski? Das haben sich Wissenschaftler am Institut für Bioverfahrenstechnik der Technischen Universität Dresden, der Innovationsmanufaktur in München und des Instituts für Textil- und Verfahrenstechnik Denkendorf gefragt. Ihre Antwort: auf Algen. Die wachsen auf einem textilen Trägermaterial, darunter federt eine Schaumstoffschicht Stürze ab und sorgt für ein angenehmes Kurvengefühl. Nach zwei Jahren gemeinsamer Forschung, gefördert vom Bundesforschungsministerium, wurde Ende 2014 das Ergebnis vorgestellt: »Bioglizz«. Die textile Algenpiste soll Langlauf- und Abfahrtski ermöglichen, am Hang, im Stadtpark, überall. Ihre Farbe ist gewöhnungsbedürftig, nämlich algengemäß grün.[1]

Technische Textilien sind aber nicht nur eine Spielwiese für technikverliebte Zukunftsforscher. Helfer aus Fasern begleiten die Menschheit schon lange: Die Wikinger webten Segel aus Wolle, die sie walkten und anschließend mit Talg, Teer oder Fischöl einrieben. Solche wenig wohlriechenden Gewebe waren in Nordeuropa bis ins 19. Jahrhundert hinein im Gebrauch. Die Kelten mischten Flachsfasern unter den Lehm für ihre Ziegel und machten sie so stabiler – heute nennt man so etwas »Faserverbundstoff« oder »Komposit« und feiert es als letzten Schrei der Technik. Im Städtchen Korpilahti inmitten der finnischen Seenplatte fischten Steinzeitmenschen vor achttausend Jahren mit Netzen aus Weidenbast. In Rom wurde das Kolosseum mit einem Segeltuchgewebe aus Hanf oder Flachs überdacht, wenn die Sonne allzu sehr brannte.[2] Und in Ägypten gibt es alte Wandzeichnungen, auf denen Menschen Seile herstellen.

In Europa bildete sich erst im Mittelalter wieder der eigenständige Beruf des Seilers heraus: In Hamburg tauchte 1265 der erste Vertreter auf, in Riga ließ sich gut zwanzig Jahre später ein »Jacobus dictus Repere« nieder – im Niederdeutschen bezeichnet »Reep« ein Seil, ähnlich wie im Schwedischen »rep«. Gezwirbelt wurden die Seile auf langen Reeperbahnen in der Nähe des Hafens. Dort gingen die Seilhersteller einem der ältesten Gewerbe der Welt nach: Aus biegsamen Pflanzenteilen sowie Fasern aus Pflanzen oder Tieren nützliche Netze, Seile und Schnüre herzustellen, war sicherlich eine der ersten Kulturtechniken. (Und auch die Hamburger Reeperbahn hat ihren Namen den Seilmachern zu verdanken.)

Die ausgesuchte und schmucke Kleidung des Steinzeitmannes Ötzi hingegen bestand im strengeren Sinne nicht aus Textilien. Sein zusammengesetzter Fellmantel und der Grasumhang darüber sind weder gesponnen, noch gewebt oder gestrickt. Das ist aber die Definition von »textilen Flächen«. Sie entstehen beispielsweise, wenn zwei Fadensysteme im rechten Winkel über- und untereinander verkreuzt werden. Gemeinhin nennt man das Weben. Werden mindestens drei Fäden nach bestimmten Regeln wechselseitig verbunden, spricht man von einem Geflecht. Liegen Fasern lose, wirr oder nur grob geordnet nebeneinander, bilden sie ein Vlies. Gewebe, Gestricke, Vliese – das sind klassische Textilien. Also beschreibt der Begriff »Textilie« mehr als Kleidung, Handtücher oder Bettwäsche – nämlich auch Autositze, Teppiche, Zelte oder Kartoffelsäcke.

Heute wird die Definition sogar noch weiter gefasst: Flächen, die eine textile Anmutung haben oder in denen Fasern verarbeitet sind, werden auch dazugezählt. Baut ein schwäbischer Tüftler seine Rundstrickmaschine so um, dass sie Garne aus Kohlefasern oder Titandraht verarbeiten und somit Bandscheiben oder Katalysatoren stricken kann, dann sind eben auch ein Medizinimplantat und ein Autoteil Strickwaren – und somit Textilien. Freunde edler

Stoffe denken bei der »Jacquard-Weberei« an eingewebte (oder auch eingestrickte) Muster in Tischdecken, Geschirrhandtüchern oder Pullovern. In den Unternehmen und Instituten des »Cluster Techtex« auf der Schwäbischen Alb verbindet man mit der Jacquard-Technik jedoch eher Solarthermie, Fassadendämmung und bequemes Liegen. Denn mit diesem Anfang des 19. Jahrhunderts in Frankreich erfundenen traditionellen Verfahren lassen sich sogenannte Abstandstextilien weben oder stricken. Das sind mehrlagige Gebilde aus unterschiedlichen Materialien, zwischen einem Millimeter und zwanzig Zentimetern dick. Mehrlagige Strukturen werden durch Zwischenschichten auf Abstand gehalten; je nach eingesetztem Rohstoff – zum Beispiel Polyester, Carbon- oder Glasfasern – können Abstandstextilien isolieren, sind elastisch, schalldämpfend oder wärmeleitend. Die Anwendungsgebiete sind weit: Abstandsgewebe können zu textilen Sonnenkollektoren verarbeitet werden, zu besonderen Matratzen, die pflegebedürftigen Patienten das schmerzhafte Wundliegen ersparen, oder zu einem bequemen Sofa. Es war ein weiter Weg vom prächtigen Tuch bis zum »3-D-Abstandsgewebe« – doch der Lohn für die Unternehmen, die ihn gewagt haben, ist groß: Es gibt sie noch.

Technische Textilien von Bekleidung abzugrenzen ist nicht ganz leicht, schließlich sind auch Feuerwehranzüge oder Hightech-Sportklamotten Kleidung. Aber anders als Mode werden technische Textilien überwiegend wegen ihrer Funktion, nicht wegen ihres Aussehens gekauft; Käufer sind eher selten Endverbraucher, sondern meistens Unternehmen oder Behörden. Sie begegnen uns im Alltag von früh bis spät, drinnen und draußen: Bauern benutzen zum Beispiel Agrotextilien; weil Vliese und Seile Wasser speichern und transportieren können, werden sie auf Äckern eingebuddelt. Ein Bewässerungsseil funktioniert wie ein Docht, der im Boden liegt. Ist der Acker feucht, nimmt er Wasser auf oder speichert es, fällt er trocken, gibt das Seil Feuchtigkeit ab. Bewässerungsmatten funktionieren nach einem ähnlichen Prinzip. Spargelbauern bedecken ihre Felder mit speziellen Vliesen, Biogasanlagen besitzen Filter aus Textilmembranen.

Mit Geotextilien werden Deiche, Deponien oder Straßen gebaut. Sie befestigen den Untergrund, dichten ihn ab oder bilden Drainagen. Textile Gewebe bilden das Gerüst für Bauwerke oder schützen Besucher in Sportstadien als Zeltdach vor der Sonne, wie früher im Kolosseum. In Albstadt-Lautlingen, einem kleinen Städtchen im Westen der Schwäbischen Alb, überspannt seit 2010 eine Brücke aus Textilbeton eine Bundesstraße. Statt aus Stahl hat sie einen Kern aus Glasfasern, die mit einem Epoxidharz behandelt wurden. Die Verbindung ist deutlich härter als Metall und zugleich viel leichter. Weil kein rostanfälliger Stahl im Inneren vor Feuchtigkeit geschützt werden muss, kommt die Brücke mit weniger Beton aus.[3]

In der Medizintechnik wiederum kommen Textilien nicht nur als Verbandsmaterial zum Einsatz, sondern auch als künstliche Implantate: Blutgefäße, Knochen oder Bandscheiben werden gestrickt oder als Netz geknüpft. Industrieunternehmen benutzen gewebte, geflochtene oder gestrickte Förderbänder, Filter, Taue oder Membranen. Und Endverbraucher treffen im Bereich Sporttech auf technische Textilien, in Form von Zelten, Ruck- und Schlafsäcken oder Sportgeräten aus Leichtbaumaterialien.

Insgesamt zwölf ganz unterschiedliche Branchen zählt die Commerzbank in einem Bericht zum Markt technischer Textilien auf. Auf diesem Markt tummeln sich jeweils hochspezialisierte Firmen in ihren jeweiligen Nischen.[4] Besucher der »Techtextil«, der größten und wichtigsten Messe der Branche, die alle zwei Jahre in Frankfurt am Main und zwischendurch in Indien, den USA, China und Russland stattfindet, bekommen einen Überblick über die riesige Bandbreite technischer Textilien. Dort werden Feuerwehruniformen neben besonders wärmenden Sportklamotten oder ölresistenten Outdoorstoffen ausgestellt, ultrareißfeste Garne für den Straßenbau genauso gezeigt wie Reifencord für Flugzeug- oder Autoreifen und Taschen mit einem Innenleben aus LED-Lampen (»Nie wieder im Dunkeln suchen«). Eigentlich macht es kaum Sinn, von einer »Branche« zu reden, so unterschiedlich sind die Anwendungen und Einsatzgebiete. Einzig die Textiltradition eint sie.

Von schlauen Teppichen und Jacken-EKGs

Als die Bekleidungsindustrie die Nähmaschinen in ihren Fabriken auf der Schwäbischen Alb, am Niederrhein und in Sachsen, in Katalonien und Flandern abbaute und nach Asien verschiffte, ließ sie nicht nur arbeitslose Näherinnen und Textilingenieurinnen zurück, sondern auch jede Menge Spinnereien, Strickereien und Webereien mit ihren Maschinenparks und Experten für die Ausrüstung von Textilien. Einige gaben auf, aber längst nicht alle. Viele suchten sich neue Märkte für ihre Kompetenzen – sie strickten nun etwa keine Pullover mehr, sondern Autoteile. Rund sechshundert Unternehmen mit jeweils mehr als zwanzig Mitarbeitern zählt die Branche in Deutschland. In der Schweiz und in Österreich reagierten die Unternehmen ähnlich auf die »globalen Herausforderungen«. In beiden Ländern arbeiten jeweils rund zwölftausend Menschen in der Textilbranche, deren hohe Innovationskraft die Branchenverbände beider Länder betonen. In Österreich haben sich Unternehmen und Forschungseinrichtungen zu dem Netzwerk »Smart Textiles« zusammengeschlossen, um mit gemeinsamen Projekten mehr als bislang von EU-Forschungsgeldern profitieren zu können. Auch in der Schweiz setzen die Unternehmen vor allem auf Hightech.

Die Unternehmen in Deutschland hätten einen »bemerkenswerten, zukunftsgerichteten Strukturwandel« gemeistert, lobt die Commerzbank in ihrem Bericht. Die Bekleidungsindustrie mag aus halb Europa verschwunden sein – die Textilindustrie jedoch ist quicklebendig, zeichnet sich durch eine hohe Innovationsfähigkeit und gute Wachstumschancen aus. (Allerdings ächzt die Schweizer Branche seit Januar 2015 ganz beträchtlich unter der Freigabe des Schweizer Franken; auf dem überragend wichtigen Exportmarkt Europäische Union sind Schweizer Produkte plötzlich um etwa zwanzig Prozent teurer geworden. Aber das ist eine andere Geschichte.) Der Weltmarkt für technische Textilien wird auf über 250 Milliarden US-Dollar geschätzt, ein Viertel aller Fasern geht in diesen Bereich. In Deutschland sind sechzehn Textilforschungsinstitute eng mit den Unternehmen verzahnt und forschen und entwickeln. Eigentlich gibt es kaum etwas, was sich aus ihrer Sicht nicht auch prima aus »textilen Flächen« herstellen lassen kann.

Die Wände haben Ohren? Das hängt ganz von den Nachbarn ab. Aber ein Teppich, der mit Sensoren ausgestattet oder aus einem sensorischen Garn gefertigt wurde, bekommt garantiert alles mit. Er registriert, mit welcher Geschwindigkeit sich eine Person durch einen Raum bewegt; wo sie ihren Weg startet (am Fenster? Einbrecher!) oder beendet. Gibt es mitten im Zimmer einen Plumps und danach keine Bewegung mehr, ist der Bewohner vielleicht gestürzt – der Teppich meldet ein Alarmsignal an eine Leitstelle. Wenn der Bodenbelag einen Wassereinbruch bemerkt, dann schickt er dem Besitzer der Wohnung im Kurzurlaub eine Meldung aufs Smartphone. Und nie wieder müssen Eltern den Satz »Mach bitte das Licht aus, wenn du aus dem Zimmer gehst« aussprechen. Das macht nämlich der Teppich.[5]

Solche Sensorteppiche haben die Textilforschungsinstitute schon verlassen und sind zu kaufen. Längst arbeiten die Wissenschaftler zusammen mit Unternehmen an neuen »Smart Textiles«, etwa an den Deutschen Instituten für Textil- und Faserforschung Denkendorf; zusammen mit Senioren in einem Altersheim wird dort an sensorischer Unterwäsche gearbeitet. Damit verfolgen die Forscher eine ähnliche Idee wie mit dem aufmerksamen Teppich: Menschen zu ermöglichen, möglichst lange alleine wohnen zu können. Die Wäsche macht Angaben über Puls oder Atmung ihres Trägers und ermittelt die Position im Raum, kann also auch Stürze registrieren.[6] Nach einem ähnlichen Prinzip verfahren smarte, mit Sensoren ausgerüstete Feuerwehrjacken. Sie können dem Einsatzleiter ein komplettes EKG, die Atemfrequenz und Körpertemperatur eines Brandlöschers im Einsatz weiterleiten. Feuerwehrleute finden solche Zusatzfunktionen ganz hübsch, warten aber nicht allzu gespannt, ob die Forscher einen Hersteller finden, der diese Jacken auf den Markt bringt: Im Zweifel hätten sie erst mal lieber mehr Geld für neue Feuerwehrautos.

Zudem werfen die Überwachungstextilien auch Fragen auf: Wie gehen die Empfänger der Daten mit den Informationen um, die sie geliefert bekommen? Wie lebt es sich mit einem Gefühl ständiger Überwachung? Und worum handelt es sich bei solcher Kleidung eigentlich, wenn sie einmal kaputtgeht – um Alttextil oder um Elektroschrott? Trotzdem geben die »intelligenten« Textilien beispielsweise Antworten auf Fragen einer alternden Gesellschaft, weil sie es Menschen länger ermöglichen, alleine in ihren Wohnungen leben zu können.

Mit Flächennutzungskonkurrenzen auf dem Land hat sich das belgische Textilforschungsinstitut Centexbel befasst; die Wissenschaftler wollen mehr Biomasse im Meer erzeugen und haben dazu ein äußerst widerstandsfähiges Netz entwickelt, dem Salzwasser, beständige Reibung durch Wellen und UV-Licht nichts anhaben können. In Küstennähe aufgehängt, soll auf dem Netz Seegras siedeln. Seegras könnte in einer Welt knapper landwirtschaftlicher Flächen als Viehfutter, Nahrungsergänzungsmittel sowie als Rohstoff für Biochemikalien oder Bioenergie dienen.[7] Auch dieses Projekt hat den Status als Forschungsprojekt verlassen, die Wissenschaftler haben ein Unternehmen gegründet, um die Netze auch tatsächlich herzustellen und zu verkaufen.

Die Beispiele lassen sich fortsetzen: eine künstliche Gebärmutter aus einem Gewebe, das nicht nur die Körperfunktionen eines Frühchens überwacht und ins Schwesternzimmer weiterleitet, sondern, geformt wie ein klitzekleines Planschbecken, auch die Bewegungen, die Stimme und den Pulsschlag der Mutter nachahmt und so dem Baby für seine Entwicklung wichtige Reize vermittelt. Diese Erfindung wird gerade in Krankenhäusern auf ihren Nutzen für zu früh geborene Kinder getestet. Längst im Klinikalltag angekommen sind gestrickte Adern aus einem speziell beschichteten Polyester, die Herz-Kreislauf-Patienten als Implantate eingesetzt werden.

Am meisten Geld verdienen die Hersteller technischer Textilien allerdings mit der Autoindustrie, fast ein Viertel ihrer Umsätze macht die Branche mit »Mobiltech«. Schon traditionell befindet sich in Autos jede Menge Stoff: Sitzbezüge, Innenraumverkleidungen, Sicherheitsgurte, Airbags oder Teppichböden. Textilien werden dort aber auch an unerwarteter Stelle eingesetzt, etwa als gestrickte Katalysatoren, mit Kunststoffen gehärtete Vliese oder stabilisierende Gewebe im Autoreifen, dem Reifencord. Viel Hirnschmalz verwenden Designer und Textilingenieure derzeit darauf, kommunizierende Textilien für Autos zu entwickeln. Die Hochschule in Reutlingen baut ein Lehr- und Forschungszentrum auf, in dem unter anderem auch zu diesem Thema gearbeitet wird. Gesucht werden Materialien und Produkte aus Fasern, die es Menschen und Maschinen ermöglichen sollen, miteinander zu kommunizieren. Zum Beispiel könnte ein Lenkrad im Auto seinem Fahrer mitteilen, wenn die Fahrbahn unter den Reifen glatt wird oder wenn er zu schnell fährt. Dieser würde die Änderung mit den Händen spüren und könnte weiter auf die Straße schauen – und nicht in einem sowieso kritischen Moment auf ein Display im Auto.

Textilien mit Sensoren, die eine Schnittstelle bilden zwischen Mensch und Maschine – darin sehen sowohl Unternehmen als auch die praxisorientierten Textilforschungsinstitute einen großen Markt. Hier können sie an das derzeit für die Wirtschaftspolitik und die großen Unternehmen vielleicht wichtigste, zumindest aber angesagteste Thema anknüpfen, die »Industrie 4.0«: Fabriken, Maschinen und Gegenstände sollen miteinander und mit Menschen kommunizieren, anstatt riesiger Maschinen arbeiten flexible Werkzeuge. Jedem Kunden kann ein individuelles Produkt hergestellt werden, damit sind auch im Konsumgüterbereich die Zeiten normierter Massenfertigung vorbei. Wer dieser Tage Drittmittel an eine Forschungseinrichtung oder Aufmerksamkeit auf einen Wirtschaftsverband lenken möchte, tut gut daran, an den Begriff »Industrie 4.0« anzudocken. Ein Beispiel dafür: das Projekt »futureTEX«. Das Sächsische Textilforschungsinstitut hatte sich damit erfolgreich bei dem Programm »Zwanzig20 – Partnerschaft für Innovation« des Bundesministeriums für Bildung und Forschung beworben. Mittlerweile vereint es zahlreiche wissenschaftliche Einrichtungen, Unternehmen und Verbände, die die nächsten Jahre ein Zukunftsmodell für Traditionsbranchen, etwa die Textilindustrie in Sachsen, entwickeln wollen. »Das Projektkonsortium futureTEX verfolgt das Ziel, die führende Position bei der Umsetzung der vierten industriellen Revolution im Textilmaschinenbau und in der Textilindustrie zu erringen und damit bis 2030 das modernste textilindustrielle Wertschöpfungsnetzwerk Europas aufzubauen«, heißt es auf der Website des Projekts.[8] Nicht weniger als die Textilfabrik der Zukunft soll hier entstehen, mit digitalen Produktionsverfahren und neuen Anwendungsfeldern für textile Werkstoffe.

Mehr Ökologie für technische Textilien

Es gibt noch einen weiteren Weg, der die Textilbranche in die Zukunft führen soll: der Einsatz nachwachsender Rohstoffe. Versucht wird, traditionelle Faserpflanzen, seien es Kenaf, Hanf oder Flachs, in neue industrielle Anwendungen zu bringen, etwa im Auto: Bislang stecken schon jetzt rund fünfundzwanzig Kilogramm technische Textilien in jedem Neufahrzeug, bald könnten es dreißig bis fünfunddreißig Kilogramm sein. Jenseits der traditionellen Einsatzgebiete wie Sitzbezüge oder Autohimmel werden bei den Bauteilen vor allem Glasfasern eingesetzt, und nur in sehr teuren Wagen Pflanzenfasern. Toyota verwendet schon seit der Jahrtausendwende die Kenafpflanze, vor allem in seinen Oberklassemodellen. Das Gewächs aus der Familie der Malven kann drei bis vier Meter hoch werden und schlägt Wurzeln vor allem in Asien und Afrika, im kalten Europa überlebt es den Winter nicht. Seine hübsche, weiße bis gelbliche Blüte öffnet sich vor dem Morgengrauen und verblüht noch am selben Tag. Kaum eine Pflanze bindet während ihres Wachstums mehr Kohlendioxid als Kenaf. BMW setzt auf ein heimisches Gewächs und verbaut in seinen hübschen, teuren Elektroautos i3 und i8 neben Carbonfasern auch solche aus Hanf.

Ein Forschungskonsortium aus neun Partnern aus Spanien, den Niederlanden und Deutschland sucht in dem Projekt Biofibrocar[9] nach Geweben und Vliesen aus Naturfasern und Biopolymeren, also Kunststoffen auf Pflanzenbasis. Auch an diesem Projekt sind verschiedene Textilforschungsinstitute sowie Textilfabriken beteiligt. Vom Sonnenschutz über die Anschnallgurte bis zu Sitzen, Fensterrahmen und Autotüren sollen Hanf, Flachs, Jute und Co. die erdölbasierten Stoffe und Formteile aus Plastik ersetzen. Dabei geht es zum einen um ganz klassische Textilfabrikation aus Stricken und Weben, zum anderen aber auch um Formteile, die gepresst oder gegossen werden wie konventionelle Kunststoffe, nur dass sie ganz oder in Teilen aus Pflanzen bestehen. Die Forscher versprechen sich nicht nur eine günstigere CO_2-Bilanz bei der Herstellung; die Autoteile sollen auch komplett kompostierbar sein und dabei genauso feuer- und scheuerfest wie die fossile Konkurrenz.

Einer der Projektpartner ist wiederum das Sächsische Textilforschungsinstitut in Chemnitz, das schon lange nach Einsatzgebieten für Flachs und Hanf sucht. In zweijähriger Forschungsarbeit hat das Institut ein sehr leichtes Formteil für eine Autoinnentür aus Hanf entwickelt; es soll an der Stelle unter dem Griff sitzen, an dem Fahrer und Beifahrer ihre Türen zuziehen. Das Bauteil lässt sich unter hohen Temperaturen formen und zeigt die gleichen Eigenschaften wie sein Pendant aus der Chemiefabrik.

Nachwachsende Rohstoffe laufen dabei immer unter den Schlagwörtern »Knappheiten fossiler Ressourcen vorbeugen« sowie »nachhaltig produzieren«. Wenn eines Tages keine Kunststoffe auf Basis von Erdöl mehr hergestellt werden können, weil der fossile Rohstoff tatsächlich zu Ende geht oder viel zu teuer wird, kann die Autoindustrie lässig auf Biopolymere umsatteln, so die Idee. Außerdem sind zum Beispiel die Innentüren aus verschiedenen Schichten Hanf und Flachs biologisch abbaubar. Nur: Ressourcenstrategen schauen mit wachsender Unruhe nicht nur auf Ölfelder, sondern auch auf die Ackerböden. Einige warnen schon: Bevor die Menschheit ihren »Peak Oil« erreiche, also den Moment, ab dem die geförderte Menge Erdöl nur noch abnimmt und der Preis für das »schwarze Gold« im gleichen Maßstab höher wird, werde sie den »Peak Soil« erleben: Durch Erosion, Versalzung, Vergiftung und Versiegelung schrumpfen die Flächen fruchtbaren Ackerlandes.[10]

Wer also im industriellen Maßstab Pflanzen einsetzen möchte, muss ein Konzept gegen Flächenkonkurrenzen immer gleich mitliefern. Der erbitterte Kampf der Umweltverbände gegen den Biosprit könnte Wissenschaftlern und Unternehmern, die nicht nur Biodiesel im Tank, sondern vermehrt Biokunststoff im Auto sehen wollen, eine Warnung sein. Doch diese Debatte findet auf Branchentreffen wie der Techtextil bislang kaum statt, noch immer gelten Pflanzen, also »nachwachsende Rohstoffe«, Wissenschaftlern und Unternehmen der Branche per se als umweltfreundlich und ressourcenschonend. Ihnen steht also noch eine intensive Auseinandersetzung mit der Nachhaltigkeit ihres Rohstoffes bevor – ressourcenschonendes Design denkt bei der Planung eines Produktes nämlich seinen gesamten Lebensweg voraus, oder versucht es zumindest.

Die Hochschule Reutlingen will in ihrem neuen Lehr- und Forschungszentrum diesen Ansatz verfolgen. Die Geschichte der Carbonfaser zeige, wie es künftig nicht laufen könne, berichtet ein Mitarbeiter. Mit Kohlenstofffasern verstärkte Kunststoffe (CFK) gelten in der Autobranche zwar noch immer als das Zukunftsmaterial, es ist sehr stabil und sehr leicht. Zum Teil wiegen Bauteile aus CFK bis zu 75 Prozent weniger als herkömmliche aus Metall. Das macht sie attraktiv für den Automobilbau, schließlich dürfen die Fahrzeuge in den nächsten Jahren immer weniger Kohlendioxid pro gefahrenen Kilometer ausstoßen. Das geht nur, wenn sie leichter werden. Auch schwere Batterien können die Hersteller in Elektroautos nur einbauen, wenn sie an anderer Stelle an Gewicht sparen. Darum ist die Karosserie beispielsweise des BMW i8 aus CFK konstruiert. In den letzten Jahren haben diese Fasern vermehrt Einzug in den Fahrzeugbau gefunden, obwohl sie viel teurer sind als konventionelles Material.

Doch je alltäglicher Carbonfasern werden, desto problematischer wird das mangelnde Entsorgungskonzept für den Kunststoff. Die Fasern, extrem aufwändig in der Herstellung, lassen sich bislang nämlich nicht recyceln. Das ist technisch äußerst schwierig und mit herkömmlichen Methoden nicht zu leisten. In etlichen

Forschungsprojekten wird nach Verfahren gesucht, während derweil immer mehr der ultraleichten Plaste verbaut wird. Nachhaltigkeit im Design bedeute, heißt es nun aus Reutlingen, solche Probleme wie bei CFK schon im Voraus mitzudenken und zu vermeiden. Sowohl das Recycling als auch die Wirtschaftlichkeit eines Materials müssten bei seiner Entwicklung einbezogen werden.

Das gilt auch für die »Smart Textiles«, die Sensoren oder andere Mikroelektronik in sich tragen. Auch hier müsse an Effizienz in der Herstellung und möglichst einfache Rezyklierbarkeit schon im Entwicklungsverfahren gedacht werden. Marktbeobachter prophezeien, dass gerade diese smarten Textilien auch den Schritt in die Mode machen werden. T-Shirts oder Jacken mit leitfähigen Beschichtungen, möglichst auf Nanobasis, informieren den Träger über den Pulsschlag oder die am Tag bereits gestiegenen Treppen. Das Straßenbild sei derzeit von »auf die Displays von Smartphones und Tablets gerichteten Gesichtern geprägt«, beobachten die *Textilmitteilungen*, da würden die smarten Stoffe eine »neue Form des Loslassens« ermöglichen.[11] Für die Stoffgeschichten der verwendeten Materialien würde das jedoch ein schnelles Ende bedeuten – solch eine Mixtur lässt sich nicht wieder auseinander klamüsern. Allerdings bezweifeln Branchenkenner, dass Konsumenten wirklich einen großen Bedarf an Kleidung haben, die Körperfunktionen überwacht – ganz abgesehen davon, dass einfache Fragen wie diese noch nicht geklärt sind: Wie lässt sich Kleidung mit integrierter Mikroelektronik waschen?

Studenten der Kunsthochschule Halle gehen einen anderen Weg. In Leipzig haben sie das Unternehmen Scobytec gegründet, um eine leuchtende Bikerjacke auf den Markt zu bringen; das Leder besteht aus Hefepilzen (ähnlich dem Rezept für eine vegane Lederjacke weiter vorne). Das Ganze hat aber einen Clou: Gentechnisch modifizierte Pilze sollen die derbe Joppe zum Leuchten bringen. Die drei Studenten haben mit ihrer Idee schon diverse Preise abgeräumt, jetzt wollen sie den Status als Forschungsprojekt möglichst schnell verlassen und sich ihr Verfahren patentieren lassen. Dass ihre Jacke vegan ist und bislang vor allem unter Tierfreunden groß gefeiert wird, interessiert die Macher von Scobytec gar nicht so sehr, sagt Carolin Wendel, eine der Gründerinnen. Ihr Anspruch ist vielmehr, ein ganz neues Material mit zusätzlichen Eigenschaften – eben der Leuchtkraft – zu entwickeln, und zwar »ohne billige Elektronik aus Fernost«. Ziel ist ein innovatives Material, das mit wenig Energie hergestellt werden und anschließend einfach und umweltfreundlich entsorgt werden kann, zu wettbewerbsfähigen Preisen. Klar, die Jacke soll spacig aussehen, vor allem aber Sicherheit bieten, weil sie auf den Motorradfahrer aufmerksam mache.[12]

Doch sind diese Beispiele aus Reutlingen und Leipzig noch absolut exotisch, die allermeisten modernen textilen Anwendungen sind nur auf die Funktionen hin ausgerichtet, die sie erfüllen sollen. Dabei entstehen die wildesten Mixturen verschiedenster Stoffe, aus Mineralien, Metallen, Kunststoffen und Pflanzenfasern. Wie immer ist es dabei deutlich leichter, ein Material mit einer gewünschten Eigenschaft aus verschiedenen Rohstoffen zu entwickeln, als es anschließend wieder in seine Bestandteile zu zerlegen. Unternehmen und Wissenschaftseinrichtungen verstehen unter einer nachhaltigen Produktion neben dem Einsatz von nachwachsenden Rohstoffen häufig vor allem ein geringeres Gewicht oder einen verminderten Energieeinsatz bei der Herstellung oder Nutzung. Die Textilbetonbrücke in Albstadt-Lautlingen ist dafür ein Beispiel, mit Mikroelektronik oder LED-Lampen ausgestattete Kleidung ein anderes. Sinnvolle Stoffgeschichten für die eingesetzten Materialien lassen sich so nicht kreieren – wenn ein Produkt seinen ganzen Lebensweg über umweltfreundlich sein soll, also auch wenn es nicht mehr zu gebrauchen ist, dann muss es auch wieder zerlegbar sein.[13]

Die Branche, und hier vor allem die anwendungsbezogen arbeitenden Forschungsinstitute, steht vor der Aufgabe, einen Begriff von »Nachhaltigkeit« zu formulieren, der wirklich trägt – gerade weil sie sich als Problemlöserin für Zukunftsfragen sieht und darstellt. Wie lassen sich Fasern in sinnvollen Kreisläufen führen? Wie können gefährliche Chemikalien durch unbedenkliche ersetzt werden? Welche Rohstoffe lassen sich mit möglichst wenig Energie und Wasser herstellen?

Für die Mitarbeiter und Stakeholder des GOTS (Global Organic Textile Standard) ist es Arbeitsalltag, sich solche Fragen immer wieder zu stellen. Alle drei Jahre wird der Standard des inzwischen wichtigsten Ökosiegels für Kleidung modifiziert und neuen technischen Entwicklungen und Erkenntnissen angepasst. Das bedeutet ein Jahr Implementierung von Standards, ein Jahr Anwendung und ein Jahr Diskussion neuer Standards. Diese Dynamik passt zur Biobranche, denn sie selbst befindet sich in Bewegung. Ein GOTS-Siegel etwa für Feuerwehrkleidung? »I wo«, sagt die GOTS-Marketing-Direktorin Claudia Kersten, »technische Textilien und Bekleidung, das sind Parallelwelten, die haben nichts miteinander zu tun.« Schade eigentlich, denn beide könnten voneinander lernen. Die Betriebe der technischen Textilien zeigen, wie sich mit Erfindergeist, Zähigkeit und schlauem Netzwerkdenken von Unternehmen und Forschungsinstituten eine Industrie im Hochlohnland Deutschland halten lässt. Und die Ökopioniere unter den Kleiderproduzenten können ihre Erfahrung und ihr Wissen über nachhaltige Fertigung weitergeben. Vielleicht finden die beiden ja einen Teppich, auf dem sie sich gemeinsam niederlassen und austauschen können. Erst mal ganz unbemerkt und ungestört.

9

»Wir brauchen mal was Neues!« Höchste Zeit für den Durchbruch der Ökomarken

Es ist wie im Monty-Python-Film »Life of Brian«: Der größte Feind der Volksfront von Judäa ist nicht Rom, sondern die Judäische Volksfront. Kaum jemand kritisiert die Hersteller von Ökokleidung giftiger als (andere) Hersteller von Ökokleidung. Die Standards seien nicht mehr streng genug, seit sich zu viele neue Label auf dem Markt tummelten, sagen die einen; die Urgesteine der Branche verstünden nichts von Fashion und würden mit ihren Jutesäcken auf Modemessen jeden Einkäufer großer Modehäuser verschrecken, schimpfen die anderen. Sollen die Label in ihrer sauberen, grünen Nische bleiben, im Naturfachhandel und in nachhaltigen Verkaufsplattformen im Internet? Oder ist die Zeit reif für einen großen Sprung, hinein in den Massenmarkt zu den konventionellen Händlern, den die Ökos in der Lebensmittelbranche schon vollzogen haben? Kritische Verbraucher wiederum fragen, ob eine »bessere« Produktion denn gleich »gut« bedeute – und sich Aufwand und Preis für den Kauf eines Ökoproduktes wirklich lohnten.

Worum geht es bei Biokleidung? »Umweltverträglich hergestellt und schadstoffgeprüft – schützt Umwelt und Gesundheit«, textet das Umweltbundesamt im Logo seines »Blauen Engel« und beschreibt damit gut den Gedanken hinter den Ökoklamotten. Verantwortungsvolle, konventionelle Produzenten setzen so wenig giftige Chemikalien wie möglich ein und entlassen diese möglichst nicht in die Umwelt, sondern machen sie unschädlich, indem sie die Stoffe etwa rückstandslos verbrennen oder in geschlossenen Kreisläufen führen. Ökobetriebe hingegen verwenden in der Regel nur ungefährliche Chemikalien, auch wenn das mehr kostet.

Öko ist dabei nicht gleich öko. Mit unterschiedlichen Biosiegeln sind jeweils andere Richtlinien verbunden, doch die Grundlagen sind jeweils ähnlich: Naturfasern wie Baumwolle oder Flachs müssen aus kontrolliert biologischem Anbau (abgekürzt: »kbA«) stammen, es dürfen also weder mineralische Dünger noch Ackergifte eingesetzt werden; außerdem ist vorgeschrieben, die Ressourcen Wasser und Boden möglichst schonend zu nutzen. In kontrolliert biologischer Tierhaltung (»kbT«) leben Tiere in hellen Ställen, die ausreichend Platz und Liegeflächen bieten sowie einen Auslauf nach draußen; gentechnisch verändertes Futter ist verboten, der Landwirt darf nur eine bestimmte Zahl von Tieren pro Fläche halten. Auch für Kunstfasern gelten strenge Regeln (wenn sie überhaupt zulässig sind): Das Holz für Viskose muss aus nachhaltig bewirtschafteten Wäldern stammen, bei der Herstellung von Erdölfasern wie Polyester dürfen bestimmte Chemikalien nur in kleinen Mengen in Wasser oder Luft abgegeben werden; andere Siegel schreiben vor, für Stoffe aus Polyester und Co. Recyclingmaterial zu verwenden. Die beim Spinnen oder Weben verwendeten Hilfsmittel und Farben müssen biologisch abbaubar und dürfen nicht giftig sein; Kläranlagen und Luftfilter sind vorgeschrieben. Bestimmte Verfahren und Stoffe sind ausdrücklich verboten, etwa Chlorbleiche, Formaldehyd, Schwermetalle und bestimmte Farben.

Um ein Ökosiegel zu erhalten, müssen sich Firmen entlang ihrer ganzen Wertschöpfungskette prüfen lassen und etwa belegen, dass sie nur Rohstoffe einkaufen, die zertifiziert sind; Auditoren (also speziell geschulte Prüfer) kontrollieren regelmäßig Anlagen und Verfahren. Werden die Anforderungen erfüllt, erteilen sie ihr Siegel, das die Unternehmen an ihre Waren anbringen und so damit werben können. Der Aufwand ist deutlich größer als etwa bei Lebensmitteln, weil die Verarbeitungsschritte zahlreicher sind, die Lieferkette unübersichtlicher. Eine Ökozertifizierung beispielsweise von Bioweizen kann man sich ähnlich vorstellen wie die von Biobaumwolle – nur, dass dieser dann nach dem Mahlen höchstens gebacken oder in einem Fertiggericht verarbeitet wird und dann schon auf den Tisch kommt, jene aber weiterverarbeitet wird, gesponnen, gewebt, gefärbt, ausgerüstet, genäht.

Diese nach der Ernte erfolgenden Arbeitsschritte müssen bei Biobaumwolle allerdings nicht anders sein als bei konventioneller Ware. Ist ein Kleidungsstück nachweislich aus ökologisch angebauter Faser, kann bei der Herstellung trotzdem jede Menge Gift im Spiel gewesen sein; und über die Arbeitsbedingungen der Näherinnen sagt das Siegel auch nichts aus. Das spricht zwar für Siegel, die den ganzen Wertschöpfungsprozess von Kleidung im Blick haben – Biobaumwolle ist trotzdem besser als konventionelle, schließlich sind bei ihrem Anbau weniger Stickstoff und Ackergifte in die Umwelt gelangt.

Welche Siegel taugen?

Die Unternehmen können unter Dutzenden Siegeln wählen, von guten, die von unabhängigen Vereinen oder gemeinnützigen GmbHs vergeben wurden und wirklich für eine ökologische und/oder faire Produktion stehen, bis hin zu vollkommen inhaltsleeren Industriesiegeln, die kaum oder nur wenig Verbesserung gegenüber konventioneller Arbeitsweise bedeuten. Ein Beispiel für Siegel, die eher für Greenwashing als für wirkliche Produktionsverbesserungen stehen, ist etwa die »Business Social Compliance Initiative« (BSCI), in der Unternehmen und ihre Verbände organisiert sind. Sie wollen gemeinsam bessere Arbeitsbedingungen erreichen. Gewerkschaften, Entwicklungs- oder Menschenrechtsorganisationen bleiben außen vor, die BSCI veröffentlicht ihre Prüfberichte nicht. Verbraucher, die beim Kauf auf Sozialstandards achten wollen, können sich auf das BSCI-Logo nicht verlassen, weil die Arbeit der Initiative nicht transparent ist. Auch wenn H&M »Conscious« auf seine Kleidung schreibt, kann der Kunde das »bewusste« Handeln des Konzerns nur glauben. Von unabhängigen Stellen geprüft oder bewertet ist es nicht.

Ein weiteres Beispiel ist die »Better Cotton Initiative« (BCI), ebenfalls eine Aktion von Unternehmen. Nach eigenen Angaben wirtschaften 1,2 Millionen Farmer nach den Standards der BCI, wählen schonendere Methoden der Bodenbearbeitung, sparen Wasser und setzen weniger Ackergifte ein. Erlaubt bleiben sie aber, genau wie gentechnisch verändertes Saatgut. Baumwolle aus einer BCI-Produktion ist wohl besser als völlig konventionell angebaute, um Bioware handelt es sich aber nicht; und Sozialstandards gelten auch nicht.

Das bekannteste unabhängige Siegel ist immer noch das älteste: Öko-Tex 100. Auf dem Abzeichen überwölbt ein grüner Halbkreis, geschmückt mit einer Blume aus Weltkugel und Maschen, den Schriftzug: »Textiles Vertrauen, geprüft auf Schadstoffe«. Dazu kommen weitere Informationen, was genau in welchem Umfang geprüft wurde, etwa »Standard 100«. Das Siegel wird seit 1992 vergeben und ist inzwischen weltweit und flächendeckend im Handel zu finden, mehr als hunderttausend Zertifikate wurden inzwischen erteilt. Anfang der achtziger Jahre hatte der US-amerikanische Biochemiker Bruce Ames von der Universität Berkeley einen Test entwickelt, mit dem festgestellt werden konnte, ob synthetisch hergestellte, chemische Verbindungen krebserregend sind. Mit dem »Ames-Test« untersuchten die Behörden Mitte der achtziger Jahre auch Kleidung in Deutschland – und wurden fündig. Daraufhin erarbeiteten Textilforschungsinstitute in Deutschland, Österreich und der Schweiz Prüfstandards, mit denen sie Schadstoffe in Kleidung messen konnten, und gründeten schließlich die »Internationale Gemeinschaft für Forschung und Prüfung auf dem Gebiete der Textilökologie« (Öko-Tex). Im Laufe der Jahre hat sich die Organisation mit Sitz in Zürich zu einem großen Netzwerk entwickelt, bestehend aus sechzehn Instituten in Europa und Japan sowie fünfzig Kontaktbüros in aller Welt.

Die Gemeinschaft vergibt verschiedene Siegel, darunter seit neuestem das anspruchsvollere »Made in Green« oder eben den bekanntesten und am meisten verwendeten »Standard 100«. Doch gerade dieser führt Verbraucher, die sich eine ökologische Prozesskette wünschen, in die Irre. Ganz in der Tradition seiner Entstehung werden hier nämlich nur die fertigen Textilien auf Schadstoffe geprüft, nicht etwa die Fabriken, in denen sie entstehen. Das heißt: Werden bei der Herstellung giftige Chemikalien eingesetzt und ungebremst in die Umwelt entlassen, das Kleidungsstück danach aber oft genug gewaschen, kann es das Siegel tragen. Beim Verbraucher kommt ja nichts von der Giftbrühe an. Um ein Ökosiegel im eigentlichen Sinne handelt es sich also nicht. Die Öko-Tex-Gemeinschaft zertifiziert auch ganze Fabriken und Prozessketten – nur wird das von der Industrie viel seltener nachgefragt.

Unter den strengen Ökosiegeln sind drei besonders interessant: »Der Blaue Engel«, »IVN zertifiziert Best« sowie »GOTS«. Die ersten beiden verlangen so hohe Produktionsstandards, dass nur wenige Unternehmen in der Lage oder willens sind, sie einzuhalten. Der GOTS versucht einen vielversprechenden Kompromiss zwischen Anspruch und Pragmatismus. Die Richtlinien des »Blauen Engel«, den das Bundesumweltministerium, das Umweltbundesamt und die Jury Umweltzeichen gemeinsam vergeben, machen detaillierte Vorgaben für Natur- und für Kunstfasern sowie den anschließenden Produktionsprozess. Umfassend und sehr anspruchsvoll, bildet der Standard so etwas wie ein »Best Practice« für die Branche, die beste Art zu produzieren. (Überdurchschnittlich interessierte Verbraucher können den im Internet einsehbaren Standard studieren und bekommen auf diese Art einen Einblick über den Umfang des Ressourceneinsatzes in der Bekleidungsproduktion.[1]) Für die gesamte Lieferkette praktisch vom Erdölfass an will bislang aber kein Unternehmen die Verantwortung übernehmen: Kein einziges Label hat bislang den »Blauen Engel« beantragt. Vielleicht ist das Zeichen, das auch auf Kopierpapier, Taschentüchern und Wandfarbe prangt, den Modemachern aber auch einfach zu uncool.

Der »Internationale Verband der Naturtextilwirtschaft« (IVN) mit Sitz in Stuttgart vergibt zwei Siegel für Kleidung und eins für Leder. 1999 aus dem Arbeitskreis Naturtextil von zwölf Ökopionieren hervorgegangen, sind inzwischen 113 Unternehmen Mitglied. Vor über zwanzig Jahren hat der IVN den Standard »IVN zertifiziert Best« entwickelt; der runde Button hängt an Kleidungsstücken, die ausschließlich aus Naturfasern hergestellt wurden; sie müssen besonders strengen Anforderungen genügen. Das Reglement für Rohstoffe und Chemikalien ist so streng, dass bestimmte Kleidungsstücke derzeit nicht hergestellt werden können, Outdoorjacken oder Sportkleidung, die schmutzabweisend oder besonders schnell trocknend sind zum Beispiel, oder Jeans mit Elastan. Diese Einschränkungen werden aber ganz bewusst in Kauf genommen, berichtet Heike Scheuer vom IVN, den Massenmarkt habe man mit diesem Siegel gar nicht im Sinn.

Doch der IVN bietet seit 2002 auch eine marktgängige Alternative, die trotzdem hohe Anforderungen stellt: Der IVN ist eine der Trägerorganisationen des GOTS, des »Global Organic Textile Standard«. Verbände aus Deutschland, England, den USA und Japan haben den GOTS als gemeinnützige GmbH gegründet. Er vergibt weltweit sein Siegel und will in die Breite wirken, raus aus der engen Marktnische. Das GOTS-Siegel bezeichnet der IVN als einen Mindeststandard, den »Naturtextilien erfüllen müssen«[2]. Im Gegensatz zum »IVN Best« lässt der GOTS beim Färben bestimmte Schwermetalle wie Kupfer und Eisen zu, und der Anteil an biologisch erzeugten Fasern eines Kleidungsstückes muss nur 70 Prozent betragen, wenn der Hersteller das kenntlich macht. Konventionelle Baumwolle sowie Stoffe aus Angorawolle sind jedoch verboten; außer in Accessoires ist nur Recyclingpolyester in bestimmten Mengen erlaubt. Eine Fabrik, die sich nach dem GOTS zertifizieren lassen möchte, muss eine funktionierende Kläranlage vorweisen können sowie bestimmte soziale Mindeststandards einhalten, zudem gelten die oben beschriebenen Vorschriften zu kontrolliert biologischem Anbau und entsprechender Tierhaltung.

Langsam beginnt der GOTS, sich als das Biosiegel mit der branchenweit größten Anerkennung durchzusetzen; für eine größere Akzeptanz von Ökokleidung ist das wichtig. Die Vielfalt an Siegeln, IVN Best, GOTS, Blauer Engel, Öko-Tex, BCI, BSCI und so weiter, ist für die Entwicklung der Branche extrem schädlich gewesen. Durch weit über hundert Siegel und die jeweiligen Standards muss sich die informierte Verbraucherin kämpfen, um einen Überblick zu gewinnen – das ist unmöglich.

Darum ist in der unübersichtlichen Siegellandschaft mit der Zeit ein ebenso verwirrender Wegweiserwald gewachsen. Zahlreiche Organisationen bewerten Siegel, etwa die Kampagne für Saubere Kleidung, Greenpeace oder zahllose kleinere oder neuere Institutionen. Das Portal Rank a Brand, das Konsumgüter nach bestimmten Nachhaltigkeitskriterien bewertet und einordnet, zieht dabei auch Siegel heran; auch »grüne« Einkaufsportale wie Avocado Store aus Hamburg oder Grünewiese aus Münster bewerten Siegel (und der Anhang in diesem Buch wurde schon erwähnt). Bislang elf der bekanntesten Siegel listet die Internetseite Textilklarheit der Bundesregierung auf und bewertet ihre Glaubwürdigkeit. Ein lachendes dunkelgrünes Gesicht freut sich offenbar über eine hohe Glaubwürdigkeit, ein etwas schmallippig lächelndes hellgrünes über eine mittlere und ein trauriges rotes Gesicht bemängelt fehlende Glaubwürdigkeit, allerdings nur in einem Fall.

Für noch so engagierte Konsumenten ist es aber auch mit den Siegelratgebern kaum möglich, die Übersicht zu behalten, vor allem, weil die unterschiedlichen Ratgeber auch zu jeweils verschiedenen Einschätzungen kommen. Ein Beispiel: Das Schweizer Beratungsunternehmen Bluesign arbeitet mit Herstellern zusammen, vor allem aus den Bereichen Outdoor und Sport wie Jack Wolfskin oder Adidas. Zusammen mit ihnen will Bluesign den Umgang mit Chemikalien in der gesamten Produktionskette verbessern und ihren Einsatz minimieren. Rank a Brand verpasst Jack Wolfskin unter anderem wegen dieser Zusammenarbeit ein gutes »B-Ranking« und gibt die Marke so guten Gewissens zum Verkauf frei. Auch die Greenpeace-Aktivistin Kirsten Brodde erwähnt auf ihrem Blog lobend die eine oder andere Marke aufgrund ihres Bluesign-Zertifikates.[3] Der Siegelführer der Kampagne für Saubere Kleidung hingegen nennt Bluesign »nicht empfehlenswert«, weil dort gentechnisch veränderte sowie konventionelle Baumwolle zugelassen seien. Der Kommentar zu Bluesign im Greenpeace-Führer ist ohne ein Handbuch der Chemikalienkunde kaum zu verstehen, heißt aber in der Zusammenfassung so etwas wie »nicht ganz ideal, aber immerhin etwas«.

Widersprechende Aussagen finden sich auch bei anderen Siegeln oder Marken. Die Fair Wear Foundation mit ihrem Multi-Stakeholder-Ansatz wird in puncto Arbeitsbedingungen und Sozialstandards flächendeckend als empfehlenswerte Organisation gerankt – doch das Unternehmen Takko Fashion, das mit ihr zusammenarbeitet, erhält auf der Internetseite Rank a Brand eine schlechte Wertung und gilt als »kaum empfehlenswert«, weil es unzureichend über Umwelt- und Klimaschutzaktivitäten berichte. Ein Verbraucher kann diese Informationen und Bewertungen nur einordnen, wenn er die Organisationen, ihre Wertmaßstäbe, Finanzierung und politische Verortung sehr gut kennt. Wer nachhaltiges Kleiderkaufen nicht hauptberuflich betreibt, kann und muss das nicht leisten. Bleibt den Konsumenten also nur übrig, den Bewertungen einer ihnen sympathischen Organisation zu vertrauen und ihnen widersprechende Informationen zu ignorieren – oder die Siegel gleich gar nicht zu beachten.

Genau das tun die meisten Verbraucher; zumindest gehen die Unternehmen (die ihre Kunden recht gut kennen) davon aus. Einige große Marken und Händler arbeiten zum Beispiel mit dem GOTS zusammen und beziehen für Teile ihrer Kollektion GOTS-zertifizierte Baumwolle, verzichten aber darauf, dies kenntlich zu machen. Erstens müssten sie dann ihren ganzen Herstellungsprozess überprüfen lassen – das bedeutet ihnen zu viel Aufwand. Außerdem versprechen sie sich von einem GOTS-Siegel »absatzpolitisch keinen Vorteil«, wie es eine Unternehmenssprecherin formuliert. Heißt: Kein Mensch kauft deshalb einen Pulli, weil ein GOTS-Siegel dranhängt. Fragt sich, warum. Das hat viele Gründe. Ein gewichtiger ist sicherlich, dass die Konsumenten nichts mit dem Etikett verbinden und seine Kriterien nicht kennen.

Ökokleidung braucht globale Standards

Die US-Regierung macht es Verbrauchern, die nachhaltige Kleidung tragen wollen, leichter. Seit 2011 dürfen in den USA nur noch Hosen, Röcke, Shirts, Strümpfe als »bio« verkauft werden, die nach den Standards des GOTS zertifiziert sind. Dort gilt also für Kleidung, was für Lebensmittel auch in Europa selbstverständlich ist: Das Kennzeichen »bio« ist geschützt, der Verbraucher kann bei zertifizierter Ware auf bestimmte Standards vertrauen. Das strebt das Unternehmen auch für die EU-Länder an. Alle anderen Biosiegel wären damit entwertet, für alle Firmen würden dieselben Spielregeln gelten. Bei den Lebensmitteln funktioniert das gut: Nahrungsmittel mit einem Bio-Button müssen die Ökovorgaben der EU erfüllen; Bauern oder Lebensmittelproduzenten, die höhere Ansprüche an sich selbst und ihre Produkte stellen, können die meist strengeren Regeln von Anbauverbänden wie Demeter oder Bioland einhalten und dann mit deren Siegeln werben.

Anders als im Lebensmittelbereich müsste im Textilbereich kein neuer Standard entwickelt, sondern ganz einfach nur der GOTS staatlich anerkannt werden. Die USA haben vorgemacht, dass das geht. Zwar warnen Experten etwa vom UBA, das könne auch dazu führen, dass sich einige Unternehmen ganz von ökologisch oder wenigstens etwas besser als konventionell erzeugten Fasern verabschieden, wenn ihnen ein höherer Standard aufgezwungen würde. Doch haben gerade die großen Handelskonzerne in den letzten Jahren so intensiv an einem grünen Image gebastelt, dass ein Ausstieg aus dem Biosegment ohne krachende Glaubwürdigkeitsverluste für sie nicht mehr in Frage kommt. Projekte wie die Detox-Verpflichtungen, die »Zero Discharge of Hazardous Chemicals« oder das Textilbündnis stehen einer Abkehr vom Biosegment ebenfalls entgegen. Vielmehr wäre ein anderes Szenario vorstellbar: Marken, die schon GOTS-zertifizierte Ware verwenden, gingen damit in die Offensive und würden, wohl zunächst in den besonders sensiblen Produktgruppen wie Baby- und Kinderkleidung sowie Wäsche, gezwungen, ihre gesamte Lieferkette zertifizieren zu lassen. Fragt sich, ob Eltern bei H&M noch gerne Babybodies kaufen würden, wenn kein »organic cotton«-Hänger mehr daran baumelte. Wohl eher nicht, denn die ökologische Konkurrenz – Bioanbieter, Second-Hand-Shops im Netz oder der Trödelmarkt am Wochenende – ist, zumindest im Bereich Kinderkleidung, da. Als staatlich einzig legitimierter Standard würde das kleine Pappetikett des GOTS mit dem weißen Hemd im grünen Kreis an viel mehr Kleidungsstücken hängen; es würde bekannter werden und wäre nicht mehr der Konkurrenz zweifelhafter Buttons wie »Better Cotton Initiative« oder »Öko-Tex 100« ausgesetzt.

Margen und Sichtbarkeit des global einsetzbaren und anerkannten GOTS würden erheblich erhöht, endlich. Denn bislang fristet er noch immer ein Nischendasein: 2011 trugen 2714 Unternehmen das Siegel, vier Jahre später 3085. Das bedeutet zwar Wachstum, aber doch ein sehr bescheidenes. Laut Umweltbundesamt tragen erst 0,02 Prozent aller Textilien und Kleider das GOTS-Siegel.[4] Wie viele Ökoklamotten in den vergangenen Jahren über den Ladentisch gegangen sind, weiß allerdings niemand so recht; weil der Begriff nicht geschützt ist, können die Sachen auch statistisch nicht erfasst werden. Das UBA schätzt den Gesamtmarkt auf höchstens ein Prozent, Brancheninsider meinen, er könnte durchaus größer sein. Allerdings halten auch Ökonahrungsmittel, gefühlt allgegenwärtig und sogar in Discountern und Kantinen angekommen, nur einen Anteil von knapp vier Prozent am gesamten Lebensmittelmarkt.[5] Zwar wächst dieser Anteil ständig; so stark fragen die Verbraucher Ökomöhren, -milch und -müsli nach, dass die heimischen Landwirte gar nicht genug produzieren können und immer mehr importiert werden muss. Doch trotz jährlichen Wachstumsraten zwischen fünf und sieben Prozent in einem stagnierenden Lebensmittelmarkt werden noch immer 96 Prozent aller Lebensmittel konventionell erzeugt. Da kann es mit dem Marktvolumen der Biokleidung nicht allzu weit sein. In Österreich und der Schweiz könnte es höher liegen, weil dort der Anteil an Bioprodukten am Gesamtmarkt insgesamt größer ist – allerdings heißt das nur, dass die Nischen dort etwas größer sind.

Teuer, uncool, schwer erhältlich?

Warum ist das so? Greenpeace veröffentlichte im März 2015 eine Umfrage unter fünfhundert Jugendlichen, die Auskunft über ihr Kaufverhalten gaben. Zwar waren sie gut über Gifte im Produktionsprozess informiert und lehnten Umweltverschmutzung ab. Doch ein Grund, Ökoklamotten zu kaufen, ist das für die jungen Leute nicht. Die seien zu teuer für ihr Budget; die Sachen seien uncool und überhaupt nur schwer zu bekommen, gaben sie an. Während über neunzig Prozent der befragten Zwölf- bis Neunzehnjährigen Marken wie Adidas oder Nike kannten, wussten nur drei bis sechs Prozent etwas mit Ökomarken wie Armedangels oder Bleed anzufangen.

Das Budget für Kleidung der Befragten Zwölf- bis Neunzehnjährigen liegt zwischen elf und vierzig Euro im Monat. Nun ist Biokleidung zwar in der Regel teurer als die meisten Teile der »Fast-Fashion«-Ketten oder gar der Discounter. Ein ökologisch hergestelltes T-Shirt lässt sich für fünf Euro nicht machen und eine Jeans nicht für 9,99 Euro – außer, ein anderes Teil der Kollektion wird so ramschig produziert oder teuer verkauft, dass es das Ökoteil querfinanziert. Im Billigsegment können die Ökos also nicht mithalten. Aber teurer als eine Markenjeans – die schmutzig und unsozial hergestellt worden ist – sind Ökojeans auch nicht, im Gegenteil. Es lohnt sich, einmal fünfzehn Minuten zu opfern und im Internet Preise von bekannten Markenherstellern mit Ökomarken zu vergleichen. Die Ökos sind nicht teurer. Das gelingt ihnen, weil die Margen der Hersteller kleiner sind, außerdem stecken sie weniger Geld in Markenaufbau und Werbung. Das ist Teil des Geschäftsmodells.

Die Geschichte der fränkischen Firma HempAge, die seit Jahren für den Hanf als Bekleidungsrohstoff ficht, zeigt das. Sie besteht auf dem Markt und verkauft inzwischen eigene, klassisch-schicke Kollektionen. Einigermaßen im von Kunden akzeptierten Preiskorridor kann sie bleiben, weil sie unter anderem so gut wie ganz auf Werbung verzichtet. 1,7 Prozent ihres Umsatzes gibt die Firma laut Selbstauskunft für Marketing aus – bei einem konventionellen Hersteller kann dieser Anteil bei bis zu fünfzig Prozent liegen. Das Geld der Firma fließt nicht in Magazinanzeigen oder Plakate, sondern wird für hochwertige Rohstoffe und faire Löhne ausgegeben. Das ist gut, aber auch ein Problem. Denn es verhindert, dass

HempAge bekannter wird und den Firmen, die mit großflächiger Werbung Schrott verkaufen, Marktanteile abnehmen kann. Denn es gibt Shirts der Marke, die zwischen zwanzig und vierzig Euro kosten; das könnten die Jugendlichen durchaus bezahlen, die Greenpeace für die Modeumfrage interviewt hat. Es wäre zwar nicht ein Shirt pro Woche drin, aber immerhin eins pro Monat. Allerdings ist es ja nicht der Preis, der die Jugendlichen an der Öko-mode vorbeischlendern lässt; die angestellte Rechnung argumentiert an den Interessen der Jugendlichen vorbei.

Im Schuljahr 2014/15 sind unter Drittklässlerinnen Malbücher, Bastelsets, Täschchen und aller möglicher Krimskrams der Marke »Topmodel« sehr angesagt (vom gleichen Anbieter übrigens, der die Schulhöfe früher mit der inzwischen eingestellten »Diddl-Maus« beglückt hat). Nicht verwandt oder verschwägert mit dem bombenbedrohten Fernsehevent, stehen die gezeichneten Models für Grundschülerinnen auf ellenlangen Staksbeinen und blicken mit riesigen Kulleraugen in die Welt. Fürs Ausmalen der Malbücher können sich die Besitzerinnen Tipps auf der türkis-rosa-lila Internetseite der Topmodelwelt holen, daneben gibt es Psychotests, Stylingtipps und so weiter.[6] Was Mädchen eben toll finden, bis sie es blöd finden. Die Marke ist überaus erfolgreich und schlägt die ebenfalls begehrten Pony- und Pferdewelten des Anbieters um Längen. Die Fans können sich kostenlos registrieren und genießen dann viele Vorteile, wirbt der Anbieter: »Style, frisiere und schminke dein eigenes Model!«, »Kaufe coole Kleidungsstücke und Accessoires in den großen Shopping Malls!«, »Verdiene durch verschiedene Aktivitäten Fashion Credits für Outfits und Schminke!«, »Fülle deinen eigenen Kleiderschrank mit Shirts, Kleidern und Accessoires!«, »Erfahre regelmäßig Neuigkeiten aus der Welt der TOPModels!« Und so weiter, und so weiter.

Die kleineren Mädchen können in die Welt der Schönheit und des Shoppings mit Playmobil eintauchen – die Plastikfigürchen gibt es inzwischen als Models (»Die große Castingshow«), und im »modernen Shopping-Center« werden dann die Träume kleiner Einkäuferinnen wahr – mit Friseur und Geldautomat. Die Playmobilfiguren lassen sich in verschiedene Kleider stecken, allerdings zu dem Preis, bisweilen unbekleidet im türkisfarbenen Schlüpfer und BH im Kinderzimmer herumstehen zu müssen. Das sieht ausgesprochen bescheuert aus, doch die Wechseloutfits aus Abend- und Cocktailkleidern finden sogar neunjährige Jungs »schick«. Zusätzlich zu den Figuren gibt es Spielangebote im Internet, auf www.playmobil.com.

Auch der Evergreen »Barbie« ist mittlerweile nicht mehr nur in der realen Plastikwelt zu erleben, sondern auch in Zeitschriften und im Internet. Es lohnt sich unbedingt, unter www.barbie.com/de-de einen der kurzen Trickfilme anzusehen, in denen wahlweise Ken mit einem pinkfarbenen Presslufthammer den Asphalt aufmeißelt, um schnell zu Barbie zu gelangen, oder Barbies kleine Schwester Chelsea im vierzehn Hektar großen Kleiderschrank verlorengeht. Bei diesem Trash muss es sich um eine besonders subtile Subversion handeln.

Nun ist nicht aus jedem Mädchen, das seit den fünfziger Jahren mit Barbiepuppen gespielt hat (die Kinder in Deutschland mussten wegen Markenrechtsproblemen bis 1964 warten), ein magersüchtiges Modepüppchen geworden. Medienpädagogen raten regelmäßig zu Gelassenheit, wenn es um den Einfluss solcher Phantasiewelten auf Geist und Gefühl von Kindern und Jugendlichen geht; begleitet von und besprochen mit Eltern, Lehrern oder anderen Bezugspersonen, können die Mädchen durchaus mit Distanz und dem Bewusstsein, dass das rosa Dreamhouse nicht die wirkliche Welt ist, mit den Modelpuppen spielen. Doch können Mädchen heute deutlich mehr, als am Nachmittag ihre Puppe zu kämmen oder sie in ein vielleicht noch selbst gestricktes Kleidchen zu zwängen. Sie werden mit Merchandising überschwemmt und surfen im Internet in Welten, in denen es nur um Schönheit und Einkaufen geht, oder vielmehr, um Beauty, Fashion und Shopping. Weil die Puppen sowohl in Magazinform, als auch in Büchern, in Filmen und im Netz in der immer gleichen Rolle auftauchen – schön, gestylt, einkaufend –, ist es heute schwerer als früher, für sie andere Rollen oder Welten zu erfinden. Eine noch so hübsche Puppe kann ein Mädchen mit etwas Phantasie (und notfalls Filzstift und Schere) lässig in ein Monster verwandeln. Im Falle von

Topmodel, Barbie und Co. muss sie das aber gegen die Erzählung einer ziemlich geballten Medienmacht durchsetzen.

Auch die Erwachsenen haben ihre »Topmodel-Zonen«: Die findet beispielsweise, wer sich einmal einen Nachmittag lang durch die rund ein Meter zwanzig an Ratgeberliteratur in Sachen »Stil« kämpft, die beispielsweise von der Städtischen Bibliothek Potsdam angeboten werden. Mal mit mehr, mal mit weniger Bildern, werden all die Werke damit eingeleitet, dass es keine hässlichen Frauen gebe (neunzig Prozent richten sich an Frauen, aber vielleicht ist das ein Potsdam-Spezifikum). Jede Frau, ob dick oder dünn, groß oder klein, jung oder alt, sei schön, und an Kleidung sei erlaubt, was gefalle. Außer: Die Röcke länger als eine Handbreit über dem Knie, schwarze Blazer, Tücher, Taschen und Schuhe im gleichen Farbton oder gebügelte Jeans zu tragen (Thomas Rath: *Der Fashion Rath für die Frau*). Eine mindestens neunzigminütige Farbanalyse, in der die für das bloße Auge »unsichtbaren Hautwertuntertöne« herausgefunden werden, ermöglicht erst den Kauf von Kleidung im richtigen Farbspektrum, die die Trägerin befreit und zum Leuchten bringt (Veronika Wimmer: *Mein schönstes Ich*). Und wer ein rundes Gesicht hat und trotzdem als durchsetzungsstark gelten will, sollte eckige Kragen und Schmuckstücke tragen (Stephanie Palm, Ursula Scholz: *Typberatung, die anzieht*).

Wer sich einen Nachmittag durch all die Kleiderregeln und -tipps liest, sieht danach den Tschador in einem anderen Licht. Alle Ratgeber machen klar: Es geht um viel, etwa darum, sich besser darstellen zu können, besser zu wirken und präsenter in Erscheinung zu treten und dabei doch glaubwürdig zu bleiben.[7] Die Wahl der Kleidung ist entscheidend, denn mit ihr kommunizieren wir unsere Werte, unsere Ansichten und unsere Eigenwahrnehmung.[8] Mode ist mehr als ein schnöder Gebrauchsgegenstand, in dem wir es angenehm und warm haben, sondern sie spiegelt unseren Charakter wieder und unterstreicht unser Wesen. Und wenn nicht, kommt die Fashion-Police.[9]

Diese Ratgeber sind nur die Spitze des Eisbergs. Selbst diejenigen, die sie nicht lesen, kennen ihren Inhalt: Aus Mode- und Frauenzeitschriften, aus den bunten Seiten der Tageszeitungen, dem Fernsehen und allgegenwärtigen Stilkritiken auf allen möglichen Websites, die Promis auf roten Teppichen, dem Bürgersteig oder beim Einkaufen auf dem Parkplatz abbilden und ihr Outfit kommentieren. Die jeweils »richtige« Kleidung zu tragen ist Teil der Selbstoptimierung. Kein Erfolg im Job, in der Liebe oder bei der Wohnungssuche? Wohl keinen eigenen Stil und damit den eigenen Typ nicht entwickelt! Selbst schuld, wer sich nicht informiert und den neuesten Trend verpeilt. Derart überfrachtet mit Ansprüchen, bleiben dem Konsumenten beim Kleiderkauf nur wenig Energie und Kraft, seine Aufmerksamkeit auch noch auf die weit entfernten Produktionsbedingungen von Textilien zu richten. Im Unterschied zu Biolebensmitteln, die ihren Käufern suggerieren, sie kauften ein gesundes Produkt und damit auch für sich selbst etwas Gutes, erwarten Biokleider von ihren Konsumenten eine gehörige Portion Altruismus. Kein Wunder, dass Hosen und T-Shirts, die vor allem an Moral und Anstand der Verbraucher appellieren, kaum Beachtung finden.

»Die neue grüne Masche«

Allerdings: Es ändert sich etwas. In den kleinen Marktnischen der Ökos ist nämlich Bewegung. Während der Umsatz mit konventionellen Textilien jedes Jahr etwas abnimmt, steigt der mit Ökokleidung laut IVN jährlich um fünf Prozent an.[10] In den Jahren 2006 und 2011 freute sich die Ökobranche über außergewöhnlich hohe Umsätze – ein größerer Gammelfleischskandal sowie die Reaktorkatastrophe von Fukushima hätten die Verbraucher in diesen Jahren für Nachhaltigkeitsthemen sensibilisiert, interpretiert der IVN die Zahlen. Stellt sich die Frage: Wie erobern sich die Ökomarken einen größeren Kundenkreis? Logisch, mit dieser Frage beschäftigen sie sich selbst intensiv. Sie tun dies schon seit zwanzig Jahren, und zwar in einer Art argumentativen Dauerschleife.

Die *taz* berichtet über die jüngste Modemesse in Berlin, die einen Extrabereich für Ökomode eingerichtet hat. Tenor: Jetzt kommt das

Thema aus der Nische heraus und wird wirtschaftlich interessant. Mit »Öko« wollen die Label, die dort ausstellen, gar nicht mehr viel zu tun haben, sie wollen weg vom Müsliimage, das nicht mehr passt zu gutem Design und modischen Looks, mit denen sie Anschluss finden wollen an die Bedürfnisse der Käufer und Käuferinnen. So treffen sich die grünen Marken auf der Messe und diskutieren unter dem Stichwort »Fashionable Ecology«, wie ökologisch hergestellte Kleidung sich endlich besser verkaufen lässt. Kleines Ratespiel: Von wann ist der Bericht? Antwort: Es gibt zehn Treffer mit genau der gleichen Tendenz. Der erste findet sich 1994 und heißt: »Chic und politisch korrekt gewandet«[11], der letzte aus dem Jahr 2014 wurde mit »Die neue grüne Masche« betitelt. Immerhin, die Überschrift ist lustiger, der Inhalt aber ist ziemlich identisch. Der Jutesack war gestern, heute merkt man den coolen Sachen der Ökodesigner ihre Herkunft gar nicht mehr an, der ökonomische Durchbruch steht bevor.

Die Zeit gab 1994 einen Überblick über die Hersteller von Ökomode und berichtete unter anderem über Britta Steilmann. Die hatte als Erbin der im nordrhein-westfälischen Wattenscheid ansässigen Steilmann-Gruppe, eines Konzerns mit Milliardenumsätzen und weltweit über 20 000 Beschäftigten, nicht nur eine Ökokollektion entworfen, sondern sinnierte als Managerin des damaligen Erstligisten Wattenscheid 09 darüber, ihre Kicker in Ökotrikots auflaufen zu lassen.[12] Die schwedische Kette Hennes & Mauritz, die sich damals anschickte, von Skandinavien aus die Modewelt in Europa zu erobern, brachte eine »Eco-Cotton«-Kollektion heraus, die US-Marke GAP und die in Hongkong und Ratingen ansässige Esprit-Holding ebenso. Der *Zeit*-Artikel zitierte einen Design-Professor mit den Worten, modernes Design sei »kein Ökodesign«, dementsprechend wollte auch Esprit eine Ökokollektion machen, der die Kunden überhaupt nicht ansähen, dass sie ökologisch sei. Eine Nachfragewelle schwappte über die Biobaumwolle, der Umsatz mit Ökokleidung stieg von zwanzig Millionen US-Dollar 1992 auf achtzig Millionen US-Dollar 1996.

Die Euphorie war groß: Im nach der Wende rasant deindustrialisierten Brandenburg sollte eine regionale, ökologische Wert-

schöpfungskette vom Acker bis zur Hose entstehen: Die Firma JojoKid stellte im Norden des Landes Kinderkleidung her; als Mitte
der neunziger Jahre erlaubt wurde, unter bestimmten Auflagen
wieder Hanf anzubauen (der sich nicht als Rauchware eignen
durfte), siedelte sich im selben Gewerbegebiet die »Hanffabrik«
an, die den Rohstoff für die Kleidung von JojoKid liefern wollte.
Doch wie das mit Wellen so ist: Die Nachfrage sank so schnell, wie
sie zuvor gestiegen war, der »Ökotrend« ebbte ab, die großen Handelsketten verloren das Interesse.[13] Bald nachdem die öffentliche
Förderung ausgelaufen war, stellte JojoKid die Produktion ein, die
Näherinnen, die zu DDR-Zeiten Jeans genäht hatten, wurden wieder arbeitslos. Die Hanffabrik hat überlebt und stellt heute unter
dem Namen Bioformtex Vliese aus Hanf her, die im Straßenbau
oder als Dämmmaterial eingesetzt werden – die technischen Textilien grüßen. Auch die Biokollektion von Britta Steilmann floppte,
der *Spiegel* ätzte später über »Ökofummel für esoterisch ange-
hauchte Besserverdienende«[14].

Seit dem Ende der ersten großen Ökophase in der Bekleidungsindustrie heißt es also auf jedem Branchentreffen aufs
Neue: Der Kunde wolle vor allem schicke, gut sitzende und
preiswerte Kleidung, die Ökologie sei nur ein »Add on«, ein net-
ter Zusatz. Man müsse also vor allem modisch sein, eine gewisse
Leichtigkeit ausstrahlen, und alljährlich verkünden die Modemacher, nun sei es so weit, nun sehe Öko endlich gar nicht mehr
aus wie Öko. Gebracht hat das bislang nicht viel – siehe die
Branchendaten weiter oben. Ob die grünen Designer in den vergangenen Jahren optisch zur konventionellen Konkurrenz auf-
schließen konnten, hat die Kundschaft offenbar nicht allzu sehr
interessiert. Trotzdem herrscht derzeit Aufbruchsstimmung:
Zum Beispiel ist 2015 in den Vereinigten Staaten die Ackerfläche, auf der Biobaumwolle angebaut wurde, auf dem höchs-
ten Stand seit 1995.[15] Immer mehr auch konventionelle Händler
haben GOTS-zertifizierte Produkte im Programm, auf grünen
Modemessen wie dem »Green Showroom« informieren sich die
Einkäufer großer Ketten über das Angebot. Ist die Zeit für ökolo-

gische Kleidung nun vielleicht wirklich gekommen? Und hat sie eine Chance, sich endlich einen größeren Kundenkreis zu erschließen?

»Es ist das Internet, Dummchen«

Der Bielefelder Historiker Joachim Radkau beschreibt als einen des Kennzeichen der Umweltbewegung ihre Geschichtsvergessenheit. Er bedauert sie, denn ein richtig verstandenes Geschichtsbewusstsein bedeute nicht nur, »im Gegenwärtigen das Vergangene zu suchen, sondern auch das Neue der Gegenwart zu entdecken.« Aus der Geschichte heraus erkenne man, dass es einen historischen Augenblick gebe, wo das Trägheitsmoment bestehender Strukturen durchbrochen werde und manches möglich werde, was bis dahin als unmöglich galt.[16] Wer also einschätzen möchte, ob sich die ökologischen Modemacher – die sich durchaus als ein Teil der Umweltbewegung verstehen lassen – nun auch auf dem Massenmarkt durchsetzen können, der muss demnach versuchen zu verstehen, was heute anders ist als vor zwanzig Jahren.

Bill Clinton (das ist der Mann von Hillary) würde antworten: »Es ist das Internet, Dummchen.« Der Zugriff auf Informationen weltweit, die Möglichkeit, sich leicht zu vernetzen – mit einer Weberei in Indien oder einem Konfektionär in der Türkei – und ohne Zwischenhändler direkt Kontakt zu den Kunden aufnehmen zu können: Das alles ist die Grundlage für die vielen erfolgreichen Gründungen von Ökolabeln der letzten Jahre. Britta Steilmann, die die vergangenen Jahre ein Büro für Inneneinrichtung betrieben hat und sich heute intensiv mit dem Cradle-to-Cradle-Ansatz des Chemikers Michael Braungart befasst (siehe Seite 125 ff.), kann den Misserfolg ihrer Ökokollektion von damals einleuchtend erklären. Ihre Sachen habe sie unter dem Motto »Kleidung, die schön macht, nicht krank« verkaufen wollen. Die Einzelhändler hätten aber keine Lust darauf gehabt, dieses Motto neben ihre konventionelle Ware zu hängen, sagt die Designerin. Andere Vertriebskanäle als die Geschäfte habe es für ihre Kleidung nicht gegeben – das war's dann für die Kollektion. Verhandlungen mit mutlosen Einzelhändlern oder strenggläubigen Bioläden bleiben jungen Designern heute erst mal erspart; sie brauchen eher Kontakt zu jemandem, der einen Onlineshop programmieren kann.

Die Augsburger Unternehmerin Sina Trinkwalder mit ihrem Label Manomama zum Beispiel, so etwas wie der Trigema-Wolfgang-Grupp der Ökoszene, erzählt in ihrer lustigen Unternehmerinnen-Autobiographie *Wunder muss man selber machen*[17], wie sie ihre erste Existenz als Inhaberin einer Werbeagentur aufgab und in der traditionsreichen Textilstadt eine Textilfabrik gründete. Sie treibt kein geringerer Anspruch als die Welt zu verbessern, zumindest in Augsburg. Manomama bietet Arbeitsplätze für Menschen, die der Arbeitsmarkt schon aussortiert hatte, Löhne weit jenseits des Mindestlohnes und versucht, ihren Mitarbeiterinnen so viel Autonomie über ihre Arbeitszeit und Arbeitsweise einzuräumen wie möglich. Inzwischen hat sie hundertfünfzig Mitarbeiter, die ihre eigene Kollektion nähen sowie Auftragsarbeiten, etwa für die Drogeriekette dm oder Edeka. Seit 2015 hat zudem ein Manomama-Laden in der Augsburger Innenstadt geöffnet. Der Anfang von Trinkwalders Unternehmerinnenexistenz war hart und steinig (liest sich in ihrem Buch aber ausgesprochen amüsant). Eine wichtige Säule für den Erfolg waren soziale Netzwerke. Von Anfang an twitterte Trinkwalder und informierte ihren Facebook-Freundeskreis über jeden Schritt ihrer Unternehmensgründung. Einige Male geriet ihre junge Firma in ernste Schwierigkeiten – und immer half entweder ein kundiger Twitter-Follower weiter, der einen Experten empfahl, der schließlich Rat wusste; oder gleich die ganze Gemeinde kam zum Taschenstapeln oder kaufte eine Kollektion mit Wasserschaden auf. Inzwischen nutzt Trinkwalder auch ganz klassische Vertriebswege wie Reformhäuser oder Veranstaltungen nach Art der Tupperparty. Infos darüber finden sich auf der Website.

Ein anderes Beispiel: In Berlin arbeitet seit 2008 »Lebenskleidung«, in eigenen Worten eine »Textilagentur«. Klassisch würde man die Unternehmensgründung dreier Studenten als Stoffhändler bezeichnen. Das Besondere: Die angebotenen Jerseys, Denims oder Tuche sind allesamt GOTS-zertifiziert, oder die Anbieter können die Herkunft ihrer Stoffe lückenlos belegen – etwa, wenn sie so klein sind, dass sie sich eine Zertifizierung nicht leisten können. Zwar stellt »Lebenskleidung« auf den wichtigen Messen der Branche in Deutschland aus, dem »Green Showroom« in Berlin, der »Munich Fabric Start« in München oder der »Innatex« in Hofheim-Wallau, um ein Netzwerk aus persönlichen Kontakten zu knüpfen. Doch das Geschäft läuft online ab: Die Stoffe werden auf der Website präsentiert und beschrieben, bestellt wird per Mausklick. Einen Laden gibt es nicht, nur ein Lager. »Lebenskleidung« ist, zusammen mit ähnlich arbeitenden Anbietern wie Interloom, zu einem wichtigen Knotenpunkt der Biobranche geworden: Barbara Gebhardt und Olga Charfreitag zum Beispiel kennen sich nicht, wohnen rund 350 Kilometer weit auseinander, können sich aber auf Lebenskleidung.com treffen.

Die Kieler Unternehmerin Olga Charfreitag begeisterte sich lange für ökologische Leinenstoffe und ärgerte sich immer wieder darüber, dass sie kaum zu bekommen waren. Also gründete sie 2012 eine Firma und verkauft sie nun selbst. Weil in Deutschland Technik und Knowhow zur Fasergewinnung und Stoffproduktion verschwunden sind, betreibt sie ihr Geschäft in ganz Europa: Der Flachs stammt aus Nordfrankreich oder den Benelux-Ländern, die Fasern werden in Ungarn gesponnen und in Österreich gewebt und veredelt (also gewaschen). Wie Charfreitag selbst sind ihre Kunden Idealisten – und wohnen meistens in Bayern, Baden-Württemberg oder Berlin. In der Regel stoßen sie beim Netzsurfen auf den Leinen-Onlineshop. Anhand der Klickspuren kann die Stoffhändlerin erkennen, dass die Kunden lange auf ihrer Seite bleiben, sich die verschiedenen Stoffe genau ansehen – und dann häufig doch nicht kaufen.

Das Geschäft mit dem traditionsreichen Stoff fasziniert Charfreitag zwar immer wieder aufs Neue, aber es ist auch hart, ständig streift die Unternehmerin mit ihren Preisen die Obergrenzen, die auch Idealisten nicht mehr zahlen. Ein guter Bioleinenstoff kann bei ihr schon einmal 35 Euro pro Meter kosten. Da wäre es waghalsig, von einem Design riesige Mengen produzieren zu lassen; würde es sich nicht verkaufen, könnte das den Ruin der jungen Firma bedeuten. Also arbeitet Charfreitag mit kleinen Margen, viel kleineren, als auf dem Markt üblich. Interessiert sich ein Konfektionär für Stoff für ein Hemd, ordert er leicht dreihundert Meter einer Qualität und Farbe – oder mehr. Die könne sie nicht herstellen und bereithalten, erzählt Charfreitag. Sie produziert ihre Stoffe in kleinen Mengen verschiedener Qualitäten und Muster, um das finanzielle Risiko möglichst zu verteilen. »Lebenskleidung« ist, neben dem eigenen Onlineshop, für sie ein wichtiger Vertriebskanal; dort bekommt sie eine Plattform für ihre Stoffe und die nötige Infrastruktur, um sie Profis anbieten zu können – die oft auch nur kleine Mengen benötigen.

So wie Barbara Gebhardt. 1991 ging die junge Designerin direkt von der Uni nach Berlin-Mitte und gründete dort ein eigenes Label. Mit großen Markennamen und Konsumrausch wollte sie nix am Hut haben, also nannte sie ihre Firma »Nix«. So heißt sie noch heute, genau wie ihr Laden in den Heckmann-Höfen, ein bisschen abseits der Touristenmeile Oranienburger Straße. Sie entwirft puristische Kleider und Hosen, im Frühling und Sommer 2015 in Grau, Weiß und schönen Blautönen und lässt ihre Kollektion inzwischen ganz aus ökologisch zertifizierten Stoffen produzieren. Auch Gebhardt kämpft häufig mit den Mengen: Masse herzustellen sei ganz leicht, seufzt sie. Auf der Welt eine Firma zu finden, die für sie preisgünstig hunderttausend T-Shirts herstelle, das sei überhaupt kein Problem. Schwierig werde es aber, wenn sie nur hundert T-Shirts brauche. Und nur zehn Teile eines Entwurfs produzieren zu lassen, das sei leider unmöglich. Genauso verhält es sich mit den Stoffmengen, auch hier muss sie gleich Hunderte von Metern abnehmen – oder sie bekommt gar nichts. Auf Lebenskleidung.com kann sie hingegen auch nur fünf Meter eines angebotenen Stoffes kaufen, das ist die Mindestbestellmenge. Die Agentur sammelt so lange Interessenten für einen Stoff, bis hundertfünfzig Meter von einem Muster oder einer Farbe zusammengekommen sind, dann wird bestellt und die Weberei in der Türkei wirft ihre Maschinen an. Für spezielle Anbieter wie Charfreitags kleinen Leinenshop gelten, wie gesagt, andere Spielregeln.

Das Internet macht diese Form der Zusammenarbeit unkompliziert möglich, ohne dass sich junge Designer oder Label von einem Netzwerktreffen zum nächsten schleppen müssen. Die Stoffagenturen ermöglichen es den kleinen Biounternehmen zu wachsen – und wachsen mit ihnen. Mitarbeiter berichten von Firmen, die mit Fünf-Meter-Bestellungen angefangen haben und nun eigene Stoffe in Auftrag geben. Nächstes Projekt von »Lebenskleidung« ist es, auch kleine Mengen bedruckten Stoffes anzubieten. Bedruckte Stoffe müssen in der Regel aufwändig vor- und nachbereitet werden, häufig sind Mindestabnahmen von tausendfünfhundert Metern vorgegeben. Künftig will der türkische Lieferant Digitaldrucke anbieten, auch kleine Mengen können so bestellt werden. Das erweitert die Möglichkeiten der Ökodesigner. Zu Zeiten von Britta Steilmann und JojoKids gab es solche auf den neuen Kommunikationstechnologien beruhenden Netzwerke nicht, in denen Unternehmen zusammenarbeiten können, die sowohl ökologisch als auch wirtschaftlich professionell ticken. Nicht zuletzt an diesem Mangel sind sie damals gescheitert.

»Bio« braucht Ladenfläche

Neben dem Internet ist es die wahlweise gescholtene oder veräppelte Konsumentengruppe der Lohas, die mit ihrem »Lifestyle of Health and Sustainability« ein stabiles und größeres Käuferpotential für grüne Mode darstellt. Kritikern fehlt den ich-orientierten Bioladenkunden mit ihrem angeblich spießigen Hang zum Bionade-Biedermeier das politische Bewusstsein; außerdem sei ihr ökologischer Lebensstil nur ein Mittel der sozialen Abgrenzung nach unten.[18] Mag sein, allerdings ist diese Käufergruppe – in wie viele Unter-, Neu- und Gegengruppen sie sich inzwischen auch gesplittet und entwickelt haben mag – bereit und in der Lage, für ein umweltfreundlich und fair hergestelltes Kleidungsstück mehr zu bezahlen. Aus welcher Motivation heraus, das dürfte sowohl den Herstellern auf der Suche nach einem Markt als auch den Fabrikarbeiterinnen und Flussanwohnern in den Produktionsländern, deren Lebensbedingungen sich mit einer ökologischen Produktion verbessern, relativ egal sein.

Die Designerin Caroline Raffauf, eine Ökopionierin der ersten Stunde, hat ihre Firma durch die vergangenen Jahrzehnte experimentiert. Als sie Anfang der Neunziger in Köln ihr Label »Raffauf« gründete, entwarf sie meist naturfarbene Kleidung, eher leger geschnitten; heute ist sie noch immer erfolgreich mit ökologischer, urbaner Outdoormode auf dem Markt, gerne in leuchtenden Farben. Sie verkauft ihre Regenjacken aus Biobaumwolle, die mit Bienenwachs oder Naturkautschuk beschichtet sind, über Einzelhändler und verschiedene Versandhändler. Eine Zeitlang habe sie in Verkaufsgesprächen nicht einmal mehr erwähnt, dass ihre Kollektion ökologisch und sozial produziert sei, »das habe ich quasi heimlich gemacht«, erzählt sie. Das sei heute anders, heute habe »öko« bei den Händlern und erst recht bei den Kunden keinen schlechten Klang mehr.

Ökologische Produkte sind im Alltag und im Mainstream angekommen. Damit ist der Kundenkreis für Biokleidung größer geworden und nicht mehr so klar definiert wie vielleicht noch vor zwanzig Jahren. Das wiederum bedeutet einen größeren Spielraum für die Designer. Der Versandhändler Hess Natur, einst Ökopionier und inzwischen einer der Branchenriesen, kann seine Kataloge heute beispielsweise ganz anders gestalten als früher. Schlanke Frauen mit Sonnenbrille und hohen Absätzen präsentieren die Mode – solche Bilder wären noch vor zehn Jahren undenkbar gewesen, erzählt Rolf Heimann, ehemals Leiter der Abteilung »Innovation und Ökologie«, inzwischen Leiter der neuen Stiftung von Hess Natur, die Unternehmen in ökologischer Produktion beraten will. Eine Ästhetik, die Frauenkörper so in Szene setzt, hätten die zugleich umwelt- und frauenbewegten Kundinnen zu Proteststürmen veranlasst, sagt er. Heute verkaufen sich Kostüme, die cool und schick präsentiert werden, besonders gut.

Was das mit den Lohas zu tun hat? Sie stellen für die Ökodesigner ein wichtiges Bindeglied in den konventionellen Handel dar; zwar schätzen sie die Ästhetik konventioneller Modemarken, achten aber auf Nachhaltigkeit. Das macht grüne Kleidung auch für den traditionellen Einzelhandel interessant. Dort treffen Kunden auf Biomode, die sich sonst nicht für sie interessiert hätten. Für Biowaren ist das entscheidend für den Erfolg, das zeigen Erfahrungen aus dem Lebensmittelbereich. In Stadtteilen oder Regionen, in denen Bio-Supermarktketten Niederlassungen eröffnen oder klassische Ketten eine große Zahl von Bioprodukten listen, steigen Nachfrage und Absatz. Ist ja auch einleuchtend: Wo Verbraucher einen leichten Zugang zu »Bio« haben, greifen sie auch zu. Für ökologische Bekleidung ist das bisher vielleicht der größte Wettbewerbsnachteil, denn im klassischen Handel findet sie bislang quasi nicht statt. Bislang.

Denn neben neuen Kommunikationstechnologien und Käuferschichten treffen die Biodesigner neuerdings auf eine ernste Krise des Einzelhandels. Und der ist, auch wenn der Internethandel noch so boomt, wichtig. Noch immer werden neunzig Prozent des Umsatzes mit Kleidung im stationären Handel gemacht. Wer raus aus der kleinen Ökonische will, muss rein in die Läden der Fußgängerzonen. Die haben sich in der Vergangenheit als besonders resistent gegenüber grünen Klamotten gezeigt, weil sie in ihnen einen Angriff auf den Rest ihrer – etwa giftigen, schlechteren? – Ware sahen. Außerdem ist das Sortiment eines Händlers, der Kleidung unterschiedlicher Marken anbietet, eine fein austarierte und leidenschaftlich diskutierte Wissenschaft, wovon sich die Leser entsprechender Fachorgane wie *Textilwirtschaft* oder *Fashionunited* überzeugen können. Misstrauisch bis zunehmend panisch versuchen die Geschäftsinhaber, die modischen Wünsche ihrer scheuen Kundschaft zu erraten, und tun sich mit »Wagnissen« wie Ökomode in der Regel schwer.

Doch ist die Krise inzwischen derart manifest, dass die Bereitschaft zur Veränderung wächst. Die Biojeansmarke Sey aus dem kleinen Örtchen Hainburg zwischen Frankfurt und Aschaffenburg zum Beispiel verkauft ihre Hosen nicht nur über zwei Versandhändler, sondern auch in über siebzig Läden. Auf ihrer Website wählt die Firma eine Bildsprache, die mit gängigen Vorstellungen von »öko« und »fair« nichts mehr zu tun hat. Unternehmensgründerin Selmy Yasdut verzichtet zwar auf das bei Jeans sonst übliche Chemikalienspektakel aus Chlorbleiche, Sandstrahlen et cetera und setzt auf Ozon, Laser und Schmirgelpapier; allerdings nicht darauf, ihren Hosen ein angesagtes, sehr fashionables Äußeres zu verleihen. Eindeutig steht das Äußere im Mittelpunkt. Die Bildsprache ihres Katalogs – halbnackte Models mit knackigen Hintern – will Frauen ansprechen, die Wert auf einen sexy Auftritt legen. Und so ließen sich ihre Jeans im Handel auch verkaufen, wenn der Preis stimme, sagt Yasdut.

Deutschlandweit gibt es nur etwa fünfzig Händler mit ökologischer »urban wear«, also lässiger Kleidung wie Jeans, Hoodies und T-Shirts.[19] Wenn die Händler darunter leiden, dass ihr Sortiment sowohl bequemer bei Zalando als auch schicker im Markenstore um die Ecke und billiger im Outlet-Center vor den Toren der Stadt gekauft werden kann – warum sprechen sie dann nicht eine Käufergruppe an, die bereit zum bewussten Konsum ist? Dazu kann ja genauso gut gehören, sich Gedanken über die eigene Stadt und ihre Infrastruktur zu machen. Wer beim Kleiderkauf an die Umwelt in China und die Löhne in Bangladesch denkt, verschwendet auch einen Gedanken an lebendige Innenstädte oder lebenswerte Stadtteile. Bislang ignorieren die Einzelhändler diese Klientel und sehen zu, wie sie ins Internet und entsprechende Onlineshops abwandert. Dabei gibt es Ökoklamotten nicht an jeder Ecke, somit böten sie Boutiquen die Gelegenheit, sich von der Konkurrenz abzusetzen; und auf ständiger Schnäppchenjagd sind die interessierten Konsumenten auch nicht.

Drei Gründe für »Bio«

Zu guter Letzt besitzen die Ökolabel von heute neben dem Netz, einer neuen Kundschaft und potentiell neuen Vertriebspartnern auch eine breitere politische Unterstützung, als sie je hatten. Das

Textilbündnis des CSU-Ministers Müller lenkt den Blick auf die eklatanten Missstände in der Bekleidungsbranche – die von den Ökos im Produktionsprozess schon weitgehend beseitigt worden sind. Die Lobbyarbeit bei der Bundesregierung, die etwa ein gemeinsames Ökosiegel auf europäischer Ebene zum Ziel hat (Stichwort: GOTS-Anerkennung wie in den USA), könnte endlich auf fruchtbaren Boden fallen. Vor allem, wenn sich herausstellen sollte, dass die konventionellen Hersteller und Ketten den vom Minister angestoßenen Prozess nur aussitzen und außer ein bisschen Green- und Socialwashing gar nichts ändern wollen.

Doch sollte es die Branche tatsächlich ernst meinen und ihre Herstellungsmethoden verändern – warum dann noch »Bio« kaufen? Schließlich versprechen die großen Hersteller, ihre Produktion zu entgiften. Sie starten Recyclingprojekte und fragen vermehrt Biobaumwolle nach. Wer braucht dann noch Ökoklamotten?

Drei Gründe sprechen dafür, nicht nur Biomilch, sondern auch Biohosen einzukaufen.

Der erste: Die Ökolabel sind der Stachel im Fleisch der konventionellen Modeindustrie, der immerhin so sehr sticht, dass sie das kleine Segment genau beobachtet. Immer wieder berichten die Biofirmen erstaunt, dass Vertreter der großen Marken auf Ökomessen herumstreunen und sich ganz genau umsehen. Schließlich kämpfen sie seit Jahren mit sinkenden Margen und Umsätzen – da schmerzt jede zusätzliche Konkurrenz, die, und sei sie noch so klein, immerhin wächst. Hier gibt es ein Marktsegment, in dem sich noch etwas holen lässt. Das macht ökologische Produktion auch für die Großen interessant.

Der zweite Grund: Die Ökos sind eine Art Labor für den Rest der Branche. Esprit aus Ratingen geht beispielsweise so vor: In sogenannten Kapselkollektionen werden ökologische Verfahren ausprobiert. Sie finden jenseits des großen, konventionellen Angebots statt, quasi »abgekapselt«. Dort können Designer, Textilingenieure und Fabriken lernen, etwa mit alternativen Farben, Chemikalien oder Materialien umzugehen, und diese Erfahrungen gegebenenfalls in den Rest der gesamten Kollektion übertragen. So etwas können kleine, innovative Unternehmen für die Branche leisten; sie sind innovativ nicht nur am »Point of Sale«, so wie die Großen, sondern auch in der Produktion. Die Ökolabel haben bei Dienstleistern und Zulieferern ungiftige Finishs für Jeans nachgefragt, alternative Farben oder Recyclingmaterialien – und so Entwicklungen angestoßen. Die Hoffnung besteht, dass eine Färberei, die genügend Aufträge für GOTS-zertifizierte Kleidung erhält, nicht extra Giftfarbe für die konventionelle Ware anschafft, sondern gleich ganz auf harmlose Chemikalien umstellt. Die Ökomarken sind Spielwiese und Testregion, in denen Alternativen zur immer gleichen Billigproduktion entwickelt werden.

Außerdem überwintern bei ihnen häufig, und häufig belächelt, alte Techniken und Kenntnisse, die irgendwann für alle wieder nützlich werden können. Ökobetriebe wie Hess Natur im Großen oder Olga Charfreitag im Kleinen bewahren das Wissen darüber, wie etwa Leinen angebaut und verarbeitet wird; Manomama zeigt, wie sich eine regionale Wertschöpfungskette mit Methoden von heute wiederbeleben lässt; Spinnereien wie die der Gebrüder Otto hüten das Wissen über die Fertigung hochwertiger Baumwollgarne. »Das Knowhow ist doch heute gar nicht mehr da«, seufzt ein Mitarbeiter eines Textilveredelungsbetriebes, der seine Karriere zuvor bei einem großen, inzwischen längst insolventen Bekleidungskonzern gemacht hat, »das ganze Wissen über Bekleidungsproduktion ist doch längst in Asien.« Nicht ganz, ein bisschen ist noch da, und das konzentriert sich bei den technischen Textilien – und den Ökos. Sie hatten immer den Überblick über die Lieferkette, den die Konventionellen im Zuge von Detox und Textilbündnis nun mühsam zurückgewinnen müssen.

Drittens stehen die Ökomarken in ihrer Mehrzahl für ein anderes Geschäftsmodell als die etablierten Hersteller. Diese leben vom und für das Wachstum. Jedes Jahr müssen H&M, C&A, Uniqlo und Mango mehr verkaufen, sonst brechen die Konzerne zusammen oder werden aufgekauft. »Wachsen oder Weichen« heißt das Motto in dieser Etage. Das gilt für alle Sachen, die sie verkaufen – ganz egal, ob ein Organic-Cotton-Schildchen dranhängt oder nicht. Das ist bei den kleinen, im besten Fall mittelständischen Unternehmen der Biobranche anders. Zwar steigern auch sie gerne ihren Absatz, und dagegen ist auch nichts einzuwenden. Der Anteil von Biobaumwolle an der gesamten Anbaufläche ist so gering, das Marktvolumen von Ökokleidung so klein, dass noch jede Menge gesundes Wachstum möglich ist. Doch ist Wachstum nicht das vorderste Unternehmensziel der meisten Biolabel, es ist nicht ihre Raison d'être, wie bei Adidas und Co. Es macht einen Unterschied, ob ein Konzern seine globale Prozesskette so weit in den Griff bekommt, dass schlimmste Umweltauswirkungen vermieden werden und niemand bei der Produktion ums Leben kommt; oder ob Kleidung im Einklang mit der Natur und partnerschaftlich mit allen Mitarbeitern hergestellt wird. Solange die Textilindustrie so ist, wie sie jetzt ist, ist Kleidung mit einem transparenten, also echten Ökosiegel die bessere Wahl – egal welchem.

10
Statt eines Schlusswortes:
Einkaufen gehen

Der erste warme Tag im Juni, heute bleibt der Computer aus. All die Fashion-Ratgeber, Modeblogs und Frauenzeitschriften, zu Recherchezwecken geschmökert, haben schleichend ihre Wirkung entfaltet. Allerdings eine ganz andere als erwartet. Für Mode – »Fashion« heißt das in Fachkreisen – habe ich mich bislang nicht wirklich interessiert; darum ist mein »Outfit« wohl etwas langweilig. Zwar habe ich nicht vor, mir eine Schublade voll Seidenschals zuzulegen, wie es ein Ratgeber empfiehlt, und auch ein Kleiderabonnement will ich nicht abschließen: Alle paar Wochen neue Klamotten – pardon: »Styles« – geschickt bekommen und sie dann wieder zurücksenden, das ist mir dann doch zu viel Aufwand. Aber eine neue Hose vielleicht, oder ein Rock? Der Sommer kommt, ich brauche neue Sachen. Also rein in die Berliner S-Bahn (fährt!), zum Wittenbergplatz, ins KaDeWe.

In der zweiten Etage der traditionsreichen Konsumkathedrale lockt die Designabteilung für Frauen. In irgendeinem Blog stand, dort gebe es jetzt auch Klamotten von Armedangels, der angesagten Ökomodemarke aus Köln. Sie wirke dort viel modischer und frischer als in den üblichen Läden. Das will ich sehen, und zuschlagen! Im Kaufhaus des Westens spucken Rolltreppen die Kundinnen und Kunden in unübersichtliches Gelände, in ein Labyrinth aus Kleiderständern und -tischen, sanft golden ausgeleuchtet. An den Wänden und Zwischenwänden prangen die Namen, die der Kleidung ihren Wert verleihen: Armani, Diesel, Stefanel, Laurel, Barbour, Moschino. Durch das Kaufhaus zu streunen ist wie Blättern in der *Vogue*, ein Label neben dem anderen. Das Logo der bewaffneten Engel ist nirgends zu sehen, dafür eine Verkäuferin. Sie kennt die Firma aus Köln nicht, greift aber routiniert hinter sich in die Deko. Dort hat sie einen Übersichtsplan deponiert, ähnlich einem kleinen Stadtplan. Er verzeichnet alle angebotenen Firmen ihrer Etage und ihre Shops, jede Marke hat einen eigenen Bereich. Der ist je nachdem so groß wie ein eigener Shop oder umfasst nur eine einzelne Kleiderstange. Insgesamt gibt es im KaDeWe Mode auf zwanzigtausend Quadratmetern. Die Marken würden so oft wechseln, kein Mensch könne hier den Überblick behalten, seufzt die Verkäuferin. Die Armedangels findet sie nicht, auch keine andere Ökomarke – »Hat noch nie einer nach gefragt« –, aber sie sucht eine Kollegin, die sich bestens auskennt. Sie studiert ebenfalls den Übersichtsplan, weiß immerhin, dass das »Green Label« von Ralph Lauren nichts mit grüner Mode zu tun hat, und führt mich schließlich, vorbei an Kleidern, Kleidern, Kleidern, zum Stand von Marc O'Polo. Souverän manövriert die Verkäuferin durch die Markenfülle ihrer Abteilung. Wie verkauft man mit Herzblut und Überzeugung Kleidung, deren Herkunft mehr oder weniger dunkel ist und die im nächsten Monat schon aussortiert und weg vom Fenster sein kann? Welche Rolle spielen dann noch die Qualität oder ein bestimmtes Design? »Wer keinen Umsatz bringt, fliegt halt raus«, sagt die Verkäuferin und zuckt mit den Schultern. Zielsicher zieht sie einige T-Shirts aus »Organic Cotton« von der Stange, »bitte sehr«, »danke schön«, »auf Wiedersehen«. Sie verschwindet zwischen den Gängen.

Diese verursachen bei demjenigen, der dort entlangschlendert, eine automatische Blickverkürzung. Man blickt immer nur bis zum nächsten Tisch, zur nächsten Stange, zum nächsten Regal, bis zum nächsten Pullover, Kleid, Mantel, Tuch. Der Wahnwitz der puren Menge offenbart sich dem, der sich auf ein Höckerchen oder die Zehenspitzen stellt und versucht, eine Übersicht zu gewinnen. Endlos gruppiert sich Web- und Maschenware, eine schier ungeheuerliche Zahl. Wie heißt es doch so schön in den Prognosen von Bankenanalysten: Der Markt für Kleidung in Deutschland ist gesättigt? Paradoxerweise antwortet das KaDeWe darauf nicht nur mittels riesiger Marketingetats gepflegter Marken, sondern auch mit Masse: mit beigen T-Shirts, hellbeigen, dunkelbeigen, dunkelbeigen mit hellem Bündchen, geflochtenem Bündchen, Schleifchen, kurz, mittel, mittellang – das Ganze hat etwas Unwirkliches. In der Vorstellung des Regisseurs Andrew Morgan wächst Kleidung auf Bäumen, im KaDeWe scheint sie auf Kleiderstangen zu wachsen. Das ist alles zu viel, zu golden, all die Kleidungsstücke, die sich nur in Details unterscheiden, werden beliebig, den ganzen Krempel brauche ich nicht – Reizüberflutung führt eben zu Antriebslosigkeit. Ohne Beute raus hier, zum Kontrastprogramm. Wieder in die S-Bahn, zum Prenzlauer Berg.

Dort wartet, zwischen Buchläden und Cafés, der kleine Laden »Wertvoll«, eine Boutique nur mit ökologischer Kleidung. Geduldig berät die Verkäuferin eine Kundin bei der Suche nach der perfekten Jeans. Was sucht sie? Vegan? Eng? Used? Alles da. Auf und unter einem großen Holztisch in der Mitte des Raumes falten sich Pullis und Hosen, an den Wänden Kleider und Blusen von sportlich bis schick-schräg. Hier siegt das gute Gewissen, allein, es findet sich nichts, was unbedingt in meinen Kleiderschrank drängen würde. Die großen Ökomarken sind da, die angebotenen Sachen ausgewählt. Beschreiben die Inhaber von Szeneläden in Interviews oder Blogs ihre Tätigkeit, wählen sie seit einiger Zeit häufig das Wort »kuratieren«. Sie sehen sich selbst nicht mehr (nur) als Ein- und Verkäufer von Konsumartikeln, sondern pflegen, wie der Kurator im Museum, mit ihrem Angebot an Waren ein Gesamtkunstwerk. Sie wollen ihr Geschäft aus der Konsumschlacht retten – eine nachvollziehbare Gegenbewegung in einer Branche, die ihr Überangebot nur noch mit Rabatten losschlagen kann. Auch in der Ökoboutique gibt es ein Körbchen mit Sonderangeboten, aber nur ein kleines.

Überwiegend sind die Preise im Laden solide; für mich nun auch wieder ein Problem. Ein dunkelblaues T-Shirt für 40 Euro? Für ein anständiges Baumwollshirt ist das absolut angemessen, es ist ausreichend, um den geringeren Ertrag zu finanzieren, den der biologisch angebaute Rohstoff für den Landwirt bedeutet; um für gesunde Farben, schonende Techniken und gute Arbeitsbedingungen entlang der Lieferkette zu sorgen. Aber mit 40 Euro lässt sich auch etwas anderes machen als ein T-Shirt erwerben. Ich besitze schon mindestens zwölf T-Shirts, so richtig im engeren Sinne brauche ich keines. Trotzdem will ich eines kaufen, schließlich ist »Ich« eine ständige Baustelle: Immerwährend wird aus- und umgebaut, renoviert und in neuem Stil dekoriert. Zu viel kosten darf eine einzelne Baumaßnahme aber auch nicht. Zumindest nicht so viel, dass sie bei meinem Einkommen, das vielleicht etwas unter dem bundesdeutschen (und weit unter dem Schweizer) Durchschnittsverdienst liegt, andere Ausgaben damit mittelfristig unmöglich macht.

Wird der Preis für das einzelne T-Shirt zu hoch, verliert der Kauf die Leichtigkeit, und die strenge Frage taucht auf: Brauche ich das wirklich? Nö. Die 40 Euro haben also auch eine pädagogische Wirkung; mitten beim Klamottenshoppen im Ökoladen fällt mir die Erziehungswissenschaftlerin Marianne Gronemeyer ein, die bei einem Vortrag einmal sinngemäß festgestellt hat, jeder Euro, den man nicht ausgebe, müsse auch nicht verdient werden und sei damit ein Gewinn an Autonomie, ein Ausbruch aus der Spirale von immer mehr Konsum, mehr Waren, mehr Bedürfnissen und am Ende noch mehr Konsum – der irgendwie finanziert werden muss. Der Laden »Wertvoll« erhebt den Zeigefinger ganz unabsichtlich, denn die Verkäuferin fragt dreimal nach, ob sie bei der Suche nach etwas Bestimmtem helfen könne. Sie würde mir sehr gerne ein T-Shirt verkaufen, logisch. Aber die Preise hier werfen die Frage nach dem tatsächlichen Bedarf auf. Würde ich ein T-Shirt brauchen, würde ich das teure Ökoteil kaufen. Ich hätte dann das Gefühl, eine notwendige Investition tätigen zu müssen, der Preis erschiene mir dafür angemessen. Fürs Shoppen aus Spaß an der Freude ist es aber zu teuer, da kann der Laden noch so sympathisch sein und sein Angebot sinnvoll. Ich verfüge über alle Informationen, um ganz klar zu wissen, dass ich neue Kleidung nur in der Ökovariante kaufen sollte. Aber mir gefällt hier nichts. Und das, was ich so »lala« finde, ist mir zu teuer.

Weiter mit der Straßenbahn, den Prenzlauer Berg herunter, zum Alex. Findet dort ein Volksfest statt? Straßenkünstler malen auf Gehwegplatten, Touristen studieren Stadtpläne, Musik, Lärm, Farben, um den Brunnen der Völkerfreundschaft und auf den Treppenstufen des Platzes sitzen Alte und Junge nebeneinander, vereint durch eine Tüte. Alle haben braune Papiertüten mit dem hellblauen Schriftzug »Primark« zwischen die Beine geklemmt oder an die Seite gelehnt, große Tüten, kleine Tüten. Der Alexanderplatz ist Primark-Zone, seit die irische Kette im Sommer 2014 hier eine große Filiale eröffnet hat. Am Einlass mustern schwarzgekleidete Männer die Kunden, sprechen in Headsets und sehen ein bisschen so aus wie Kevin Costner in »Bodyguard« (aber nur ein bisschen). Die Sichtbetonetagen des Klamottenkaufhauses wirken, als hätte ein Kind im KaDeWe gerufen »Der Kaiser hat ja gar keine Kleider an!«, und plötzlich ist er nackt.

Die Kunden werfen Klamotten in schwarze Kunststofftrolleys, die sie vor sich her rollen, oder tragen sie in großen, grauen Säcken. Sowohl im Trolley als auch im Sack sehen die Sachen schon im Laden nach Altkleidersammlung aus. Musik hämmert, die Kunden schieben und quetschen sich durch die engen Gänge, Lederjacken in grau und rosa für 25 Euro, Blusen, T-Shirts, alles einhundert Prozent Polyester; das müsste ein Traum für jede Recyclingfirma sein. Zwischen den T-Shirt-Regalen stehen Verkäuferinnen und Verkäufer und falten ununterbrochen und geduldig die Shirts, die die Kunden kurz hochheben und dann wieder fallen lassen. Falten, einräumen, herausnehmen, falten, einräumen – wie schwarze Faltroboter stehen die Primark-Leute im Gewusel.

Drei Euro kostet ein T-Shirt – gekauft. Die Tasse Milchkaffee eben im Prenzlauer Berg hat 2,90 Euro gekostet (mit Keks). Die Frage, ob ich das beige-rosa Dings mit hellblauen Palmen und dem Spruch »Take me to Paradise« wirklich brauche, stellt sich nicht. Für drei Euro ist das egal. Ob und wie viel Primark nach dem tödlichen Fabrikeinsturz von Rana Plaza auf das Konto des Opferfonds eingezahlt hat, wie und von wem diese Kleiderberge aus welchem Material hergestellt werden – die Fragen sind zwischen Ringeltops und kichernden Mädchen weiter weg als Bangladesch. Es ist unmoralisch, dieses T-Shirt zu kaufen. Kurz überlege ich, Kundinnen das zu fragen: Ob ihnen klar ist, dass wir hier alle eine Menge Schrott kaufen, auf Kosten von Umwelt und Arbeitern im armen Süden. Aber moralische Appelle bringen seit vierzig Jahren Geraune von den »Grenzen des Wachstums« nur eine kleine Randgruppe dazu, sich zu fürchten. Die überwältigende Mehrheit ist überzeugt, das Problem lasse sich technisch lösen oder bestehe gar nicht ernsthaft. Seit einiger Zeit vermeiden Teile der Umweltbewegung daher das Moralinsaure und versuchen es mit Zuckerbrot: Öko ist cool! Wenn doch nur mehr Promis als Werbebotschafter für Bioklamotten aufträten, wenn eine kritische Konsumhaltung Teil einer neuen Mainstreamkultur würde. Dann, ja dann ... Ist aber nicht so.

Die Botschaften beispielsweise von Schauspielern oder Models, die sich für öko-soziale Mode einsetzen, nehmen vor allem die wahr, die für das Thema sowieso schon sensibilisiert sind. Sie predigen sozusagen zu den Gläubigen (das gilt für dieses Buch natürlich ebenso). Und selbst die Gläubigen sind in puncto Kleiderkauf nicht konsequent, sonst wären die Ökolabel längst ihrem Pionierstatus entwachsen.

Es kommt mir unsinnig vor, die Konsumentinnen hier mit belehrenden Fragen zu nerven – abgesehen davon ist ihr Tun ja ganz legal. Sie sind in einen Laden mitten in der City gelaufen, um dort einzukaufen, und mehrheitlich haben sie ganz offensichtlich Spaß dabei. Klar, es liegt auch in ihrer Verantwortung, die verschlungenen Lieferketten zu durchschauen und sich auf dem neuesten Stand darüber zu halten, ob das Unternehmen dem Textilbündnis von Entwicklungsminister Müller beigetreten ist (und darüber, was dieses Bündnis eigentlich darstellt). In Konsumgesellschaften ist kaufen politisch – es wirkt. Aber diese Erkenntnis hält ja nicht mal mich selbst davon ab, das Drei-Euro-T-Shirt zu kaufen. Ist ja nur ein T-Shirt.

Was wäre, wenn an jeder Ecke Ökokleidung zu kaufen wäre, wie im Lebensmittelsupermarkt? Wenn zwischen all dem Ramsch aus

Baumwoll-Polyestermix klar erkennbar gut erzeugte Waren hingen, zu angemessenen Preisen? Wenn ich im Laden zwischen vergifteten Erdbeeren und sauberen wählen kann (also zwischen konventioneller und ökologischer Ware), kaufe ich selbstverständlich Bio. Und auch bei exotischeren Waren – Blumenerde zum Beispiel – nehme ich die Ökovariante ohne Torf, wenn sie im Baumarkt neben der anderen liegt. Sie muss leicht und bequem verfügbar sein. Umgeben von der Wummermusik im Primark-Gewusel wünsche ich mir sehr einen einzigen Stapel mit Öko-T-Shirts, ganz egal, welche Farbe. Jedes ordentlich hergestellte Kleidungsstück, das mehr verkauft wird, ist ein Gewinn: für die Menschen, die es produzieren, für die Natur, für den Träger. Das weiß zwar nicht nur ich, sondern es ist sicherlich auch einigen oder sogar vielen klar, die hier gerade shoppen. Aber Konsumgewohnheiten umzustellen ist mindestens so schwer wie Essgewohnheiten – und wenn die Schokolade auch noch auf dem Tisch liegt, dann wird sie eben gegessen.

Der Einfluss der Konsumenten ist also groß, aber allein werden sie es nicht richten. Es ist vor allen Dingen eine politische Aufgabe, der Konsumgüterindustrie neue Regeln aufzuerlegen und sie daran zu hindern, weltweit in armen und korrupten Staaten ohne Rücksicht auf Umwelt und Menschenrechte billig zu produzieren – und zugleich an ihren Unternehmenssitzen von den Vorteilen wohlhabender Rechtsstaaten zu profitieren. Kleidung, so billig wie ein Kaffee, darf es nicht geben, weil sie den realen Preis ihrer Herstellung nicht abbildet. Das Geschäftsmodell von Primark und all den anderen, um buchstäblich fast jeden Preis so viel wie möglich zu verkaufen, und zwar jedes Jahr mehr, hat keine Zukunft. Schwindende Ressourcen wie sauberes Wasser, fruchtbarer Boden oder Erdöl zeigen uns das so schlicht wie ergreifend. Die reichen Länder können die Folgen der überbordenden Ressourcenvernichtung sicherlich am längsten abfedern, können hohe Preise für Nahrungsmittel oder Baumwolle abfedern, den Klimawandel durch Technik erträglich machen oder Rohstoffe auf den Weltmärkten einkaufen. Wir sollten uns aber davon nicht blenden las-

sen – wir leben alle auf einem Planeten. Egal ob in der golden aus-
geleuchteten Hochglanzatmosphäre des KaDeWe, unter den
Ökoengeln der Bioboutique oder dem auch optisch radikalen Be-
kenntnis von Primark, heute schon den Müll von morgen zu verkaufen: Die ganze Branche lebt in Wachstumsgesellschaften und
ihrer Logik. Darum müssen die Unternehmen selbst immer weiter
wachsen. Das bringt mich nicht ins Paradies, wie mein neues
T-Shirt es mir verspricht, das führt geradewegs zur Hölle. Also genug davon.

Heimreise. Zwar wieder auf dem tugendhaften Pfad der Kon-
sumkritik, aber trotzdem ein bisschen enttäuscht, mit nur einem
ganz kleinen Tütchen. Schräg gegenüber dem Ausgang vom S-
Bahnhof: ein Second-Hand-Laden. Ich bin schon oft daran vorbei-
gegangen und habe an den Bügeln auf der Kleiderstange vor der
Tür gezupft. Jetzt gehe ich endlich mal rein, ein letzter Abstecher
des Shoppingtages. Der Laden ist winzig und vollgestopft, das
zwingt die drei Kundinnen und eine Verkäuferin darin zu einer
sehr speziellen Choreographie: Wir schieben uns seitwärts anein-
ander vorbei, mit leicht zurückgelegten Oberkörpern, einmal kurz
grinsen, dann einen Ausfallschritt machen – direkt vor eine ganz
geniale Lederjacke. Schwarz, nur ein winziges bisschen zu eng.
Also, nur wenn der Reißverschluss zu ist. Offen passt sie. Und nur
50 Euro! Ha! Gekauft. Daneben sehr schöne, graue Schuhe.
Schuhe im Second-Hand-Laden kaufen? Ist das nicht eklig? Wer
weiß, was da schon für Füße drin waren. Andererseits, sie sehen
getragen aus, aber sehr sauber und gepflegt – gepflegter, als die
meisten meiner eigenen Schuhe. Bequem sind sie auch. Letztlich
gehen eine Lederjacke, eine weiße Bluse und die grauen Schuhe
über die Theke, alles zusammen 83 Euro. Fette Beute – und ein gutes Gewissen. Großartig.

Dank

Zeit ist Geld, und in der Modebranche ist beides knapp. Daher danke ich allen, die mir so freundlich wie geduldig Auskunft über ihr Tun gegeben haben, sehr herzlich. Stellvertretend seien genannt Matthias Behr, Olga Charfreitag, Michael Goretzky, Rolf Heimann, Andreas Merkel, Heike Scheuer und Michael Wolf.

Erkenntnisse über die Kleidung von Ötzi verdanke ich Klaus Hollemeyer von der Universität des Saarlandes.

Maja Bleckmann, Marion Knappe, Dorothea Parack, Armin Reller und Karsten Steinmetz haben das Manuskript zum Teil oder ganz Korrektur gelesen, dafür herzlichen Dank.

Und last but not least danke ich Rüdiger Grünhagen für das gründliche und kluge Lektorat.

Anmerkungen

Was soll ich bloß anziehen?

1 »Meine Kinder sind gerade ein ökologischer Albtraum«, *FAS*, 24.5.2015, Seite 52

2 dpa: »Umfrage: Verbraucher wollen bei Kleidung fair und billig zugleich«, 12.08.14

»Danke, ich schau' mich nur um!«

1 http://www.textilwirtschaft.de/suche/show.php?ids[]=986000&a=0

2 http://www.textilwirtschaft.de/business/Handel-begruesst-Fruehling-mit-Rabatten_96488.html

3 Michael Grömling/Jürgen Matthes: *Globalisierung und Strukturwandel in der deutschen Textil- und Bekleidungsindustrie*, Köln 2003, Seite 68

4 Hagen Seidel: *Schrei vor Glück. Zalando oder Shoppen gehen war gestern*, Zürich 2013

5 ebd., Seite 182

6 http://www.fairwertung.de/info/wir/standards/index.html

7 Georg Stöger: *Sekundäre Märkte? Zum Wiener und Salzburger Gebrauchtwarenhandel im 17. und 18. Jahrhundert*, München, Seite 20

»Wo hast du das denn her? «

1 http://www.cleanclothes.org/

2 http://www.sueddeutsche.de/wirtschaft/fabrikeinsturz-in-bangladesch-im-stich-gelassen-1.1869828

3 http://lohnzumleben.de/erbaermliche-loehne-auch-bella-italia/

4 http://lohnzumleben.de/izmir/

5 http://www.hrw.org/news/2015/03/11/cambodia-labor-laws-fail-protect-garment-workers-1

6 http://www.hrw.org/sites/default/files/reports/cambodia0315_ForUpload.pdf

7 http://about.hm.com/de/news/newsroom/news.html/en/comments-to-human-rights-watchs-report0.html

8 Jürgen Kocka: *Arbeitsverhältnisse und Arbeiterexistenzen: Grundlagen der Klassenbildung im 19. Jahrhundert*, Bonn 1990, Seite 457

9 Gisela Burckhardt: *Todschick. Edle Labels, billige Mode – unmenschlich produziert*, München 2014, Seite 60ff.

10 http://www.zeit.de/1991/48/der-letzte-schnitt

11 http://www.wirtschaftsgeschichte.at/pdf/Industrie.pdf

12 http://www.hls-dhs-dss.ch/textes/d/D13957.php

13 AP: »China wird zum Schneider Deutschlands«, 27.9.2005

14 http://www.globalcompact.de/sites/default/files/themen/publikation/leitprinzipien_fuer_wirtschaft_und_menschenrechte_2._auflage.pdf

15 Informationen zur Nationalen Kontaktstelle unter www.oecd-nks.de

»Das geht wieder raus?!«

1 »Gift aus den Textilfabriken«, *taz*, 23.11.2008, Seite 11

2 http://www.blick.ch/news/wirtschaft/migros-chef-bolliger-wir-lassen-uns-von-greenpeace-nicht-erpressen-id2270189.html

3 http://www.roadmaptozero.com/index.php

4 http://www.bfr.bund.de/cm/343/einfuehrung-in-die-problematik-der-bekleidungstextilien.pdf, Seite 14

5 http://www.bfr.bund.de/de/presseinformation/2014/06/perfluorierte_und_polyfluorierte_alkylsubstanzen_auf_dem_pruefstand-189618.html

6 http://www.naturtextil.de/medien/ivn_branchenzalen_handout_final.pdf, Seite 5

7 http://www.subsport.eu/

8 http://www.umweltbundesamt.de/themen/chemikalien/wasch-reinigungsmittel

9 Adalise Sinn, Hubert Reiter, Gisela Wieter: *Wäschepflege im Haushalt*, 7. Auflage, Hamburg 1988, Seite 24 (in diesem Ratgeber findet sich auch der lehrreiche Satz: »Ein wesentlicher Grund, Textilien zu waschen, ist den auf ihnen befindlichen Schmutz zu entfernen.«)

Marlon Brandos gefährliche Hosen

1 Siehe hier und im Folgenden: Pierre Dubuy: *Jeans. Die Levi-Story*, Stuttgart 1990

2 http://www.fashionunited.de/News/Leads/Der_Preis_einer_Jeans_%96_wer_profitiert_am_meisten?_2013061314188/

3 Andreas Engelhardt: *Schwarzbuch Baumwolle. Was wir wirklich auf der Haut tragen*, Wien 2012, Seite 38

4 http://www.transgen.de/anbau/flaechen_international/193.doku.html

5 http://faostat3.fao.org/browse/Q/QC/E

6 Armin Reller/Heike Holdinghausen: *Der geschenkte Planet. Nach dem Öl beginnt die Zukunft*, Frankfurt 2014, Seite 60ff

7 Jan E.G. van Dam et al.: *Markets for fibre crops in EU and China. Food and Biobased Research*, Wageningen 2014, Seite 17

8 Sven Beckert: *King Cotton. Eine Geschichte des globalen Kapitalismus*, München 2014, Seite 201

Klamotten aus der Düse

1 Friedrich H. Rödlich: *Von der Bleicherei zur Textilchemie. Strukturwandlungen der Textilveredlung seit 1945, dargestellt am Beispiel des Westmünsterlandes*, Frankfurt 1998, Seite 122
2 http://www.sachsen-textil.de/fileadmin/Inhalt/Ver_ffentlichungen/2014_Innovationsreport_TechnischeTextilien.pdf, Seite 7
3 Friedrich H. Rödlich: *Von der Bleicherei zur Textilchemie. Strukturwandlungen der Textilveredlung seit 1945, dargestellt am Beispiel des Westmünsterlandes*, Frankfurt 1998, Seite 41ff.
4 www.murks-nein-danke.de/murksmelden
5 http://www.sueddeutsche.de/wissen/jahre-perlon-fallschirm-und-damenstrumpf-1.279215, http://www.dederon-design.de/index.html
6 Plastics Europe: «Plastics – the Facts 2014/2015. An analysis of European plastics production, demand and waste data", Seite 20
7 Gerd Liebezeit/Elisabeth Liebezeit: »Origin of Synthetic Particles in Honeys«, in: *Pol. J. Food Nutr. Sci.*, 2015, Vol. 65, No. 2
8 http://www.ingenieur.de/Themen/Kunststoffe/Expo-Kleider-PET-Flaschen
9 Michael Wolf: *Geschichte des Textilrecyclings und mögliche Zukunftsperspektiven für den textilen Standort Mönchengladbach*, Bachelor-Arbeit eingereicht an der Hochschule Niederrhein, Standort Mönchengladbach. Sommersemester 2015
10 Friedrich Schmidt-Bleek: *Grüne Lügen. Nichts für die Umwelt, alles fürs Geschäft – wie Politik und Wirtschaft die Welt zugrunde richten*, München 2014, Seite 144 ff.
11 Gudrun Schreiber: *Faszination Shal. Persische Woll- und Kaschmirstoffe im Vergleich. Ein Beitrag zur Kultur- und Technikgeschichte des 18. und 19. Jahrhunderts*, Tübingen 2005, Seite 35

»Das kratzt mich nicht!«

1 Zum Beispiel: Susanne Klingner: *Hab ich selbst gemacht. 365 Tage, 2 Hände, 66 Projekte*, Köln 2011
2 dpa: »Unhaltbarer Ressourcenverbrauch«, Montag, 1. Juni 2015, 4:32
3 *Uruk. 5000 Jahre Megacity*, Seite 262ff.
4 http://www.soay-schaf.de/seiten/soayschaf/ursprung/ursprung.htm#seitenanfang
5 http://www.pelzinstitut.de/aktuell/detailansicht/article/neue-produktionszahlen-zeigen-signifikantes-wachstum-der-pelzbranche/
6 *Textilwirtschaft*: »Ladies lieben Leder«, Onlineausgabe, 13.5.2015
7 https://www.destatis.de/DE/Publikationen/Thematisch/FinanzenSteu-

ern/Steuern/Umsatzsteuer/Umsatzsteuerstatistik5733101137004.pdf?__
blob=publicationFile

8 http://www.umweltbundesamt.de/presse/presseinformationen/hendricks-krautzberger-zeichnen-gewinner-des

9 http://www.umweltbundesamt.de/themen/erstes-umweltzeichen-fuer-lederreinlegesohlen

10 http://www.blacksmithinstitute.org/files/FileUpload/files/Blacksmith_2012AnnualReport.pdf

11 http://www.gesis.org/histat/table/details/AD47A743BCAFE51B8D9CF ECBFE9D0A72/_300000000000000000000000000000000

12 Pressemitteilung des Deutschen Bauernverbandes vom 24.4.2015

13 http://www.theguardian.com/world/video/2014/jul/11/sheep-shearer-animal-abuse-video

14 http://www.spiegel.de/spiegel/print/d-90750485.html

15 http://www.ziegenlexikon.de/ch02s01.html

16 http://www.badische-zeitung.de/wirtschaft-3/bei-kaschmirwolle-handelt-es-sich-oft-um-imitate--65912426.html#kommentare

17 http://www.frauwolle.de/

Skifahren auf Algen

1 http://www.itv-denkendorf.de/images/ITV/presse/2014/itv_pm_141215_bioglizz.pdf

2 Stefan Michels et al.: *Kultur- und Industriegeschichte der Textilien*, Bönnigheim 2009, Seite 596

3 https://www.google.de/url?sa=t&rct=j&q=&esrc=s&source=web&cd=2&ved=0CCgQFjAB&url=https%3A%2F%2Fwww.groz-beckert.com%2Fhome%2FgetFileCh.php%3Fchbid%3D10%26lang%3Dde%26file%3Dcontent%26download%3Dtrue&ei=X9-LVZmZFYSxsQGnqKawBw&usg=AFQjCNFzwaBCon613T9ZBkERNNYHyBBSqw&bvm=bv.96782255,d.bGg&cad=rja

4 Commerzbank AG: »Technische Textilien. Branchenbericht«, Frankfurt 2014, Seite 6

5 http://www.bayerische-telemedallianz.de/at_p_sensfloor.html

6 http://www.itv-denkendorf.de/images/ITV/presse/2015/itv_pm_150216_notfallsensoren_bekleidung.pdf

7 http://www.centexbel.be/files/atsea_uploads/20130701_press_release_Advanced_Textiles.pdf

8 http://www.futuretex2020.de/

9 http://www.stfi.de/aktuell/details/article/biofibrocar.html

10 http://www.fr-online.de/wirtschaft/landwirtschaft-und-naturschutz-der-erde-geht-der-boden-aus,1472780,20751876.html

11 *Textilmitteilungen* Nr. 5, April 2015, Seite 39

12 http://scobytec.tumblr.com/

13 Reller, A.; Marschall, L.; Meissner, S.; Schmidt, C. (Hrsg.): *Ressourcenstrategien: Eine Einführung in den nachhaltigen Umgang mit Rohstoffen*, Darmstadt 2013

»Wir brauchen mal was Neues!«

1 https://www.blauer-engel.de/de/produktwelt/haushalt-wohnen/textilien /
Kriterien für die Vergabe
2 http://www.naturtextil.de/verbraucher/qualitaetszeichen.html
3 http://www.kirstenbrodde.de/?p=5266
4 Umweltbundesamt: »Marktdaten über Grüne Produkte in Deutschland«,
19.3.2015
5 http://www.bmel.de/SharedDocs/Downloads/Landwirtschaft/Oekolo
gischerLandbau/OekolandbauDeutschland.pdf?__blob=publicationFile,
Seite 18
6 http://de.top-model.biz/index_de.html
7 Stephanie Palm, Ursula Scholz: *Typberatung, die anzieht. Ideen und Impulse für mehr Stilgefühl*, Köln 2010, Seite 9
8 Veronika Wimmer: *Mein schönstes Ich*, Freiburg 2014, Seite 12
9 Thomas Rath: *Der Fashion Rath für die Frau*, Köln 2013, Seite 13
10 http://www.naturtextil.de/medien/ivn_branchenzalen_handout_final.
pdf
11 *taz*: »Chic und politisch korrekt gewandet«, 20.8.1994, Seite 38 / *taz*: »Die
neue grüne Masche«, 28.2.2014, Seite 9
12 http://www.zeit.de/1994/16/kann-natur-denn-mode-sein
13 International Institute for Environmental and Developement for the UN-
Departement of Policy-Coordination and Sustainable Development: »Unlocking Trade Opportunities«. New York 1997 Seite 43
14 http://www.spiegel.de/spiegel/print/d-50424597.html
15 https://fashionunited.de/nachrichten/business/anbaufla-che-von-bio-
baumwolle-in-usa-trotz-hindernissen-am-ho-chsten/2015021617500
16 Joachim Radkau: *Die Ära der Ökologie. Eine Weltgeschichte*, München 2011
Seite 621 f
17 Sina Trinkwalder: *Wunder muss man selber machen. Wie ich die Wirtschaft
auf den Kopf stelle*, München 2013
18 Kathrin Hartmann: *Ende der Märchenstunde. Wie die Industrie die Lohas
und Lifestyle-Ökos vereinnahmt*, München 2009, Seite 23 ff
19 http://www.tm-digital.de/handel/nachhaltigkeit/round-table/

Alle Internetadressen Stand Juli 2015

Literatur

Reinhold Adler: *Menschen und Tuche. Weberei und Textilhandel in der Stadt Biberach in der frühen Neuzeit,* Biberacher Geschichten Band 1, Biberach 2010

Sven Beckert: *King Cotton. Eine Globalgeschichte des Kapitalismus,* München 2014

Andrea Beyer: *Tarifpolitik in strukturschwachen Branchen. Eine empirische Untersuchung der Druckerei- und der Textilindustrie in der BRD,* München 1991

Friedrich Bohmert: *Hauptsache sauber? Vom Waschen und Reinigen im Wandel der Zeit,* Düsseldorf 1988

Kirsten Brodde: *Saubere Sachen. Wie man grüne Mode findet und sich vor Öko-Etikettenschwindel schützt,* München 2009

Gisela Burckhardt: *Todschick. Edle Labels, billige Mode, unmenschlich produziert,* München 2014

Claus-Peter Clasen: *Textilherstellung in Augsburg in der frühen Neuzeit, Band 1: Weberei,* Augsburg 1995

Ulrike Claßen-Büttner: *Spinnst Du? Na klar! Geschichte, Technik und Bedeutung des Spinnens von der Handspindel über das Spinnrad bis zu den Spinnmaschinen der Industriellen Revolution,* Isenbrunn 2009

Andreas Engelhardt: *Schwarzbuch Baumwolle,* Wien 2012

Jörg Feldkamp et al. (Hrsg.): *Europäische Wollstädte – europäische Textilstädte. Beiträge eines Workshops im Westsächsischen Textilmuseum in Crimmitschau,* Crimmitschau 2009

Thomas Gries et al.: *Textile Fertigungsverfahren. Eine Einführung,* München 2015

Michael Grömling/Jürgen Matthes: *Globalisierung und Strukturwandel der deutschen Textil- und Bekleidungsindustrie,* Köln 2003

Hans-Werner Hahn: *Die industrielle Revolution in Deutschland. Enzyklopädie deutscher Geschichte,* Band 49, München 2011

Kathrin Hartmann: *Ende der Märchenstunde. Wie die Industrie die Lohas und Lifesyle-Ökos vereinnahmt,* München 2009

International Institute for Environmental and Developement for the UN-Departement of Policy-Coordination and Sustainable Development: *Unlocking Trade Opportunities,* New York 1997

Susanne Klingner: *Hab ich selbst gemacht. 365 Tage, 2 Hände, 66 Projekte*, Köln 2013

Petra Knecht (Hrsg.): *Technische Textilien*, Frankfurt 2006

Jürgen Kocka: *Arbeitsverhältnisse und Arbeiterexistenzen. Grundlagen der Klassenbildung im 19. Jahrhundert*, Bonn 1990

Reimar F. Lacher: *Schadows Prinzessinnengruppe. Die schöne Natur*, Berlin 2007

Erik Lindner: *Wirtschaft braucht Anstand*, Hamburg 2010

Helmut Merkel et al.: *Global Sourcing im Handel. Wie Modeunternehmen erfolgreich beschaffen*, Heidelberg 2008

Stefan Micheels et al.: *Kultur- und Industriegeschichte der Textilien*, Bönnigheim 2009

Museumspädagogischer Dienst Berlin: *Kleidung. Bedeutung, Herstellung, Verkauf – eine Frauensache?*, Berlin 1992

Stephanie Palm, Ursula Scholz: *Typberatung, die anzieht. Ideen und Impulse für mehr Stilgefühl*, Köln 2010

Joachim Radkau: *Die Ära der Ökologie. Eine Weltgeschichte*, München 2011

Thomas Rath: *Der Fashion Rath für die Frau*, Köln 2013

Friedrich H. Rödlich: *Von der Bleicherei zur Textilchemie. Strukturwandlungen der Textilveredlung seit 1945, dargestellt am Beispiel des Westmünsterlandes*, Frankfurt 1998

Friedrich Schmidt-Bleek: *Grüne Lügen. Nichts für die Umwelt, alles fürs Geschäft – wie Politik und Wirtschaft die Welt zugrunde richten*, München 2014

Gudrun Schreiber: *Faszination Shal. Persische Woll- und Kaschmirstoffe im Vergleich. Ein Beitrag zur Kultur- und Technikgeschichte des 18. und 19. Jahrhunderts*. Tübingen 2005

Hagen Seidel: *Schrei vor Glück. Zalando oder Shoppen gehen war gestern*, Zürich 2013

Christine Sauer: *Handwerk im Mittelalter*, Darmstadt 2012

Stiftung Preußischer Schlösser und Gärten (Hrsg.): *Luise. Die Kleider der Königin. Mode, Schmuck und Accessoires am Preußischen Hof um 1800. Katalog zur Ausstellung*, München 2010

Sina Trinkwalder: *Wunder muss man selber machen. Wie ich die Wirtschaft auf den Kopf stelle*, München 2013

Ebbo Tücking: *Die deutsche Bekleidungsindustrie im Zeitalter der Globalisierung*, Münster 1999

Barbara Vinken: *Angezogen. Das Geheimnis der Mode*, Stuttgart 2013

Veronika Wimmer: *Mein schönstes Ich*, Freiburg 2014

Anhang

Das Internet mag Mode, und Mode mag das Internet. Während einer Recherche zu ökologischer oder fairer Kleidung stößt man unweigerlich auf unzählige interessante Webseiten. Einige werden hier aufgeführt. Sie sind als Anregung gedacht und als Ausgangspunkt für eigene Recherchen – einen Anspruch auf Vollständigkeit erheben sie natürlich nicht.

Hilfreiche Siegel

Über die unübersichtliche Zahl von Siegeln wurde im Buch berichtet – und auch über die große Zahl von Ratgebern, die durch das Dickicht weisen sollen. Die Liste der hier vorgestellten Siegel ist bewusst knapp gehalten, es sind die zurzeit besten, die auch im Handel an Kleidung zu finden sind. Wer etwas kaufen möchte, das nach derzeit bestem ökologischem oder sozialem Standard hergestellt wurde, kann sich nach diesen Siegeln richten. Wer mehr wissen will, findet detaillierte Informationen beispielsweise unter

http://www.ci-romero.de/gruenemode-siegel/,
https://www.greenpeace.de/sites/www.greenpeace.de/files/pub
lications/greenpeace-ratgeber-textil-label-2014-e00972-es_0.pdf
http://www.femnet-ev.de/images/downloads/publikationen/
Flyer-Siegel.pdf

In den USA tragen alle Bio-Klamotten das GOTS-Siegel. Seine Standards sind streng und umfassen die gesamte Wertschöpfungskette, regeln unter anderem, welche Chemikalien benutzt werden dürfen; die Naturfasern müssen überwiegend aus kontrolliert biologischem Anbau stammen, Kunstfasern aus Recyclingmaterial sind zugelassen. Der Standard wird stetig aktualisiert.

Ökologische Kleidung aus 100 Prozent Naturfasern aus kontrolliert biologischem Anbau trägt das INV-Best-Siegel; das Chemikalienmanagement ist streng.

Kleidung, die das Siegel der Fair-Wear-Foundation trägt, wird gerecht hergestellt, die Fabriken zahlen existenzsichernde Löhne und halten sich zum Beispiel an die Kernarbeitsnormen der Internationalen Arbeitsorganisation ILO.

Das Schweizer Unternehmen Bluesign arbeitet, ähnlich wie die FWF, prozessorientiert. Das heißt: Mit den Unternehmen werden Ziele vereinbart, etwa über die Substitution von Chemikalien, und der Weg zum Ziel begleitet. Vor allem Outdoor- und Sportmarken tragen das Siegel; bestimmte Chemikalien, etwa perfluorierte Chemikalien, die bei Ökokleidung geächtet sind, sind naturgemäß zugelassen.

Das Siegel Öko-Tex 100 ist das am weitesten verbreitete überhaupt und findet sich an vielen Kleidungsstücken. Geprüft wird nur das Endprodukt, nicht die Produktionskette. Solch ein Kleidungsstück enthält also keine Chemikalien (mehr), die den Verbraucher belasten – über die Belastung der Umwelt bei der Herstellung sagt es allerdings nichts aus. Die Organisation Öko-Tex vergibt auch das umfassendere Siegel »Made in Green«, das diesen Mangel beseitigt – es ist aber bislang kaum verbreitet.

Empfehlenswerte Onlineshops und Websites

Second Hand, tauschen und leihen:
www.humana-second-hand.de/mode/first-class.html
www.justsecond.de/
www.klamottentausch.net/
www.kleiderei.com/
www.kleiderkorb.de/
www.kleiderkreisel.de/
www.maedchenflohmarkt.de/
www.rebelle.com/

Ökolabel mit Onlineshops:
Kleidung nur für Frauen:
www.almalovis.de
www.bellanatur-shop.de
www.consequent.org/
www.käufer-d-sein.com (Frauenmode aus Öko- und Recyclingstoffen)
www.lana-shop.de/
www.lanius-koeln.de/
www.lasalina.de (auch Hochzeitskleider)
www.naturmode.de/ (Onlineshop und Geschäft in Cottbus)

www.nix.de/ (Onlineshop und Geschäft in Berlin)
www.raffauf.de (über avocadostore und manufactum.de)

Kleidung nur für Männer:
www.brainshirt.eu/ (Anzüge, Hemden, Unterwäsche)
www.wolfamsel.com (Fliegen aus Recyclingmaterial)

Kleidung für Männer und Frauen:
www.aluc.eu
www.armedangels.de
www.braintreeclothing.com
www.elnaturalista.com/de/ (Schuhe)
www.erdbaer.eu/ (Onlineshop und Geschäft in Salzburg)
www.format-favourites.de
www.goettindesgluecks.com (auch Kinder)
www.livingcrafts.de (auch Kinder, Onlineshop und in denn's-Biomärkten)
www.merz-schwanen.com/en/ (Unterwäsche, Basics, ohne Onlineshop, mit Shop-Finder)
www.recolution.de/
www.skunkfunk.com (Onlineshop noch nicht in Deutschland, Laden in Berlin)
www.slowmo.eu/
www.stoffrausch.com
www.studiojux.com
www.umasan-world.com/
www.wertvoll-berlin.com/ (Laden in Berlin-Prenzlauer Berg und Onlineshop)
www.wunderwerk.com

Jeans und Streetwear:
www.bleed-clothing.com (Veganes für Surfer und Skater)
www.goodsociety.org/ (Jeans)
www.naturfaser-foelser.at/jeans/ (Maßjeans aus Hanf, gefertigt im Mühlviertel in Österreich)
www.kingsofindigo.com (Jeans)

www.kuyichi.com/ (Streetwear)

www.pearlsoflaja.com (Jeans für »kurvige Frauen«)

www.sey-fashion.com/ (Jeans für Frauen)

www.storkfox.com (Streetwear)

Besondere Zielgruppen oder Rohstoffe:

www.cannamoda.de (Unterwäsche und Freizeitsachen aus Hanf für Erwachsene und Kinder)

www.das-goldene-vlies.de/ (Kleidung aus Wolle des Coburger Fuchsschafs)

www.dreamsanddoors.com/ (Sportkleidung)

www.edelziege.de/ (Kaschmirsachen, von einem kleinen Betrieb in der Mongolei gefertigt, ohne Ökolabel)

www.finkhof.de/ (Kleidung etc. aus Wolle für Erwachsene und Kinder)

www.frauwolle.de/ (Kleidung, Bettwäsche aus Wolle/Wolle-Seide)

www.grandstep.de/ (Schuhe, Händlerliste unter info@grandstep.de)

www.hempage.de/de/links-zu-online-shops.html (kein eigener Onlineshop für Endkunden, aber Links zu Shops, die Hanfkleidung von Hempage führen)

www.heretoday-heretomorrow.com/ (faire Kleidung, Accessoires, Geschenke)

www.hirsch-natur.de/ (Strümpfe aus Bio-Schafswolle)

www.jaya-fashion.de/ (Yoga-Kleidung)

www.livipur.de/ (für Kinder, Kleidung, Möbel, Spielzeug)

www.mandala-fashion.com/shop/ (Yoga-Kleidung)

www.muriee.com/ (edle Sachen aus Wolle, Kaschmir, noch ohne Ökosiegel)

www.pyua.de/ (Ski-Kleidung aus Recycling-Polyester und recyclingfähigem Polyester)

www.the-hemp-line.com/ (Kleidung und Kosmetik aus Hanf)

Grüne Onlineshops mit verschiedenen Marken/Sachen:

www.avesu.de/ (vegane Schuhe)

www.avocadostore.de (Kleidung, Möbel, Lebensmittel, etc.)

www.biotextilien-allgaeu.de/ (Kleidung, Yoga, Taschen)

www.deva-natur.de/ (Kleidung, Sport)

www.fairbleiben.com/ (Kleidung, Verschiedenes)

www.fairtragen.de (Kleidung, Heimtextil)

www.glore.de/ (Online und Läden in Hamburg, München, Nürnberg, Stuttgart, Luzern, Kleidung, andere Dinge)

www.greenality.de/ (Kleidung, Geschenke)

www.grueneerde.com (Kleidung, Kosmetik, Möbel, Heimtextil)

www.gruenewiese-shop.de/ (Frauen, Männer)

www.grundstoff.net/ (Kleidung, Schuhe)

www.hanfwaren.de/ (alles aus Hanf)

www.hans-natur.de/ (alles Mögliche für Kinder)

www.hessnatur.com/de (Kleidung, Heimtextil)

www.lilligreenshop.de/ (T-Shirts, viele andere Dinge)

www.maas-natur.de/ (Kleidung, Möbel, Garten, Verschiedenes)

www.marlowe-nature.de (Kleidung, Kosmetik)

www.monagoo.com/shop/ (Kleidung, Bücher, Accessoires, Wohnen)

www.mr-mrs-green.com/ (Kleidung, Accessoires)

www.nativesouls.de/shop/ (Laden in Bochum mit Onlineshop)

www.notmadebychildren.de/

www.zuendstoff-clothing.de (Kleidung, Brillen)

Stoffe:

www.bio-leinen.de/ (der Shop von Olga Charfreitag)

www.interloom.de (Geschäftskunden, viele Infos über nachhaltige Stoffproduktion)

www.lebenskleidung.com (Geschäftskunden, ebenfalls viele Infos, siehe oben)

www.meterwerk.de/ (Privatkunden, Stoffe und Strickgarne)

www.siebenblau.de (Privatkunden)

www.stoffbotin.de/ (Privatkunden)

www.vieboeck.at/ (Bio-Leinen)

Jede Menge weitere Versandhändler und Onlineshops nennt der IVN:

www.naturtextil.de/verbraucher/bezugsquellen/versender.html

Informationsquellen über faire und ökologische Mode

www.fairtraide-deutschland.de
www.fairwear.org/
www.global-standard.org
www.kirstenbrodde.de/
www.made-by.org/
www.naturtextil.de
www.remei.ch
www.vegpool.de/ (viele Links zu veganen Produkten, etwa Schuhen)

Einkaufsführer für Städte und lokale Einkaufsinitiativen

Bundesweit:
www.atalanda.com/
www.buylocal.de
www.getchanged.net/
www.itunes.apple.com/us/app/fair-fashion/id414746532?mt=8
    (faire App)
www.naturtextil.de/verbraucher/bezugsquellen/laeden.html
    (der Internationale Verband der Naturtextilwirtschaft nennt
    hier Läden mit grüner Mode, nach Postleitzahlen sortiert)
www.thelabelfinder.de/ (führt nicht nur Biolabel, aber auch; so
    lassen sich Ökoklamotten in Läden finden)

Allgäu:
www.bioeinkauf-allgaeu.de/ (alles Mögliche, auch Kleidung)

Aschaffenburg:
www.nord-sued-forum.de/PDF/NSF%20-Einkaufsratgeber_%20
    2014%20fair-bio-regional.pdf (verschiedene Produktgruppen)

Berlin/Brandenburg:
www.bio-berlin-brandenburg.de/fileadmin/Downloads/EKF_2013/
    BIO-EKF_2013.pdf
(alles Mögliche, auch Kleidung)

Bonn:
www.femnet-ev.de/images/downloads/publikationen/Broschu-
ere-Fair-Fair-Fair-Bonn-2013.pdf

Dortmund:
www.fairtradestadt-dortmund.de/fairtradetownhome.html?&no_
cache=1

Düsseldorf:
www.hs-niederrhein.de/uploads/media/PDF_Datei_BGS_FINAL_
20_8.pdf

Düsseldorf-Unterbilk:
www.loretto360grad.de

Göttingen:
www.janun-goettingen.de/wp-content/uploads/janungoe//2014
/02/Alternativen140225.pdf

Hamburg:
www.fairfashion-hamburg.de/

Mühlheim an der Ruhr:
www.klimazone-mh.de/fileadmin/img_klimazone/downloads/
GRUENE_SEITEN_Ausgabe-3.pdf

München:
www.gruenundgloria.de/category/akteure-informieren
www.muenchen-fair.de (alle zwei Jahre erscheint eine Druckfas-
sung, spezielle Fassung für Kinder und Jugendliche)

Nürnberg/Erlangen:
www.fairlangen.org/

Alle Internetadressen Stand Juli 2015